Julia Karnick
Ich glaube, der Fliesenleger ist tot!

Julia Karnick

ICH GLAUBE, DER FLIESENLEGER IST TOT!

Ein lustiges Baubuch

blanvalet

Verlagsgruppe Random House FSC-DEU-0100
Das für dieses Buch verwendete FSC®-zertifizierte Papier
EOS liefert Salzer Papier, St. Pölten, Austria.

1. Auflage
Originalausgabe im Blanvalet Verlag, in der Verlagsgruppe
Random House GmbH, München
Copyright © 2012 Julia Karnick
Satz: Fotosatz Amann, Aichstetten
Druck und Einband: GGP Media GmbH, Pößneck
Printed in Germany
ISBN: 978-3-7645-0429-8

www.blanvalet.de

Für meine Mitbewohner

Inhalt

Vorwort 9

Teil 1: Der Haustraum
Der erwachende Hauswunsch 15
Von Miet- und Eigenheimtypen 20
Ilsebills Vernunftkeule 26
Das Kind im Mietvertrag 31

Teil 2: Der Hauskauf
Ein Haus mit großem Ideenverwirklichungspotenzial 39
Zu Besuch beim Vorlese-Onkel 48
Beziehungsstatus GbR 54

Teil 3: Die Hausplanung
Die Möglichkeit einer Schmutzschleuse 61
Traumverwurstung 69
Das traurigste Kundenzentrum der Welt 78
Jenseits der Komfortzone 84
Stolz und Vorurteile 97
Sandige Schluffe, schluffige Sande 105
Allein unter Abreißern 110
Bombenstimmung 117
Kostenexplosion 125
Wunschschrumpfen 131
Reizwörter 141
Gleich geht's los 150

Teil 4: Der Hausbau
Fehlstart   157
Der Rohbau ist das Einfachste   164
Richtfest ist nicht alle Tage   174
Winterdepression   182
Baustelle Schreibtisch   189
Ein Anfangsverdacht   195
Unter Strom   203
Ich, die Haustürschlüsselbesitzerin   211
Nachbarschaftshilfe   218
Baueltern und Baukinder   225
Abgetaucht   235
Die Küche, ein langes Kapitel   241
Anschluss verpasst   253
Die falsche Richtung   260
Pro Haus eine Ehe   266
Countdown   276

Teil 5: Im neuen Haus
Der Einzug   289
Die ganze Wahrheit   297
Auf der Flucht   305
Handwerkerbetreuung   316
Das Stockholm-Syndrom   323
Hausalltag   332

Dank   345
Literaturnachweis   348
Register   349

Vorwort

Das Gebaren frischgebackener Eltern ist für viele Kinderlose nur mit Geduld und gutem Willen zu ertragen. Ähnlich ergeht es Mietern mit frischgebackenen Immobilienbesitzern.

Dass Immobilienerwerb und Elternschaft miteinander verwandte Themen sind, erkennt man daran, dass der Immobilienerwerb meist eine Folge der Elternschaft ist. Der Nestbautrieb, mit Beginn der Schwangerschaft erwacht, ebbt mit dem Größerwerden des Kindes nicht etwa ab, sondern entfaltet im Gegenteil erst allmählich seine volle Wirkung: Bald reicht es ihm nicht mehr, den Umbau des Arbeitszimmers in ein pastellfarbenes Kinderparadies veranlasst zu haben. Der Nestbautrieb will mehr und verbündet sich, um es zu bekommen, mit der Vernunft: »Schon ärgerlich, wie viel Miete man im Laufe der Jahre aus dem Fenster wirft!« Dieser Satz, ausgesprochen von einer Mutter, bedeutet das Gleiche wie die Bemerkung »Schon ganz süß, so ein Baby!« aus dem Munde einer liierten 34-jährigen Kinderlosen: Nicht mehr lange, und sie ist fällig.

Beide Gruppen umgibt eine Aura feierlichen Erschrockenseins über den eigenen Mut. Darum werden die Nachrichten »Wir bekommen ein Baby!« und »Wir haben etwas gefunden!« in einem sich stark ähnelnden Tonfall verkündet. In beiden Fällen bleibt die Stimme am Ende des Satzes in der Luft hängen, wo sich das vorfreudige Ausrufezeichen zu einem angespannten Fragezeichen krümmt: »Und? Was haltet ihr davon?« – »Großartig! Herzlichen Glückwunsch!«, ruft man und ermahnt sich, das unausweichlich Kommende in freundschaftlicher Gelassenheit über sich ergehen zu lassen.

Frischgebackene Eltern reden über Schlafentzug, Hebammen und Stillprobleme; frischgebackene Immobilienbesitzer über Hypothekenzinsen, Armaturen und Handwerker. Die einen beklagen schlecht verheilte Dammschnitte, die anderen falsch verlegte Steckdosen. Den einen muss man während der Schwangerschaft bei der Namenswahl beistehen, den anderen während des An-, Um-, Neubaus bei der Wahl des Parketts. Was den einen der Baby-, ist den anderen der Baumarkt. Die einen sagen: »Ich weiß nicht, ob ich wirklich ins St. Elisabeth gehen soll. Da liegt die Kaiserschnittquote 0,2 Prozent über dem Durchschnitt!« Die anderen grübeln: »Aber wenn wir die grasgrünen Fliesen nehmen, passen die Gästehandtücher farblich nicht mehr. Was denkst du?« Man denkt eigentlich immer das Gleiche: Gähn.

Am Ende führen die einen einen Säugling vor, die anderen eine Einbauküche. Das eine wie das andere muss man nachdrücklich loben, wenn man es sich mit den Frischgebackenen nicht verderben will.

Wenn man frischgebackene Immobilienbesitzer besucht und dort auf ebenfalls eingeladene frischgebackene Eltern trifft, muss man sich konzentrieren, damit man nicht durcheinanderkommt beim vielen Loben. Es macht keinen guten Eindruck, wenn man beim Anblick der Einbauküche ruft: »Reizend, das ist ja ganz deine Mutter!«, und zu den Eltern von Lilli, Martha oder Johanna sagt: »Mensch, die hat Peter aber nicht selbst eingebaut, oder?« So etwas finden weder frischgebackene Eltern noch frischgebackene Immobilienbesitzer lustig.

Ich kann das verstehen: Kleine Kinder, große Kredite und hässliche Badezimmerfliesen hat man mindestens zwei Jahrzehnte an den Hacken. Über so etwas macht man keine Witze.

Brigitte **26/2006**

Diesen Text hat vor einigen Jahren jemand geschrieben, den ich sehr gut kenne. Ich selbst war es.

Wenn ich ihn heute lese, schäme ich mich ein bisschen. Mehrere Jahre nach Veröffentlichung dieser Kolumne steht fest: Ich bin doch wie alle anderen. Ich habe nur etwas länger dazu gebraucht. Ich bin eine frischgebackene Immobilienbesitzerin: Es ist ein weiß verputztes Flachdachhaus, neun Meter breit, vierzehn Meter lang, zweihundertundvier Quadratmeter groß. Es war eine schwere Geburt. Aber jetzt, wo es auf der Welt ist, ist aller Schmerz vergessen. Na ja. Fast.

Teil 1

Der Haustraum

Der erwachende Hauswunsch

Kaufen oder mieten? Vielen Menschen stellt sich diese Frage nie. Den einen nicht, weil sie wissen, dass sie niemals genug Geld haben werden, um sich den Traum vom Wohneigentum zu erfüllen. Den anderen nicht, weil für sie seit jeher feststeht, dass sie eines Tages Immobilienbesitzer sein werden.

Entweder haben sie Eltern, die so reich sind, dass sie schon als Studenten keine Miete zahlen müssen, weil Papa ihnen zum Zwanzigsten eine Zweizimmerwohnung im Univiertel schenkt. Oder sie leben, meist in ländlicher Gegend – ausgestattet mit einem seit Generationen festgeschriebenen Lebensplan und einem Bausparvertrag, in den Eltern, Großeltern und Paten seit dem Tag ihrer Geburt oder Konfirmation einzahlen –, bereits während der frühen Jugend einer Zukunft entgegen, die vorsieht, dass sie in einem Fertighaus hinter Mutters Erdbeerbeet oder zumindest auf einem Grundstück in der Nähe ihres Heimatortes enden werden.

Kaufen oder mieten? Mit dieser Frage müssen sich nur die herumquälen, die ahnen, dass ihr Leben nach wechselhaften, familiär, finanziell und beruflich unsicheren Jahren in geregelten Bahnen angelangt und endlich genug Geld da ist, um sich eine Wohnung oder ein Haus kaufen zu können – die aber aus nostalgischen Gründen der Idee anhängen, ein Leben sei nur dann ein freies und darum menschenwürdiges, wenn man es jederzeit mit einer Frist von drei Monaten kündigen und ganz woanders ganz von vorne beginnen könne. Zu dieser Sorte Mensch gehörte ich.

Mein Mann war der Erste von uns beiden, der weich wurde. Mein Mann sagte, irgendwann einmal vor ein paar Jahren:

»Ich hätte schon gerne irgendwann mal ein eigenes Haus.«
Ich sagte: »Hm.«
Ich dachte: Und wovon, bitte, willst du das bezahlen?

Die allerersten unserer Bekannten kauften sich ein Haus, als wir gerade Anfang dreißig waren. Unsere Bekannten freuten sich wahnsinnig über ihr neues, eigenes, sehr schönes Haus. Als wir sie das erste Mal in dem neuen, sehr schönen Haus besuchten, tat ich so, als würde ich mich mit ihnen freuen. In Wahrheit packte mich beim Bewundern des Wohnzimmers ungefähr das gleiche Gefühl, das mich überkam, als ich meinen inzwischen verstorbenen Schwiegervater erstmals im Pflegeheim besuchte: Hier also werden sie die letzte Zeit ihres Lebens verbringen!

Damals waren unsere Kinder noch klein, unser eigenes Leben wenigstens noch ein bisschen in Bewegung. Mein Mann wechselte irgendwann den Arbeitgeber, also wechselte ich das Arbeitszimmer, die Kinder wechselten den Kindergarten, wir alle wechselten den Wohnort und den Freundeskreis: Wir zogen fort von jenen Bekannten, die sich mit gut dreißig zum Sterben in ein reizendes, frisch saniertes Zwanzigerjahre-Backsteinhaus mit Garten, Pitchpinedielen und ausgebautem Dachboden zurückgezogen hatten. Wir zogen zurück in unsere Heimatstadt Hamburg, in einen Stadtteil, der nicht am Stadtrand liegt, aber trotzdem das Prädikat »grün« verdient. Wir fanden eine Gartenwohnung. Den kleinen Kindern zuliebe verzichteten wir auf Bars und Kinos um die Ecke: unser Zugeständnis an die Tatsache, dass »in Bewegung bleiben« auch heißen kann, sich den Umständen anzupassen.

»Wir müssen ja auch nicht für immer hierbleiben«, sagte ich. Schließlich war die Gartenwohnung nur gemietet.

Die kleinen Kinder wurden größer und kamen in die

Schule. Drei Jahre nach unserem Umzug nach Hamburg flogen wir aus der gemieteten Gartenwohnung, Kündigung wegen Eigenbedarf, Kündigungsfrist drei Monate. Das bedeutete: Uns blieb ein knappes Vierteljahr, um eine neue Bleibe zu finden. Nicht viel in einer Großstadt mit Wohnungsmangel. Ich erlitt einen zweistündigen Heulkrampf, nachdem ich das Einschreiben im Briefkasten gefunden hatte.

Ich fand nach wie vor, dass ein Leben nur dann ein freies und darum menschenwürdiges sei, wenn man es jederzeit mit einer Frist von drei Monaten kündigen und ganz woanders von vorne beginnen könne. Aber: Ich hatte mir das so vorgestellt, dass ich selbst den Bedarfsfall bestimmen und die Kündigung einreichen würde. Dass unsere Vermieter das täten, war in meinem Konzept nicht vorgesehen. Außerdem war es in unserem Stadtteil sehr schwierig, fast aussichtslos, innerhalb von wenigen Wochen eine familiengerechte Mietwohnung zu finden. Wie grausam wäre es, die Kinder auch nur einen Stadtteil weiter verpflanzen zu müssen – wo nun auch die Jüngere gerade hier zur Schule gekommen war, die Kinder sich eingelebt, Freundinnen und Freunde, eine Fußballmannschaft gefunden hatten. Und: Selbst wenn wir eine Wohnung in der Nähe der Schule fänden, dann sicher nicht noch einmal mit Garten. Was für ein Rückschritt in Sachen Lebensqualität! Ein Leben in Bewegung? Ja, gerne. Aber bitte freiwillig und nur innerhalb unseres Stadtteils – und auf jeden Fall aufwärts statt abwärts.

Wie durch ein Wunder fanden wir eine andere, etwas kleinere, dafür günstigere Gartenwohnung zur Miete direkt gegenüber der Grundschule unserer Kinder – im allerletzten Augenblick. Nämlich einen Tag vor der Unterzeichnung eines Mietvertrages, in dem uns das unbefristete Wohnrecht in einer Art großzügigem, gemauertem Schrebergartenhäuschen eingeräumt werden sollte: Wir hatten beschlossen, auf keinen Fall den Stadtteil zu verlassen und ein paar Monate, vielleicht auch Jahre, auf zwei Etagen in drei Zimmern mit insgesamt neunundfünfzig Quadratmetern zu überdauern, bis sich etwas Besseres gefunden hätte. Unsere Möbel wollten wir einlagern, mein Arbeitszimmer in ein Journalistenbüro verlegen und hauptsächlich in dem großen Garten leben, der das renovierungsbedürftige Minihaus umgab.

Wo wir von Oktober bis März leben wollten, darüber nachzudenken hatten wir auf die Zeit nach unserem Einzug verschoben. Ich erklärte unser Vorhaben, zu viert in dem aufgepusteten Schrebergartenhaus zu wohnen, zu einem Selbstfindungsprojekt. Lernziel: »einfacher leben«. Unsere Freunde erklärten uns für verrückt.

Meine Mutter wurde von nächtlichen Panikattacken heimgesucht, nachdem sie das Häuschen von außen besichtigt hatte, das nach ihrer Meinung nach dem Allerschlimmsten aussah – nämlich nach sozialem Abstieg: »Um Gottes willen, zwei Erwachsene und zwei Kinder in diesem winzigen Kabuff, das geht doch nicht gut, eure Ehe wird zerbrechen, wenn ihr euch nicht gleich alle gegenseitig umbringt!«

»Quatsch«, sagte ich, »das geht schon für eine Weile, Hauptsache, die Kinder müssen die Schule nicht wechseln.«

Ich hatte eigentlich gedacht, meine Mutter würde mich verstehen. Sowohl sie als auch mein Vater hatten als Kinder im Zweiten Weltkrieg ihre Heimat verloren und mussten woanders, in der Ferne, noch einmal ganz von vorne anfangen. Das wollten wir ihren Enkeln ersparen.

Einen Tag also bevor wir den Mietvertrag für die grundschulnahe Bruchbude mit Traumgarten unterzeichnen wollten, riefen die Besitzer einer Fünf-Zimmer-hundertdreißig-Quadratmeter-Wohnung mit Garten an, auf die zu hoffen wir längst aufgegeben hatten, und fragten uns, ob wir noch

Interesse an der Wohnung hätten. Wir alle waren überglücklich und zogen ein. Von nun an allerdings war meinem Mann und mir klar, dass das Ideal von einem »Leben in Bewegung« bis auf Weiteres anders gefüllt werden müsse als durch Umzüge: Die Wurzeln, die wir im Stadtteil geschlagen hatten, weiterhin zu leugnen wäre lachhaft gewesen.

Wie bringt man Bewegung in das eigene Leben, wenn man beschlossen hat, sich der Kinder wegen für die nächsten zehn Jahre nicht mehr vom Fleck zu rühren? Wir kauften ein neues Sofa. Wir machten eine Fernreise. Mein Mann machte sich selbstständig. Wir dachten kurz an ein drittes Kind, entschlossen uns dann für einen Hund. Ein Hund wird schneller sauber, und – der entscheidende Pluspunkt – anders als ein Kind kann er nicht reden. Mein Mann gab seine Selbstständigkeit wieder auf und trat eine neue, sehr gut bezahlte Stelle an. Ich änderte meine Arbeitszeiten. Wir meldeten unsere Tochter im Hockeyverein an. Wir strichen das Gäste-WC in Mintgrün.

Eines Tages, einige Monate nach Antritt seiner neuen Stelle, kommt mein Mann an einem herrlichen Sommertag nach Hause und macht sich einen Kaffee. Er setzt sich zu mir an den Gartentisch, er reckt die Arme in die Luft, das Hemd spannt ein bisschen über dem Bauch, wie es sich bei Mittvierzigern gehört. Er seufzt das Seufzen eines zwar sehr hart arbeitenden, aber gerade deshalb sehr mit sich zufriedenen Mannes in den besten Jahren.

Ich frage: »Wie war dein Tag?«

Mein Mann sagt: »Gut.« Dann sagt er: »Ich habe etwas beschlossen. Ich werde ein Haus kaufen.«

»Oh Gott«, sage ich, »bitte nicht.«

Baunebenkosten inkl. MwSt.: 0,00 €

Von Miet- und Eigenheimtypen

Ich bin eindeutig der Miettyp.

Erstens: Ich leide unter einer irrationalen Verarmungsangst, obwohl – oder vielleicht weil – ich nicht ein einziges Mal im Leben von Armut oder Überschuldung bedroht war: Nichts fürchtet man mehr als das, was man nicht kennt. Meine Mutter war Hausfrau, mein Vater Beamter, Monat für Monat verdiente er das Gleiche, die nächste Gehaltserhöhung konnte er anhand eines Kalenders und einer Beamtenbesoldungstabelle auf den Tag genau vorhersagen, für seine Altersvorsorge musste er nichts tun, als auf seine Pensionierung zu warten, wir wohnten zur Miete, unkündbar, in einem Genossenschaftsreihenhaus. Meine Eltern gründeten ihre Existenz auf den Prinzipen »Planbarkeit« und »Sicherheit«; die Wörter »Risiko« und »Unvorhergesehenes« jagen mir, ihrem Kind, bis heute eine Gänsehaut über den Rücken. Kein Beruf läge mir ferner als der der Börsenspekulantin.

Sobald mein Konto zwanzig Euro ins Soll rutscht, werde ich unruhig. Sobald es zweihundert Euro ins Soll rutscht, bekomme ich schlechte Laune. Sobald es mehr als zweitausend Euro ins Soll rutscht, mache ich mir echte Sorgen. Die beiden vertikalen Sorgenfalten über meiner Nasenwurzel wirken wie in Stein gemeißelt, meine Gedanken kreisen, ich schlafe schlecht, ich verliere den Appetit, ich esse zu wenig, mir ist übel. Wenn es ganz schlimm um mich steht, wird aus der Appetitlosigkeit eine chronische Magenschleimhautreizung, dann kotze ich gleich morgens nach dem Aufstehen beim Zähneputzen ins Waschbecken.

Ich fange an, immer wieder die immer gleichen Zahlenkolonnen untereinanderzuschreiben, Einnahmen rechts, Ausgaben links, um mich zu versichern, dass unser Geld für die laufenden Kosten reicht und wir nicht immer weiter in die Miesen geraten werden. Ich tue das geradezu zwanghaft – so als müsste ich die Zahlen durch regelmäßige Verschriftlichung einer Beschwörung unterziehen, weil sie sonst meiner Macht entgleiten, sich selbstständig machen und am Ende gegen uns wenden werden, um uns in den Abgrund zu ziehen. Ich frage meinen Mann, was mit uns passieren wird, wenn uns keine Weihnachtsgeld- oder Steuerrückzahlung rettet. Oder wenn eines Tages auf dem Zettel steht, dass unsere Ausgaben unsere Einnahmen übersteigen.

»Na ja«, sagt mein Mann, »dann müssen wir endlich mal weniger ausgeben. Das wird ja wohl möglich sein.«

Das klingt logisch, aber meine Verarmungsangst ist immun gegen logische Argumente. Sobald ich Miese auf einem Kontoauszug sehe, gerate ich in diffuse Weltuntergangsstimmung. Es wird, das ahne ich, nicht gerade die ganze Welt sein, die untergeht. Aber immerhin doch meine eigene. Und die ist mir nun einmal von allen die liebste.

Wenn ich also, was das Finanzielle angeht, imstande bin, außer mich zu geraten vor Sorge, obwohl ich niemals ernsthaft Grund zur Sorge hatte: Wie werde ich reagieren, wenn es tatsächlich Grund zur Sorge gibt? Zum Beispiel weil alles viel teurer wird, als man gedacht hat? Das wird es ja erfahrungsgemäß immer, egal ob man in den Urlaub fährt, shoppen geht oder ein Haus kauft – nur dass ein doppelt so teurer Einkaufsbummel meist im Rahmen des Verkraftbaren liegt, während ein doppelt so teures Haus ein handfester Grund für schlaflose Nächte ist. Ich werde mich in eine hysterische Furie verwandeln.

Zweitens: Eine hysterische Furie ist ein sozial unverträgliches Wesen. Ich werde meine innere Anspannung abzubauen versuchen, indem ich meinen Mann und meine Kinder so oft wie irgend möglich anschreie. Ich werde vor lauter Haareraufen nicht mehr dazu kommen, meiner Arbeit, dem Schreiben, nachzugehen oder ein anständiges Essen auf den Tisch zu stellen. Ich werde unaufhörlich Zahlen addieren und den Kopf nicht mehr frei haben für guten Sex und gute Gespräche. Kurzum: Ein Hauskauf wird nicht nur meine Nerven, sondern meine Ehe und unsere Familie ruinieren.

Drittens: Einerseits habe ich eine absurde Angst davor, mein schönes Leben könnte sich verändern. Andererseits überkommt mich eine große Beklemmung bei der Vorstellung, mein schönes Leben könnte für immer ganz genau so bleiben, wie es gerade ist.

Ich liebe meinen Job. Aber wenn ich mir klarmache, dass ich diesen Job noch mindestens fünfundzwanzig Jahre machen muss, möchte ich sofort etwas ganz anderes werden, Hebamme oder Astrophysikerin zum Beispiel. Ich liebe meinen Mann. Ich habe mein halbes Leben mit ihm verbracht. Ich möchte mit ihm alt werden, wirklich. Aber wenn ich mir bewusst mache, dass das bedeutet, dass ich mich für den Rest meines und seines Lebens nie mehr werde verlieben dürfen, umflort auf der Stelle Melancholie und Wehmut mein Gemüt. Ich sehe ein, dass es viele gute Gründe für den Erwerb einer selbst genutzten Immobilie gibt. Aber ein Eigenheim ist nun einmal der sichtbare, betonierte, unverrückbare Beweis dafür, dass man irgendwo angekommen ist, von wo man sich mit einiger Wahrscheinlichkeit nie wieder wegbewegen wird, selbst wenn alle Immobilienkäufer das Gegenteil schwören: »Hey, und wenn es uns dort irgendwann nicht mehr gefällt oder die Kinder aus dem Haus sind, dann verkaufen wir halt wieder und ziehen in eine zentral gelegene Dreizimmerwohnung.«

Von wegen. Man braucht nur die Generation unserer Eltern anzuschauen, dann weiß man, wie's läuft: Die Kinder ziehen aus, aber sie sollen ja wissen, dass sie immer willkommen sind. Und sie sollen gerne kommen. Und wenn die Kinder nicht kommen, dann vielleicht endlich mal wieder die alten Freunde aus Düsseldorf, für so etwas hat man ja jetzt wieder Zeit und Platz. Das eine Kinderzimmer wird in ein Gästezimmer verwandelt, das andere in ein Arbeitszimmer. Und der Garten ist ja auch so schön. Und die Immobilienpreise sind so explodiert in den letzten zehn Jahren, man bekommt heutzutage ja gar nichts mehr für sein Geld. Und irgendwann hat man ja hoffentlich auch Enkel, die brauchen Platz und freuen sich, wenn sie draußen spielen können. Und der ganze Kram, der im Keller steht, wohin soll man denn damit? Und die netten Nachbarn, die kennt man schon so lange. Und immer ein Parkplatz vor dem Haus.

Und wenn dann irgendwann auch die Enkel groß und die netten Nachbarn altersstarrsinnig geworden sind und die Freunde nicht mehr gerne weit reisen und der Garten mehr Arbeit als Freude macht und man den Führerschein abgegeben hat – wenn einem also gar kein vernünftiger Grund mehr einfällt, warum es gut und richtig ist, zu zweit oder gar allein am Stadtrand in einem voll unterkellerten, hundertsechzig Quadratmeter großen Fünfzimmerhaus mit zwei Bädern, fünfhundert Quadratmeter Garten und zwanzig Jahren Renovierungsstau zu wohnen, dann bastelt man sich eben einen. Wie zum Beispiel die alten Eltern einer Freundin. Die Freundin wollte Vater und Mutter zum Umzug in eine kleinere und günstiger gelegene Wohnung in ihrer Nähe bewegen.

Vater und Mutter: »Ach Liebling, das wäre sicher schön, aber wir haben so gute Fachärzte hier in der Gegend.«

Die allermeisten älteren Menschen, die ich kenne, verlassen ihr Eigenheim keineswegs freiwillig, um ihre Rente in einem puppenlustigen Szeneviertel ihrer Stadt auf den Kopf zu hauen. Sie bleiben, wo sie sind, bis das Alter sie zwingt, ins Pflegeheim oder auf den Friedhof zu ziehen.

Möchte ich jetzt schon wissen, wo und wie ich in dreißig Jahren leben oder sterben werde? Nein, ich möchte Mieterin bleiben.

Mein Mann ist der Eigenheimtyp.

Erstens: Mein Mann hat nicht das geringste Verständnis für meine Verarmungsangst. Vielleicht, weil er als Kind erlebt hat, dass die Welt nicht untergeht, wenn das Geld knapp wird. Sein Vater war Kaufmann. Mal lief das Geschäft besser, mal schlechter, für das Alter musste er vorsorgen. Ende der Siebzigerjahre nahmen meine Schwiegereltern einen Kredit zu variablem Zinssatz auf und kauften ein Reihenhaus. Kaum hatten sie das Haus gekauft, begann die zweite weltweite Ölkrise, da war mein Mann fünfzehn Jahre alt. Der Leitzins explodierte, die Zinslast meiner Schwiegereltern explodierte mit, für ein paar Jahre mussten sie enorme monatliche Raten stemmen.

»Das war knapp, wir mussten richtig fies die Arschbacken zusammenkneifen«, sagt mein Mann. »Geht eben auch, wenn's sein muss.«

»Wirklich?«, frage ich schaudernd.

Mein Mann, der Ölkrisenüberlebende. Den kann so schnell nichts schocken.

Zweitens: Wenn mein Mann sich doch mal Geldsorgen macht, schreit er niemanden an.

Er sagt: »Wir müssen uns mal hinsetzen und rechnen.«

Dann setzt er sich hin und rechnet. Wenn er fertig gerechnet hat, sagt er: »Also, wir müssen echt ein bisschen aufpassen in nächster Zeit, sonst haben wir ein richtiges Problem.« Dann sagt er: »Und jetzt habe ich aber wirklich Hunger. Soll ich ein paar Nudeln machen?«

Da bin ich längst im Bad und würge.

Drittens: Mein Mann findet, dass es keine guten Gründe gegen den Erwerb eines Eigenheimes gibt.

Er sagt: »Hey, und wenn es uns dort irgendwann nicht mehr gefällt oder die Kinder aus dem Haus sind, dann verkaufen wir halt wieder und ziehen in eine zentral gelegene Dreizimmerwohnung.«

Im Unterschied zu mir glaubt er, was er sagt.

Zwei Minuten nachdem mein Mann mich über sein neuestes Lebensprojekt informiert hat, greift er zum Telefon und ruft Onkel Rolf an. Bis heute hat keiner in der Familie wirklich verstanden, womit genau Onkel Rolf sein Geld verdient.

Irgendwann wollten unsere Kinder wissen: »Warum ist Onkel Rolf so reich?«

»Weiß ich auch nicht so genau«, sagte mein Mann. »Onkel Rolf kauft Grundstücke, und dann überredet er irgendwelche Leute, ihm viel Geld zu geben, und von dem vielen Geld baut er dann Supermärkte oder Hotels oder so auf das Grundstück.«

Jedenfalls kennt sich Onkel Rolf, anders als mein Mann und ich, bestens aus mit Immobiliengeschäften und Finanzdingen. Mein Mann will ihn fragen, ob es eine gute Idee ist, ein Haus zu kaufen. Mein Mann telefoniert eine halbe Stunde lang. Er legt auf.

Mein Mann sagt zu mir: »Onkel Rolf sagt auch, dass wir ein Haus kaufen sollen.«

Danke, Onkel Rolf.

Baunebenkosten inkl. MwSt.:

Übertrag	0,00 €
28 Min. Telefonat Onkel Rolf (Festnetz – Mobilnetz)	4,03 €
Zwischensumme	4,03 €

Ilsebills Vernunftkeule

Auf die Idee, sich eine Wohnung oder ein Haus zu kaufen, kommt man üblicherweise nur dann, wenn man genug Geld hat. Wenn man einen Job macht, den man nicht am liebsten gleich morgen früh kündigen möchte. Wenn man sich dort, wo man gerade lebt, zu Hause fühlt. Wenn sich die Partnerschaft in einem Zustand befindet, der einem keinen Anlass gibt, täglich das Einreichen der Scheidung in Erwägung zu ziehen. Wenn niemand in der Familie schwer krank ist oder schwer genervt von dem Leben, das man führt. Wenn man aber, von den üblichen alltäglichen Ärgernissen abgesehen, zufrieden, vielleicht sogar glücklich ist – wozu braucht man dann ein Haus? Das versuche ich abends bei einer Flasche Rotwein zu klären.

»Das ist wie im Märchen vom Fischer und seiner Frau«, sage ich zu meinem Mann, »und du bist die Ilsebill! Du hast endlich deinen Traumjob, ich habe einen Traumjob, wir verdienen genug, um sorglos zu leben, wir haben es geschafft, die Familiengründungs-Baby-Kleinkind-Phase zu überstehen, ohne uns gegenseitig zu zerfleischen. Die Kinder sind groß genug, um uns am Wochenende ausschlafen zu lassen, und klein genug, um uns noch nicht total scheiße zu finden, wir haben wieder Zeit füreinander, manchmal sogar Sex, keiner hat Krebs, der Hund beißt nicht. Nach wahnsinnig stressigen Jahren ist unser Leben fast perfekt, wir könnten entspannt Miete zahlen und die Zeit genießen, bevor die Kinder anfangen, Drogen zu nehmen, du einen Herzinfarkt erleidest und ich in die Wechseljahre komme – aber nein, dir reicht das alles nicht, jetzt muss es auch noch ein eigenes Haus sein. Glaub mir, der Himmel wird uns strafen für so viel Gier. Ohne mich.«

Mein Mann sagt: »Nun sei doch mal vernünftig.«

Dann spricht er jenen Satz aus, der die Argumentationskeule aller Eigenheimtypen darstellt – ein Schlag, und Mietertypen wie ich sind quasi mundtot. Mehr als »Ja schon, aber trotzdem, weiß nicht, irgendwie ...« fällt einem als Antwort auf diesen Einwand kaum ein: »FINDEST DU ES GAR NICHT ÄRGERLICH, WIE VIEL GELD MAN AUS DEM FENSTER WIRFT, WENN MAN BIS ANS ENDE SEINES LEBENS MIETE ZAHLT?«

Mal angenommen, man lebt in einer teuren Großstadt und man zahlt den Rest seines Lebens tausend Euro Kaltmiete pro Monat und der Rest des Lebens dauert vierzig Jahre: Dann hat man, wenn man stirbt, sagenhafte vierhundertachtzigtausend Euro ausgegeben – ohne mit diesem Vermögen einen Gegenwert erworben zu haben.

Mein Mann ruft: »Ist das nicht Wahnsinn?«

»Ja schon ... aber man kauft sich dafür eben das schöne Gefühl, dass man nicht zuständig ist, wenn die Heizung kaputtgeht oder das Dach einstürzt«, sage ich. »Und ein Kredit kostet ja auch was.«

»Selbst wenn man vierhundertachtzigtausend Euro Zinsen zahlt«, sagt mein Mann, »am Ende hat man dann wenigstens etwas, nämlich ein Haus, statt nichts.«

»Aber trotzdem ... auch ein Haus wird alt, und wer weiß, ob die Immobilienpreise weiter so steigen. Als langfristige Geldanlage, habe ich gelesen, ist es viel vernünftiger, die vierhundertachtzigtausend in Wertpapiere zu stecken.«

»Sehr witzig«, sagt mein Mann, »das möchte ich mal sehen, wie wir, neben der Miete, freiwillig tausend Euro im Monat beiseitelegen. Wenn wir nicht müssen, weil die Bank uns zwingt, sparen wir gar nichts, das weißt du genau.«

»Weiß nicht ... wir haben doch kaum Eigenkapital.«

»Gerade deshalb müssen wir jetzt, wo wir zusammen gut

verdienen, damit anfangen, das Geld sinnvoll zu investieren, sagt Onkel Rolf. Ein Haus ist wie ein Sparschwein, in das man jeden Monat Geld steckt. Was willst du sonst unseren Kindern sagen, wenn die dich eines Tages fragen, was wir mit der ganzen Kohle gemacht haben?«

»Ich will aber nicht in einem Sparschwein wohnen«, sage ich. »Wenn, dann will ich ein richtig tolles Haus, und ein tolles Haus gibt es hier in Hamburg nicht für das Geld, das unserer jetzigen Miete entspricht. Und weil ich kein tolles Haus haben kann, will ich lieber gar keines!«

»Pass auf, ich verspreche dir, du bekommst dein tolles Haus«, sagt mein Mann. »Das klappt schon, wir werden dafür nur ein bisschen die Arschbacken zusammenkneifen müssen.«

Ich fröstele.

»Nächste Woche gehen wir mal zusammen zur Bank ...«

»Nee!«, sage ich. »Wir gehen nicht zusammen zur Bank, ich hasse Banktermine, ich will meine kostbare Freizeit nicht damit verbringen, mich mit graugesichtigen Bankangestellten über Exceltabellen zu beugen und über Kredite und Zinslast zu reden, das macht mich krank. Wenn du meinst, wir können es uns leisten, uns bis über beide Ohren zu verschulden, dann tu das, in Gottes Namen, aber lass mich damit in Ruhe. Ich habe, wie du weißt, eine Verschuldungsphobie. Wenn du nicht willst, dass deine Frau dir die nächsten zwanzig Jahre morgens um sieben ins Gesicht kotzt, musst du mich aus der Sache raushalten.«

»O.k.«, sagt mein Mann, »du musst dich um gar nichts kümmern, überlass das alles mir, ich regele das schon.«

Dieser psychologische Schachzug meines Mannes trifft mich völlig unvorbereitet.

Seit wir zusammen zwei Kinder und darum gefühlte zwei Millionen alltägliche Pflichten zu erledigen haben, bin ich es gewohnt, die Frage »Wer von uns macht was wie oft und wie viel?« in immer wiederkehrenden, mal lauter, mal leiser geführten, zähen Diskussionen zu verhandeln. Mein Selbstbild ist das einer emanzipierten, modernen Frau. Obwohl mein Mann seit jeher Vollzeit arbeitet und darum mehr verdient als ich, wollte ich immer sicher sein können, dass ich mich und die Kinder zur Not auch ohne ihn über Wasser halten kann. Ich habe hart gearbeitet für diese finanzielle Unabhängigkeit. Ich brauche keinen Mann, an den ich mich anlehnen kann – höchstens abends, auf dem Sofa, beim Fernsehgucken. Ansonsten brauche ich einen, der aufräumt, einkauft, kocht, Wäsche wäscht, Kinder hütet, Vokabeln abfragt, den Hund ausführt und Geburtstagsgeschenke besorgt.

Fragt man meinen Mann, so sagt er: »Aber das mache ich doch alles, du ständig an mir herumnörgelnde Teilzeit-Xanthippe!«

Fragt man mich, sage ich: »Aber du kümmerst dich viel seltener als ich, also viel zu selten!«

Wie auch immer. Ich lebe wie viele berufstätige Mütter, zu Recht oder Unrecht, mit dem Grundgefühl, mich ständig um alles kümmern zu müssen. Ich wäre überglücklich, wenn ich einmal den Eindruck hätte, ich müsste mich nur um die Hälfte kümmern. Dass mein Mann sagt »Du musst dich um gar nichts kümmern, ich regele das!«, übersteigt alle meine – aus jahrelanger, praktischer Erfahrung genährten – Erwartungen. Von diesem Satz träume ich seit der Geburt unseres ersten Kindes, seit über zwölf Jahren also. Ich bin überrumpelt. Etwas bröckelt in mir.

Ich gucke meinen Mann an, den Mann, der alles regeln will. Dem Mann scheinen plötzlich sehr breite Schultern gewachsen zu sein, diese breiten Schultern wecken eine bislang tief und sorgsam in mir vergrabene Sehnsucht. Es ist mir unangenehm, aber: Ich möchte mich an diese Schultern anlehnen. Mein Mann will mir ein Haus kaufen.

»Nun gut«, hauche ich, »wenn du dich wirklich kümmerst.«

Baunebenkosten inkl. MwSt.:	
Übertrag	4,03 €
1 Flasche Rotwein (Tempranillo)	5,49 €
Zwischensumme	9,52 €

Das Kind im Mietvertrag

Wochen vergehen. Mein Mann hat einen ersten Termin bei der Bank absolviert und sich bestätigen lassen, dass die Bank uns für kreditwürdig hält. Ich bin längst nicht mehr sicher, ob es eine gute Idee ist, sich an meinen Mann anlehnen zu wollen. Auf Männerschultern ist kein Verlass, das weiß man doch.

Mal wieder kaufe ich ein, obwohl ich schon die letzten drei Mal eingekauft habe. Ich komme mit dem Auto vom Supermarkt zurück, ich parke vor dem Haus, in dem sich unsere Wohnung befindet, vor dem Haus steht das Auto unserer netten Vermieter. Unser Vermieter steht mit einer Blumenschere in der Hand auf einer Leiter vor der Kletterrose neben dem Tor zum Garten und schneidet verblühte Kletterrosenblüten ab. Schnipp. Schnapp. Schnipp. Das macht er öfter. Mich macht das fertig.

Nicht dass ich kein Verständnis dafür habe, dass der nette Vermieter die Kletterrose beschneidet. Unser Vermieter und seine Frau, ein nicht mehr junges Ehepaar, haben viele Jahre in der unteren Wohnung ihres Dreiparteienhauses gewohnt, bevor sie aus der Stadt aufs Land gezogen sind und die Wohnung an uns vermietet und uns damit in letzter Sekunde vor dem Schrebergarten gerettet haben. Sie haben, nachdem sie das Haus gekauft hatten, einen Garten angelegt, den sie mit viel Zeit und maximalem Aufwand pflegten. Der Garten gehört laut Mietvertrag nun uns; weil wir wenig Zeit haben, pflegen wir ihn mit minimalem Aufwand. Man könnte sagen: Wir machen nur das Allernötigste. Das Allernötigste ist zu wenig aus der Perspektive derer, die diesen Garten jahrelang mit ihrem Herzblut gedüngt haben, das verstehe ich.

Unsere netten Vermieter haben uns gegenüber noch nie ein Wort fallen lassen wegen des nur notdürftig gepflegten Gartens. Stattdessen kommen sie vorbei, wenn sie in der Stadt sind, und gießen hier ein bisschen und schneiden da ein wenig, sie stutzen dort ein paar Äste und rupfen woanders etwas Unkraut. Dass sie das tun, kann nur heißen, dass wir in ihren Augen zu wenig gießen, schneiden, stutzen und rupfen. Sie können nichts dafür, aber ich fühle mich sofort ganz elend, wenn ich sie beim Gießen, Schneiden, Stutzen oder Rupfen antreffe. Ich fühle mich wie ein Kind, dessen Verhalten den Eltern missfällt; ihrem Missfallen geben die Eltern nicht laut, sondern schweigend Ausdruck, indem sie wortlos die Versäumnisse ihres Kindes zu beheben versuchen. Ihr Tun ist ein Vorwurf. Ihre Wortlosigkeit ist ein Vorwurf. Ihre Anwesenheit ist ein Vorwurf: »Kind, wie sieht's denn hier aus? Das kann man ja kaum mit ansehen. Schon gut, lass mich mal machen. Wenn man sich nicht um alles selber kümmert.«

Ich fühle mich ungerne wie ein Kind, denn ich bin keines mehr. Ich bin vierzig, es macht mich aggressiv, wenn andere Menschen mir das Gefühl geben, ein Kind zu sein. Ich weiß, es ist unfair, denn unsere netten Vermieter sind die nettesten Vermieter, die wir jemals hatten. Trotzdem möchte ich unseren Kletterrose schneidenden Vermieter sofort anschreien, als ich ihn vom Auto aus sehe.

Ich möchte schreien: »Herrgott noch mal, ich bin nicht vor über zwanzig Jahren aus meinem Jugendzimmer ausgezogen, auf der Flucht vor den kritisch hochgezogenen Augenbrauen meiner Eltern, nur um in den Armen überbehütender Vermieter zu landen!« Natürlich schreie ich nicht.

Ich sage: »Hallo, guten Tag, wie geht es Ihnen?«

Ich gehe ins Haus und verschanze mich in der Wohnung. Den Garten werde ich nicht betreten, solange der Vermieter sich dort zu schaffen macht. Ich luge aus dem Küchenfenster, er klaubt abgefallene Rosenblätter vom Gartenweg auf, ich denke: Wenn diese verdammte Kletterrose nicht gemietet, sondern mein Eigentum wäre, dann könnte ich sie nach Lust und Laune überwässern, vertrocknen, verlausen, von Rosenrost und Sternrußtau zersetzen lassen, ich könnte außerdem den Keller zumüllen, die Fenster zwei Jahre lang nicht putzen und Graffitis auf die Hauswand sprühen, ohne deshalb irgendwem gegenüber ein schlechtes Gewissen haben zu müssen. Nie wieder Mieter sein, das wäre das Paradies!

Man kann, wenn man zur Miete wohnt und nicht gerade der Vermieter bei einem im Garten herumsteht und einen wahnsinnig macht, über Jahre ganz gut verdrängen, dass man Mieter ist. Die Stunde der Wahrheit kommt, wenn man umzieht, am Tag der Wohnungsübergabe. Ich habe, seit ich nicht mehr bei meinen Eltern lebe, vier verschiedene Wohnungsübergaben machen müssen; sämtliche Wohnungen gehörten Privateigentümern. Zwei dieser Wohnungsübergaben waren der Startschuss für zwei jeweils mehrere Monate währende Albträume: Beide Exvermieter behielten unsere Mietkaution ein und forderten Tausende Euro Schadensersatz für irgendwelche angeblich von uns verursachten Sachschäden.

Die eine Exvermieterin forderte unter anderem, dass wir einen neuen Fußboden in der Wohnung verlegen. Der alte Holzboden war bei unserem Einzug zum Teil mit Zementestrich übergossen, zum Teil farbig lackiert gewesen. In wochenlanger Knochenarbeit hatten wir eigenhändig den Estrich von den Holzböden geklopft und die Dielen abgeschliffen. Wir waren keine Fachleute, deshalb sah der von uns abgeschliffene und versiegelte Holzfußboden an der einen oder anderen Stelle nicht perfekt aus; immerhin aber hatten wir ihn freigelegt. »Nicht fachmännisch!«, befand die Exvermieterin und wollte auf unsere Kosten in der ganzen Wohnung neues Laminat verlegen lassen. Laminat statt alter Holzdielen: Nicht einmal Geschmack hatte die.

Die anderen Exvermieter – jene, die uns wegen Eigenbedarf kündigten – behaupteten unter anderem, wir hätten das Bad ruiniert. Im Bad war die Tapete über der Badewanne feucht, die Fliesen schimmelten. Die Vermieter hatten aus ästhetischen Gründen keinen Fliesenspiegel über der Wanne angebracht, die Tapete reichte bis zum Badewannenrand. Die Fliesen, italienischer Naturstein, lagen auch im Wohnungsflur und in der Küche, sie waren schön, aber leider porös, also nicht badezimmertauglich. Für eine Familie mit zwei planschenden Kleinkindern wäre ein weniger schön designtes, dafür sachgerecht ausgestattetes Bad besser gewesen. »Muss alles neu!«, forderten die Exvermieter und wollten auf unsere Kosten ein neues Bad einbauen lassen.

Beide Male mussten wir Anwälte einschalten, beide Male mussten wir am Ende nichts zahlen – außer dem Anwaltshonorar. Beide Male lösten die Geldforderungen unserer Exvermieter, solange sie bestanden, Verarmungspanikattacken bei mir aus. Ich notierte Zahlenkolonnen, ich aß nichts mehr, ich nahm jeweils mehrere Kilogramm ab. Genauso groß wie meine Angst vor Verarmung war meine Fassungslosigkeit darüber, dass manche Menschen (Vermieter) sich anderen Menschen gegenüber (Mietern) so unverschämt raffgierig und böswillig zu verhalten imstande sind. Beide Male fühlte ich mich wie ein ungerecht behandeltes Kind, ohnmächtig ausgeliefert der Willkür hartherziger Erwachsener. Beide Male hasste ich mich selbst dafür, dass ich mich so bereitwillig einschüchtern ließ.

Die Wohnungsübergabe einer Bekannten endete damit, dass die Bekannte die Vermieterin »Sie blöde Kuh!« nannte, sie am Arm packte und aus der Wohnung bugsieren wollte, woraufhin die blöde Kuh eine Anzeige wegen Körperverletzung ankündigte. Wohnungsübergaben, darauf einigten die sonst friedfertige Bekannte und ich uns telefonisch, bringen das Allerschlechteste im Menschen hervor, auf beiden Seiten. Denn bei Wohnungsübergaben teilt sich die Menschheit in zwei Lager, in Großgrundbesitzer und Leibeigene. Die einen sind dazu verdammt, ihr Eigentum zu verteidigen, die anderen dazu, ihre Haut zu retten; die einen müssen herrschen, die anderen katzbuckeln – oder revoltieren. Ein Umgang auf Augenhöhe ist zwischen Vermietern und Mietern nicht vorgesehen.

Unser netter Vermieter geht zum Außenwasserhahn, füllt die Gießkanne und gießt die große Hortensie. Ich frage mich, wie die Wohnungsübergabe laufen wird, wenn wir eines Tages aus seiner Wohnung ausziehen sollten. Ob unsere netten Vermieter dann weiterhin nett bleiben? Oder werden sie sich, wie so viele vor ihnen, in gnadenlos kritische und strafende Übereltern verwandeln? Ich spüre, wie mir bei dem Gedanken an die nächste Wohnungsübergabe vorsorglich beklommen ums Herz wird. Ich denke: Sollten wir eines Tages aus dieser Wohnung ausziehen, so wäre es großartig zu wissen, dass dies die allerletzte Wohnungsübergabe meines Lebens wäre.

Als unser Vermieter ins Auto gestiegen und weggefahren ist, laufe ich zum Kiosk gegenüber und kaufe eine Zeitschrift. Ich kaufe die Zeitschrift *Häuser*, ein Architekturmagazin. Ich mache mir einen Kaffee und schaue mir Bilder von tollen Häusern an. Ich male mir aus, wie mein eigenes tolles Haus aussehen sollte. Häuser sind etwas für Erwachsene. Ich möchte endlich erwachsen werden, groß und stark, souverän und unabhängig: Nie wieder Angst vor dem Vermieter!

Ich will auch ein eigenes Haus.

Baunebenkosten inkl. MwSt.:

Übertrag	9,52 €
1 Zeitschrift *Häuser*	9,00 €
Zwischensumme	18,52 €

Teil 2

Der Hauskauf

Ein Haus mit großem Ideenverwirklichungspotenzial

Das erste Haus, das wir kaufen wollen, ist das Haus, in dem wir zur Miete wohnen – das Haus mit der Kletterrose. Mein Mann lädt Onkel Rolf zu Kaffee und Erdbeerkuchen ein. Bevor Onkel Rolf Kaffee trinken und Erdbeerkuchen essen darf, muss er das Mietshaus begutachten. Während er Kaffee trinkt, erläutert er uns, welchen Wert das Haus seiner Meinung nach habe: »Nachkriegsbau, eher mäßige Bausubstanz, gute, aber keine sehr gute Wohnlage, nettes Haus, aber keine besonderen Details, schöner Garten, aber ein bisschen zu schattig, feuchter Keller, viel zu kleines Bad, Risse im Mauerwerk, renovierungs-, zum Teil sanierungsbedürftig.«

Das Haus tut mir ein bisschen leid. Ich mag es. Dem armen Haus ergeht es genauso, wie es mir selbst ergeht, sobald mich jemand mit nüchternem, statt liebevollem Blick betrachtet: Siebzigerjahrebau, mäßige Bausubstanz, annehmbares, aber kein überdurchschnittliches Aussehen, netter Gesamteindruck, aber keine herausragenden positiven Auffälligkeiten, hübsche blaue Augen, ein bisschen zu pummelig, zu kleine Brüste, erste Falten in der Fassade, renovierungs-, zum Teil sanierungsbedürftig.

»Wie viel Wohnfläche hat das Haus insgesamt, und wie viel Kaltmiete zahlt ihr?«

Onkel Rolf zückt einen Taschenrechner. Er rattert einen Kurzvortrag herunter über Zinssätze und Dreisatz und Dezimalbrüche, Prozente und Faktoren, mit denen man Erträge multiplizieren müsse, dabei tippt er in Lichtgeschwindigkeit auf dem Taschenrechner herum. Dann verkündet er eine Summe: »Viel mehr würde ich nicht bieten!«

Die Summe stimmt mich nachdenklich. Erstens: Sie liegt weit unter dem Preis, den unsere Vermieter uns als Verhandlungsbasis genannt haben. Zweitens: Ich habe nur eine sehr vage Ahnung, wie Onkel Rolf auf diese Summe gekommen ist. Mathe war noch nie meine Stärke, es hat eben seinen Grund, warum ich damals nicht Astrophysikerin geworden bin.

»Aber«, Onkel Rolf hebt den Zeigefinger und legt eine Kunstpause ein, »das ist eben nur der objektive Wert. Wenn ein Käufer in das Haus, für das er sich interessiert, selbst einziehen will, dann zählt natürlich auch der emotionale Wert. Der emotionale Wert ist alles, was sich nicht rational begründen lässt: Der hübsche Apfelbaum im Garten. Die hübsche Nachbarin. Die Ehefrau kommt rein und verliebt sich in die Küche. Also dieser ganze subjektive Das-Haus-will-ich-und-kein-anderes-Kram.«

So ist es, denke ich, es kommt im Leben eben nicht nur auf den objektiven Marktwert an. Ich versuche, mich zu erinnern, wann mein Mann zuletzt zu mir gesagt hat: »Dich will ich und keine andere!«

»Wollt ihr dieses Haus und kein anderes?«, will Onkel Rolf wissen. Wollen wir dieses Haus und kein anderes?

»Nee«, sagt mein Mann, »so kann man das nicht sagen, wir haben ja noch gar keine anderen Häuser besichtigt.« Ob mein Mann manchmal andere Frauen besichtigt?

»Sehr gut«, sagt Onkel Rolf und schlägt zufrieden die Gabel in den Erdbeerkuchen, »je emotional unbeteiligter ihr seid, desto stärker eure Verhandlungsposition. Haut ein paar zehntausend auf den objektiven Wert und los.«

Wir verhandeln nicht lange. Unsere Vermieter weisen unser Angebot entrüstet zurück und erklären die Verhandlung für beendet. Wir lernen: Nicht nur Immobilienkäufer, auch Immobilienverkäufer sind zu Emotionen fähig.

Das zweite Haus, das wir kaufen wollen, ist das Haus von Frau Müller. Dass Frau Müller für ihr Haus einen Käufer sucht, wissen wir von Frau Müllers Nachbarn, deren Sohn mit unserem Sohn zusammen Fußball spielt. Frau Müller hat die Nachbarn gefragt, ob sie jemanden kennen, der ein Haus sucht. Die Nachbarn rufen an und sagen: »Ihr sucht doch ein Haus, oder? Unser Nachbarhaus wird verkauft. Ist alt, muss man ziemlich viel dran machen. Aber ohne Makler!«

Die zwei Worte »ohne Makler« lösen in Menschen, die in einem überteuerten städtischen Ballungsraum eine Wohnung oder ein Haus zur Miete oder zum Kauf suchen, ungefähr die gleiche Reaktion aus, die der Anblick zweier nackter, praller Brüste bei einem Sechzehnjährigen hervorruft: blinde Wollust. Was für eine erregende Vorstellung, keine sechs Prozent Maklercourtage zahlen zu müssen! Erstens spart man so eine echte Masse Geld. Zweitens erspart man sich die Hassattacken, die einem Herz und Seele vergiften, wenn man darüber nachdenkt, wofür man dieses viele Geld bezahlen musste.

Von einigen bestimmt existierenden, mir jedoch unbekannten Ausnahmen abgesehen funktioniert die Arbeit des Immobilienmaklers so: Er hält dem Immobilienverkäufer lästige Aufgaben vom Leib. Er macht in seinem Auftrag ein paar Fotos, formuliert eine schmeichelhafte bis schamlos geschönte Beschreibung des Immobilienobjekts, stellt sie mit zwei Mausklicks ins Internet, geht ans Telefon, wenn es klingelt, und nimmt Besichtigungstermine wahr. Dabei vertritt er stets die Interessen des Immobilienverkäufers, die zugleich die seinen sind, indem er einen möglichst hohen Kauf- oder Mietpreis zu erzielen versucht. Für all das lässt er sich von jemand Drittem bezahlen, für den er so gut wie nichts tut, außer ihm möglichst viel Geld aus der Tasche zu ziehen – vom Immobilienkäufer.

Die dem Courtagezahler gegenüber erbrachte Dienstleistung erschöpft sich meist darin, die Haustür auf- und zuzuschließen und manchmal einfache Fragen beantworten zu können: »Ja, ich glaube, das Haus hat eine Gasheizung.«
Manchmal aber auch nicht.
Wohnungsbesichtigung, Düsseldorf 1998.
Ich: »Sagen Sie, das ist ja ein Altbau. Unter dem Linoleum hier, kann es sein, dass da vielleicht noch Holzdielen liegen?«
Der Makler: »Keine Ahnung. Seh ich aus wie der Mann mit den Röntgenaugen?«

Mein Mann gehört zu jener Spezies Männer, die – wenn irgend möglich – jegliche Kontaktaufnahme mit Menschen vermeidet, die nicht zu seiner Familie, zum Freundes-, Bekannten- oder Kollegenkreis gehören: Lieber verirrt er sich, bevor er Passanten nach dem Weg fragt, während ich viel lieber Passanten frage, bevor ich mich verirre. Ein Umstand, der vor Erfindung des Navigationsgerätes oft dazu führte, dass wir uns auf Autofahrten in unbekannter Gegend heftig in die Haare bekamen.
Ich: »Da, halt mal an, der Herr, der weiß bestimmt, wo es hier Richtung Autobahn geht!«
Mein Mann: gibt Gas.
Niemals ruft mein Mann bei Hotlines an, um sich über irgendetwas zu beschweren, ich andauernd. Urlaube buche immer ich, weil man sich zu diesem Zwecke mit Hotelmitarbeitern, also mit Wildfremden, unterhalten muss. Sämtliche Wohnungen, die wir bisher gemeinsam bewohnt haben, hatte ich ausfindig gemacht. Wenn ich mich darüber beschwere, dass immer ich solche Dinge erledigen muss, sagt mein Mann: »Du bis nun mal die Außenministerin!«
Doch nun, ein Haus ohne Makler in Reichweite, bricht mein Mann aus alten Rollenmustern aus: Ungefähr drei

Minuten nachdem die Fußballbekannten uns von dem maklerfrei zum Verkauf stehenden Nachbarhaus erzählt haben, ruft er Frau Müller an, stellt sich vor und spricht mit ihr, als hätte er nie im Leben etwas anderes getan, als mit fremden älteren Damen zu plaudern. Er vereinbart einen Besichtigungstermin.

Frau Müller will sehr viel mehr Geld für das Haus haben, als wir bereit sind zu zahlen. Frau Müller senkt den Preis, mein Mann erhöht unser Angebot. Als wir nur noch zwanzigtausend Euro auseinanderliegen, bewegt sich nichts mehr.

Wenn man ins Spielkasino geht, empfehlen erfahrene Spielkasinobesucher, sollte man die EC- oder Kreditkarte zu Hause lassen, stattdessen einen Maximalbetrag festlegen, dessen Verlust zu riskieren man bereit ist – und exakt diesen Betrag in bar einstecken. Wenn das Geld weg ist, ist der Abend zu Ende. So schützt man sich und sein Geld vor sich selbst: »Och, nur noch einmal, nur zehn Euro, zehn Euro machen den Kohl nun wirklich nicht fett.«

Vor Beginn der Verhandlungen hatten mein Mann und ich einen absoluten Höchstbetrag festgelegt, den wir auf keinen Fall überschreiten wollten. Diesen Höchstbetrag haben wir erreicht.

»Nein«, sage ich, »das ist sowieso schon zu teuer, mehr zahlen wir nicht.«

»Aber Frau Müller sagt, das ist ihr letztes Angebot, weiter runter geht sie nicht«, sagt mein Mann.

Ich liege auf dem Sofa und sehe das Haus davonsegeln, in dem ich mich schon wohnen sah. Mein vager Hauswunsch hat sich in den letzten Tagen in eine sehr konkrete Hausgier verwandelt – und Gier, das weiß man, ist das Einfallstor für den Teufel, der einen in Versuchung führen will. Wenn wir das Haus nicht kaufen, flüstert mir der Teufel ins Ohr, kaufen wir vielleicht niemals ein Haus. In unserem Stadtteil werden nur wenige Häuser verkauft. Entweder keiner will sie, weil sie zu klein oder zu hässlich sind. Oder keiner kann sie bezahlen, weil sie zu groß und zu schön sind. Oder alle wollen sie, weil sie ganz hübsch, ausreichend groß und bezahlbar sind. Wenn es noch Jahre dauert, bis wir ein Haus finden, lohnt sich das Haus gar nicht mehr, dann ziehen die Kinder schon bald aus.

»Oder sollen wir noch mal zehntausend drauflegen?«, frage ich. »Zehntausend machen den Kohl nun wirklich nicht fett!«

»Nein, nein, nein«, sagt mein Mann, »das Spiel ist aus.«

Ein paar Tage später buchen wir einen Skiurlaub.

Frau Müller übergibt das Haus schließlich doch einer Maklerin. Auch die Maklerin findet lange keinen Käufer, der den geforderten Preis zahlen will. Wochen, Monate vergehen. Ein Vierteljahr später erfahren wir von den Nachbarn: Der einzige ernsthafte Interessent ist kurz vor dem Notartermin abgesprungen. Mein Mann ruft wieder bei Frau Müller an und sagt, dass wir nach wie vor an dem Haus interessiert seien.

Frau Müller sagt: »Da müssen Sie mit der Maklerin sprechen, die macht das jetzt alles.«

Die Maklerin schickt uns das Maklerexposé zu, in dem das Haus, das wir längst kennen, so beschrieben wird: »Charmante Kaffeemühle – verwirklichen Sie Ihre Ideen!« Irgendetwas muss sie ja tun für ihr Geld.

Das Haus ist 1932 gebaut worden und steht auf einem fünfhundertsiebenundfünfzig Quadratmeter großen Grundstück, der Garten liegt Richtung Süden. Es besteht aus einem Hochkeller, einem Hochparterre, aus einem Obergeschoss und einem zur Hälfte ausgebauten Dachboden. Es ist aus rotem Klinker gemauert, besitzt ein Walmdach und einen quadratischen Grundriss mit den Außenmaßen acht mal acht Meter – eine sogenannte Hamburger Kaffeemühle. Die Wohnräume sind mit Dielen ausgelegt, alte Holztreppen führen nach oben.

An dem Haus ist seit 1932 fast nichts modernisiert worden. Im Keller steht Wasser, die Kellerwände sind überzogen mit Salpeter. Das Dach ist nie erneuert worden, an manchen Stellen regnet es durch. Auf der Rückseite sieht das Haus aus wie ein Industriegebäude, dort hat es nur zwei winzige Fenster, dafür eine braune Kunststofftür, durch die man von der Küche aus über eine kleine Balkonterrasse treppabwärts in den Garten gelangt.

Wenn an dem Haus seit 1932 etwas modernisiert worden ist, dann nicht zu seinem Vorteil. Im Garten steht eine aus Asbestplatten und Wellblech zusammengeschusterte Doppelgarage. Zwischen Garage und Haus ist der Boden gepflastert mit den wellenförmigen Pflastersteinen, die man sonst auf Lidl- und Aldi-Parkplätzen findet. Die ursprünglich verbauten weißen Sprossenfenster sind in den Achtzigern durch Mahagonifenster ersetzt worden, über den Fenstern hängen graue, klobige Kästen, in denen sich die Außenrollläden befinden. Die Türen und Türrahmen im Innenraum sind mit Kunststofffolie in Holzoptik überklebt, die Zimmerdecken sind abgehängt, Bad, Gäste-WC und Küche sind in den Siebzigern hellblau und rosa gefliest worden. Auf dem Dachboden wurden aus Rigipsplatten zwei winzige Verschläge gezimmert, die als Kinderzimmer dienten. Alles in allem wirkt nicht nur das Haus selbst, sondern auch die Aura, die es verströmt, extrem sanierungsbedürftig. Sollte es darauf hinauslaufen, dass wir eines Tages zwischen diesen Mauern leben, würde ich darüber nachdenken, vor dem Einzug einen Exorzisten zu engagieren und ihn durch die Räume zu schicken, um Weihwasser zu verspritzen.

Wenn Makler eine Immobilie anpreisen, indem sie ihr immenses Ideenverwirklichungspotenzial herausstreichen, dann meinen sie damit also: »Meine Fresse, damit daraus etwas halbwegs Bewohnbares wird, muss man massenhaft Fantasie, Arbeit und Geld reinstecken.«

Dass wir das Haus trotzdem wollen, liegt daran, dass Sarah glaubt, »da könnte man schon was Schönes draus machen«.

Sarah ist Architektin. Unsere Architektin.

Sarah ist selbstständig, erst Anfang dreißig, trotzdem schon Chefin von sieben oder acht noch jüngeren Architektinnen, die in ihrem Büro am Hamburger Großmarkt arbeiten. Wenn sie über ihre Arbeit spricht, dann tut sie das in exakt dem gleichen Tonfall, mit dem Freundinnen mir von ihrem neuen Liebhaber erzählen. Zur Besichtigung von Frau Müllers Haus war Sarah in einem älteren schwarzen BMW vorgefahren. Sie trug eine sehr kleine schwarze Handtasche, sehr enge schwarze Hosen und sehr hohe schwarze Absätze. Auf den sehr hohen schwarzen Absätzen war sie unter abgehängten Decken durch überklebte Türrahmen in die rosa gefliese Küche gestöckelt und hatte mit einem strahlenden Lächeln zu Frau Müller gesagt:

»Sehr schön, sehr schön, ein ganz schöner, symmetrischer Grundriss, eine tolle Bausubstanz. Ach ja, die überklebten Türrahmen, das war todschick in den Siebzigern, nicht wahr? Und hier haben Sie Ihre Kindheit verbracht?«

In einem unbeobachteten Moment hatte sie mir zugeflüstert: »Egal wie scheußlich man ein Haus findet oder das, was daraus gemacht wurde – niemals darf man die Besitzer das spüren lassen. Mit Menschen, die einen kränken, macht man keine Geschäfte.«

Nach der Besichtigung hatte sie gesagt: »Da könnte man schon was Schönes draus machen. Ich denke mal drüber nach, was das ungefähr kosten würde. Ihr ruft beim städtischen Gutachterausschuss an, Nummer steht im Internet, und findet heraus, was Grundstücke in dieser Gegend ungefähr wert sind. Dann würde ich das Haus noch mal grob von einem Baugutachter schätzen lassen, den kann ich euch vermitteln. Am Ende haben wir dann einen Preis, den ihr bieten könnt.«

»Keinen Cent extra bezahle ich dafür, dass ich jetzt eine Maklerin anrufe, die uns ein Haus verkaufen will, das sie uns nicht mal mehr zeigen muss!«, sagt mein Mann.

Er ruft die Maklerin an. Er macht ein neues Angebot, das weit unter dem liegt, was wir Frau Müller Monate zuvor geboten haben.

Er sagt: »Und zwar inklusive Courtage. Letztes Angebot. Mehr zahlen wir nicht.«

Er klingt freundlich, aber bestimmt, so als hätte er nie im Leben etwas anderes getan, als über Hauspreise zu verhandeln. Ich höre ihm zu und denke: Es ist für eine Beziehung doch immer sehr belebend, wenn man an dem Menschen, den man in- und auswendig zu kennen glaubt, völlig neue Seiten entdeckt.

Zwei Tage später ruft die Maklerin zurück und sagt, wir könnten das Haus haben. Mein Mann hat dem Teufel widerstanden und die Maklerin bezwungen. Ich bin stolz auf ihn.

Baunebenkosten inkl. MwSt.:	
Übertrag	18,52 €
Gutachterausschuss, telefonische Bodenrichtwertauskunft	14,48 €
Zwischensumme	33,00 €

Zu Besuch beim Vorlese-Onkel

Viereinhalb Monate nach dem ersten Gespräch mit Frau Müller sitzen wir im vierten Stock eines an der Hamburger Binnenalster gelegenen, feudalen Bürohauses. Wir, das sind Frau Müller, die Immobilienmaklerin, mein Mann und ich. Und der Mann, dem eines der Zimmer in dem Fünfsternebüro gehört. Ein Notar. Notare verdienen, das hat man gehört, sehr, sehr, sehr viel Geld.

Ich schaue mich in seinem Büro um, ich komme zu dem Schluss, dass das kein Gerücht ist, ich denke: Wenn das Wohnzimmer in unserem neuen Haus ungefähr halb so groß wird wie dieses Büro – das sollte reichen.

Augenblicklich vermehrt der Notar seinen Reichtum, indem er sich als extrem gut bezahlter Vorlese-Onkel verdingt. Der Notar liest uns in dem leiernd-näselnden Tonfall des Vertrag-Vorlese-Routiniers einen Immobilienkaufvertrag vor. Der Kaufvertrag regelt, zu welchen Konditionen Frau Müller uns das Haus verkauft. Der Vertrag umfasst vierzehn eng beschriebene Seiten, auf denen Sprachkunstwerke wie dieses zu finden sind: Der Kaufpreis ist »direkt an den Verkäufer zu zahlen, und zwar spätestens 8 Werktage nach dem Absendedatum der Mitteilung des Notars, dass dem Notar die zum Vollzug dieses Vertrages etwa erforderlichen Verzichtserklärungen bzw. Negativzeugnisse in grundbuchtauglicher Form vorliegen – ausgenommen die grunderwerbsteuerliche Unbedenklichkeitsbescheinigung«. Ein anderer Satz lautet: »Die Gefahr des zufälligen Unterganges oder der zufälligen Verschlechterung geht mit der Übergabe auf den Käufer über.«

Ich höre den Satz, ich denke: Das hier ist kein zufälliger,

das hier wird mein sorgsam geplanter, notariell beglaubigter Untergang sein.

Immer wenn der Notar einen Kaufvertragsabsatz vorgelesen hat, hält er inne, senkt das Kinn auf seine dunkelblaue Krawatte, blickt über den oberen Rand seiner randlosen Lesebrille in die versammelte Runde und fragt: »Haben Sie dazu noch Fragen?« Oder: »Verstehen Sie das?«

Oft fragt irgendjemand etwas, dann beginnt der Notar zu erläutern, was er da gerade vorgelesen hat. Das gehört zu seinen Aufgaben, schließlich werden die Vertragsunterzeichner am Ende auch unterschreiben, dass sie vom Notar »über die Bedeutung« der im Vertrag enthaltenen Erklärungen »belehrt« worden seien. Unter einer notariellen Belehrung, das bekomme ich schnell mit, versteht man die absolut humorresistente, hundertprozentig spaßfreie, ganz und gar ernsthafte Erläuterung eines juristischen Sachverhaltes. Meine Taktik, angespannte Situationen durch den einen oder anderen Scherz aufzulockern, kommt jedenfalls nicht wirklich gut an.

»Das heißt, wenn wir übermorgen entdecken, dass Frau Müllers Mutter in den Sechzigerjahren im Auftrag des KGB ein unterirdisches Atomforschungslabor in ihrem Garten angelegt hat, können wir uns einen Strick nehmen?«, frage ich, nachdem der Notar § 5, Absatz (1) des Vertrages vorgelesen hat, in dem unter anderem steht: »Der Verkäufer erklärt, dass ihm gegenwärtige oder frühere Bodenveränderungen oder Altlasten im Sinne des BBodSchG nicht bekannt sind. (...) Der Notar (...) hat insbesondere darauf hingewiesen, dass der Käufer etwaige Sachmängel grundsätzlich auf eigene Kosten beseitigen müsste.«

Frau Müller lächelt wenigstens ein bisschen, wenn auch gequält. Der Notar verzieht keine Miene und hebt zu einem kleinen Exkurs über das »Gesetz zum Schutz vor schädlichen Bodenveränderungen und zur Sanierung von Altlasten (BBodSchG)« an.

Um es zu verkraften, seinen Lebensunterhalt mit dem Belehren anderer Menschen zu verdienen, ist es sicher zweckdienlich, sich einen absolut humorresistenten, hundertprozentig spaßfreien, ganz und gar ernsthaften Charakter zuzulegen.

Ich beschließe, das Honorar, das wir dem Notar werden zahlen müssen, als ein – seiner Tätigkeit angemessenes – Schmerzensgeld zu betrachten.

Einem Notartermin fiebert man als unerfahrener Immobilienkäufer mit höchst angespannter Vorfreude entgegen. Man hat, vielleicht nach langer Suche, eine bezahlbare Wohnung, ein Haus oder ein Grundstück gefunden, das einem gefällt. Man hat mit dem Verkäufer verhandelt und sich mündlich auf einen Preis geeinigt. Man hat im Geiste begonnen, Pläne zu schmieden, wie man die Wohnung einrichten, das Grundstück bebauen, das Haus sanieren wird, man malt sich bereits aus, wie es sein wird, dort zu leben. Aber erst wenn der Notartermin überstanden und der Kaufvertrag unterzeichnet ist, kann man sicher sein, dass man tatsächlich bekommt, was man so dringend haben möchte. Denn dass man einen Notartermin festgelegt hat, heißt noch lange nicht, dass er auch zustande kommt.

Manchmal findet sich im letzten Augenblick ein Interessent, der mehr Geld bietet. Manchmal feiert Tante Berta zwei Tage vor dem Notartermin ihren fünfundsiebzigsten Geburtstag, steckt ihrem Neffen Jürgen auf der Feier tausend Euro zu, provoziert damit den Zorn ihrer Nichte Karina, die seit Kindheitstagen unter dem Eindruck leidet, benachteiligt zu werden, Karina trinkt zu viel von dem Kümmerling, den Onkel Heinz mitgebracht hat, später verliert sie die Contenance und nennt Jürgens Frau Sabine eine »raffgierige Schlampe« – am Ende des Abends verwandelt sich eine unter anderem aus Jürgen und Karina bestehende Erbengemeinschaft, die übermorgen die gemeinsam geerbte Immobilie vergolden wollte, in einen Haufen Irrer, deren einziges Sinnen und Trachten darin besteht, sich auf keinen Fall gemeinsam an einen Tisch zu setzen, um sich in irgendeiner Hinsicht auf irgendetwas zu einigen, weshalb der Notartermin bis auf Weiteres verschoben werden muss.

Und selbst wenn der Notartermin tatsächlich wie geplant stattfindet, heißt das noch lange nicht, dass man ihn am Ende auch als Immobilienbesitzer verlässt.

»Ich schaffe es nicht, ich schaffe es einfach nicht!«, brach es aus einer psychisch labilen Hauserbin hervor, als der Füllfederhalter in ihrer Hand bereits über der Unterschriftenlinie des Kaufvertrages schwebte – zitternd, wie die potenziellen Käufer, ein mit uns befreundetes Ehepaar, voll banger Ahnung registrierten.

Die Hauserbin hatte eigentlich ihr Elternhaus veräußern wollen, bis sie, von Kindheitserinnerungen übermannt, den Füller fallen ließ, schluchzend aus dem Notariat stürzte und nie wieder gesehen wurde.

Als unerfahrener Immobilienkäufer geht man also davon aus, ein wie geplant eingehaltener und verlaufender Notartermin sei ein Grund für Erleichterungswogen und überschwängliche Freude. Man stellt Champagner oder Sekt kalt, bevor man sich auf den Weg ins Notariat macht. Man wundert sich darüber, dass erfahrenere Mitmenschen einem Kommentare wie diesen mit auf den Weg geben: »Na, dann mal viel Spaß und gute Laune, hä hä!«

Man wundert sich nicht mehr, wenn man seit einer gefühlten Ewigkeit beim Notar sitzt.

Das Vorlesen und Erläutern des Vertrages dauert endlos. Nach knapp zwei Stunden beginnt mein Hirn zu ächzen. Ich wette, gleich wird es mir aus den Ohren quellen, sollte der Notar nicht bald aufhören, es zu stopfen – eine Mastgans kann nicht deutlich schlimmer leiden, als ich es gerade tue.

Das an sich schon nicht schöne Juristendeutsch, mit dem der Notar seine Mitmenschen zu quälen pflegt, besteht in unserem konkreten Falle vorwiegend aus außergewöhnlich unschön klingenden Begriffen wie »Pflichtverletzungsansprüche«, »Schuldanerkenntnis«, »Haftungsausschluss«, »Zwangsvollstreckung«. Ich merke, wie leichte Übelkeit in mir aufsteigt, wahrscheinlich eine beginnende Magenschleimhautreizung. Ich gucke meinen Mann an. Mein Mann, normalerweise durch nichts zu erschüttern, sieht aus, als würde er gleich anfangen zu weinen. Ich habe keine Fragen mehr, außer einer: Wann ist das hier endlich zu Ende?

Und nur eine einzige Sache habe ich definitiv verstanden: Gleich, wenn der Notar zu Ende vorgelesen hat, werde ich mit meiner Unterschrift den Kauf eines Hauses und die Verpfändung meines Seelenheils besiegeln. Scheißegal, ich unterschreibe alles. Hauptsache, raus hier.

Wir unterschreiben.

Nachdem wir den teuren Füller beiseitegelegt haben, schüttelt der Notar uns die Hände. Die Immobilienmaklerin strahlt, drückt Frau Müller und mir einen großen Blumenstrauß in die Hand, sie sagt »Herzlichen Glückwunsch!« und lächelt strahlend dazu. Kein Wunder, sie hat mit unserer Unterschrift gerade eine Summe verdient, die vermutlich einem Zehntel des Bruttoinlandsprodukts von Liberia entspricht.

Es ist der 16. November. Die schwere Tür des Notariats fällt hinter uns ins Schloss, für heute bin ich der Hölle noch einmal knapp entronnen, auch wenn ich verdammt sicher bin, dass mich von nun an die schwefelige Aura aller Immobilienbesitzer umgeben wird – der Geruch nach Habgier, Größenwahn und Spießertum. Ich ahne nicht, dass ich die notarielle Höllenpforte im Auftrag unserer Bank noch einmal werde durchschreiten müssen, weil ich leider recht behalten werde: Es wird alles immer teurer, als man denkt.

Mein Mann und ich setzen uns ins Auto und fahren nach Hause, es ist dunkel, es regnet, zu Hause sitzen die Kinder wahrscheinlich seit vier Stunden vor dem Fernseher und gucken Unterschichtensendungen. Wir hatten gesagt, wir seien gegen sechs Uhr zurück, jetzt ist es fast halb acht.
    Mein Mann fragt: »Bist du auch total deprimiert?«
    Ich sage: »Ja.«
    Dann sagt keiner mehr etwas. Zu Hause springen uns die Kinder entgegen: »Haben wir das Haus bekommen?«
    »Ja, alles in Ordnung«, sagt mein Mann mit matter Stimme. Die Kinder jubeln. Mein Mann geht in die Küche, statt den Sekt aus dem Kühlschrank zu holen, öffnet er das Eisfach, wo eine Flasche Jubiläumsaquavit liegt: »Ich brauche jetzt was Starkes.«
    Ich auch.

Baunebenkosten inkl. MwSt.:

Übertrag	33,00 €
Notargebühren	3.258,00 €
Maklercourtage	15.000,00 €
Zwischensumme	18.291,00 €

Beziehungsstatus GbR

Vor sehr, sehr langer Zeit einmal waren mein Mann und ich Anfang zwanzig und das, was man frisch verliebt nennt. Dann wurde aus uns ein Langzeitpaar. Wir führten für zwei Jahre eine Fernbeziehung, die Fernbeziehung beendeten wir zugunsten einer Wohngemeinschaft. Bald darauf begaben wir uns in den Stand der Ehe. Kaum waren wir verheiratet, begann die Phase der Elternschaft, der natürlicherweise die Zeit der postnatalen Ehekrise folgte.

Wie viele andere Paare verbrachten wir die ersten Jahre nach der Geburt unserer Kinder damit, einander vorzurechnen, wer das Gemeinschaftsprojekt »Familie« mit wie wenig Stunden Schlaf und wie vielen gewechselten Windeln subventionierte – die Phase der sogenannten Opferkonkurrenz: »Aber ich bin viel müder/gestresster/frustrierter als du!«

Falls man sich im Verlauf dieser Phase nicht trennt, sollte man sich, nachdem man jahrelang ebenso unermüdlich wie ergebnislos aneinander herumgenörgelt hat, irgendwann mit den Eigenheiten des anderen abfinden – ein äußerst Nerven schonender und darum erstrebenswerter Beziehungsstatus, der von manchen Paartherapeuten als »reife Resignation« bezeichnet wird. Man sieht ein, dass das Ziel, den Partner grundlegend zu verändern, ein unrealistisches ist, und sucht stattdessen mit ihm zusammen nach neuen, realistischen Lebenszielen. Ein eigenes Haus zum Beispiel.

»Ein eigenes Haus. Mein Gott. Wir tun es wirklich. Wir kaufen ein Haus«, hatte ausgerechnet mein Mann am Abend vor dem Notartermin plötzlich gesagt. Er lag im Bett, guckte an die Decke und klang aufmunterungsbedürftig.

Ich lief ins Arbeitszimmer, ich kramte ein Buch aus dem Bücherregal und rannte mit dem Buch in der Hand zurück ins Schlafzimmer. Im Register des Buches suchte ich das Stichwort »Haus – Bauen, Kauf« und schlug die richtige Seite auf.

»Wir kaufen nicht einfach ein Haus«, sagte ich. »Wir geben ... warte, ich hab's gleich, hier steht es: Wir geben, indem wir das Haus kaufen, ›unserer Liebe einen dauerhaften Ausdruck und Bestand‹.«

»Was ist das denn für ein Buch?«, fragte mein Mann. »*Handbuch für Immobilienmakler. Wie schwatze ich Paaren jede Bruchbude auf?* Wie kommt so was in unseren Haushalt?«

»Das Buch heißt *Was hält Paare zusammen? Der Prozess des Zusammenlebens in psycho-ökologischer Sicht*«, sagte ich, »von Jürg Willi. Ein berühmter Schweizer Psychiater und Paartherapeut.«

Ich blätterte eine Seite um und las weiter: »›Die miteinander geschaffenen Werke und die gestaltete Außenwelt wirken auf die Partner zurück. Sie stabilisieren ihre Beziehung, erschweren deren Auflösung und binden die Partner an das Geschaffene, sodass sie auch innerlich immer schwerer in völlig andere Weltkonstruktionen hineinfinden.‹«

»Das kann man ja wohl auch einfacher ausdrücken«, sagte mein Mann. »Wenn ich nächstes Jahr komme und gestehe, dass ich mich unsterblich in eine Siebenundzwanzigjährige verliebt habe, dann brauchst du nur zu sagen: ›Und was ist mit dem Haus?‹, und schon überlege ich es mir anders und bleibe bei dir.«

»Eine kluge Entscheidung«, sagte ich. »Familiensoziologen haben vor ein paar Jahren herausgefunden, dass gemeinsames Wohneigentum das Scheidungsrisiko um vierundfünfzig Prozent senkt gegenüber Paaren, denen keine Immobilie gehört. Allerdings leben wir in einer Großstadt – was wiederum bedeutet, dass die Wahrscheinlichkeit, dass wir uns scheiden lassen, um vierundvierzig Prozent höher ist als bei Ehepaaren, die in einer Kleinstadt oder auf dem Land leben.«

»Dass wir in der Großstadt leben, bedeutet in erster Linie eines: Dass wir für ein heruntergekommenes Hundert-Quadratmeter-Haus in mittlerer Wohnlage eine Summe hinlegen müssen, für die wir in einer ostdeutschen Kleinstadt nahe der polnischen Grenze ein topsaniertes Schloss mit Swimmingpool im Park bekommen würden«, sagte mein Mann.

»Zu spät«, sagte ich, »morgen unterschreiben wir. Schlaf gut.«

Wir brauchen vierundzwanzig Stunden, um uns einigermaßen von dem Notartermin zu erholen. Am nächsten Abend wird die Sektflasche doch noch geköpft. Wir stoßen an auf unseren allerneuesten Beziehungsstatus.

»Prost!«, sagt mein Mann. »Wir sind jetzt eine GbR!«

»Prost!«, sage ich. »Das klingt fast noch schlimmer als Ehepaar!«

Eine GbR, eine Gesellschaft bürgerlichen Rechts, besteht aus mindestens zwei Gesellschaftern, die sich nach § 705 BGB durch einen Gesellschaftsvertrag gegenseitig verpflichten, »die Erreichung eines gemeinsamen Zweckes in der durch den Vertrag bestimmten Weise zu fördern, insbesondere die vereinbarten Beiträge zu leisten«. Wir haben gemeinsam den Vertrag unterschrieben. Wir haben das Haus gemeinsam gekauft. Wir zahlen das Haus gemeinsam ab, oder wir gehen gemeinsam unter. Das Haus gehört uns beiden, nämlich jedem eine Hälfte.

Es ist: unser Haus.

O.k., o.k., ihr Klugscheißer, legt ruhig die Finger in die Wunde. Ihr habt natürlich recht. Das Haus gehört uns noch gar nicht. Das Haus »gehört der Bank«, wie ihr anzumerken pflegt, wenn ihr einem den Spaß verderben wollt. Dass das Haus der Bank gehört, kann man im Grundbuch nachlesen: Dort wurde, wie uns der Notar mitgeteilt hat, mittlerweile nicht nur vermerkt, dass das Haus samt Grundstück einen neuen Eigentümer hat. Dort wurde auch die Grundschuld eingetragen, die erst dann getilgt wird, wenn wir dem Grundschuldnehmer – unserer Bank – kein Geld mehr schulden. Bis dahin gilt: Falls wir den Kredit eines Tages nicht mehr abbezahlen können, hat die Bank das Recht, das Haus zu veräußern, um an ihr Geld zu kommen.

Ich sage trotzdem: Es ist unser Haus.

Nachdem ich geheiratet hatte, musste ich mich daran gewöhnen, dass aus meinem Langzeitfreund »mein Mann« geworden war. Nachdem ich Mutter geworden war, lernte ich, stolz von »unserem Sohn« zu sprechen. Jetzt übe ich mich darin, über »unser Haus« zu reden. Ich muss nicht lange üben.
   Die Wahrheit ist: Über nichts werde ich in den nächsten sechsunddreißig Monaten mehr und lieber reden als über unser Haus.
   Die bittere Wahrheit ist: Ich werde quasi über nichts anderes mehr reden.

Baunebenkosten inkl. MwSt.:

Übertrag	18.291,00 €
Grunderwerbssteuer	11.924,00 €
Justizkasse Hamburg, Gebühr Grundbuchänderungen	1.850,00 €
Zwischensumme	32.065,00 €

Teil 3

Die Hausplanung

Die Möglichkeit einer Schmutzschleuse

Mein Mann und ich sitzen auf der einen Seite unseres Esstisches. Sarah und Katja sitzen uns gegenüber auf der anderen Seite. Katja hält einen Stift in der Hand, vor ihr liegt ein aufgeschlagener Schreibblock. Sie ist wie Sarah Architektin, ihre Mitarbeiterin, und wird unser Projekt betreuen. Unser Projekt ist: unser neues Haus.

»So, fangen wir an. Lasst solche Fragen wie Kosten und Machbarkeit erst mal links liegen, damit befassen wir uns später, spinnt einfach herum«, sagt Sarah.

Sie nimmt einen Schluck Rotwein und schaut uns mit einem einladend-empathischen, geradezu therapeutischen Lächeln an. Mit dem gleichen Lächeln hat sie zuvor alle unsere Zimmer besichtigt, »um ein Gefühl dafür zu bekommen, was für Wohntypen« wir sind. Ich habe versucht, unsere Wohnung durch ihre Architektinnenaugen zu sehen, was ich gesehen habe, ist: Wir sind der »Möchtegern geschmackvoll, aber weil wir zwei Kinder und zwei Jobs und zu wenig Zeit haben, liegt überall viel zu viel Scheiß rum, um gut auszusehen«-Wohntyp.

»Was wünscht ihr beiden euch?«, fragt Sarah. »Wie wollt ihr leben? Was braucht ihr, um glücklich zu sein? Was ist dir wichtig und was dir? Freunde? Familie? Geselligkeit oder Rückzug? Coolness oder Gemütlichkeit? Natürlichkeit oder Raffinesse? Wollt ihr auffallen, oder mögt ihr es zurückhaltend? Je offener und ehrlicher ihr seid, desto besser.«

»Ha!«, sage ich zu meinem Mann. »Nie wolltest du zur Paarberatung. Und jetzt das!«

Jürg Willi hat recht. Unser Projekt ist nicht: unser neues

Haus. Unser Projekt ist: unser gemeinsames Leben. In einem neuen Haus.

Was sagen andere Menschen, wenn sie aufgefordert werden, ihrer Fantasie freien Lauf zu lassen und ihr Traumhaus zu beschreiben? Sagen sie: »Ich träume von einem riesigen Wohnzimmer mit Sofalandschaft, offenem Kamin und Dolby-Surround-Heimkino.« Von einem Schlafzimmer mit Blick in den Himmel. Von einem Badezimmer, das aussieht wie der Wellnessbereich im Meridian Spa. Von einem Pool, Schlossdielen in der offenen Küche, einem Dachgarten, einer Bibliothek.

Ich sage: »Ich will eine Schmutzschleuse.«
Katja schreibt.
Sarah sagt: »Erzähl.«
Unter einer Schmutzschleuse stelle ich mir einen Raum im Eingangsbereich vor, in den Kinder, Hunde und vom Spazierengehen nach Hause kommende Hundehalter geschleust werden, bevor sie die Wohnräume betreten dürfen. Dort gibt es zwanzig laufende Meter Schuhregale, ein großes Spülbecken, in das zwei Paar Gummistiefel passen, eine Heizung, über die man nasse Regenjacken hängen kann, und ausreichend Platz für dreckige Schuhe, stinkende Hundeputztücher, schmutzige Einräder und schlammige Bälle, für Fahrradhelme, Rollschuhe, Skateboards und ascheplatzverseuchte Fußballschuhe – und all die anderen Dinge, über die ich zurzeit mindestens zwanzigmal am Tag stolpere, tatsächlich oder gedanklich, weil sie bei uns im Wohnungsflur gelagert werden.

Eine Schmutzschleuse, erzähle ich, würde aus mir einen besseren, einen guten Menschen machen. Nämlich eine Ehefrau und Mutter, von der man nicht ständig fürchten muss, dass sie beim Durchqueren des Flurs plötzlich innehält, wahllos aufgeklaubte Gegenstände durch die Gegend oder einem zufällig in der Nähe befindlichen Familienmitglied an den Kopf schleudert und dazu satanische Flüche ausstößt.

Die Aussicht auf eine Zukunft mit Schmutzschleuse war ausschlaggebend dafür, dass ich mich mit der Idee angefreundet habe, ein ganz neues Haus zu bauen.

Natürlich gab es noch mehr Gründe dafür, dass aus dem relativ günstigen Haus, das wir gekauft hatten, ein nicht ganz so günstiges Baugrundstück wurde.

Es gab das Wertgutachten des Baugutachters, in dem stand, dass das alte Haus fast wertlos, jedenfalls viel weniger wert sei als das Großstadtgrundstück, auf dem es stand. Der Keller hätte trockengelegt, das Dach neu gedeckt und gedämmt werden müssen. Von sämtlichen Wänden hätte der Putz geschlagen, das Mauerwerk freigelegt und gedämmt, sämtliche Rohre und Leitungen hätten erneuert, am Ende hätte alles neu verputzt werden müssen. Wir brauchten neue Türen, Türrahmen und Fußbodenleisten. Die fensterlose Gartenfront hätte völlig neu gestaltet werden müssen. Alle alten Fenster hätten ausgetauscht, der Holzfußboden hätte abgeschliffen werden müssen. Der Balkon im ersten Geschoss hätte neu abgedichtet, die Balkonterrasse im Erdgeschoss abgerissen und ersetzt werden müssen.

Es gab Onkel Rolf, der sagte: »Das lässt sich alles machen. Aber denkt dran, ein altes Haus bleibt ein altes Haus.«

Es gab unsere fehlende Begeisterung für das alte Haus, das wir nicht aus Verliebtheit, sondern aus Vernunft gekauft hatten: günstige Gelegenheit, zugreifen, bevor man gar nichts findet, wird man ja »schon was Schönes draus machen« können.

Es gab die Tatsache, dass das alte Haus zu klein war. Wir hätten nicht nur das Dachgeschoss ausbauen, sondern auch anbauen müssen.

Es gab die Erkenntnis, dass wir viel mehr und viel lieber darüber nachdachten, wie dieser Anbau und das neue Dachgeschoss aussehen sollten, als uns mit der Sanierung des bestehenden Wohnraumes zu beschäftigen.

»Richtung Garten kann ich mir etwas mit ganz viel Glas vorstellen«, hatte Sarah nach der Besichtigung gesagt. »Und statt den Dachboden auszubauen, könnten wir oben ein Staffelgeschoss mit Terrasse draufsetzen, das wird dann euer Schlafzimmer. Der jetzige Dachstuhl müsste sowieso abgerissen und völlig neu gemacht werden.«

»Staffelgeschoss, da wäre ich nie drauf gekommen, super Idee!«, hatte mein Mann gesagt. »Und ganz viel Glas, ganz modern, da freue ich mich am meisten drauf.«

Mein Mann hörte gar nicht mehr auf, über das Staffelgeschoss und den Anbau zu reden. Über den Rest des Hauses redete er so gut wie nie.

Und schließlich gab es Sarah, die bei der allerersten Besprechung in ihrem Büro gesagt hatte: »Ein neues Haus wäre natürlich sicherer zu kalkulieren. Bei einer Sanierung kannst du nie hundertprozentig vorhersagen, welche bösen Überraschungen auf dich warten. Und ein Neubau hat den Vorteil, dass er ganz genau auf eure Wünsche und Bedürfnisse zugeschnitten werden kann. Denkt mal drüber nach.«

Ich hatte sofort an die Schmutzschleuse gedacht. Mein Mann dachte an das Staffelgeschoss. Wir dachten zusammen darüber nach, was Sarah wohl alles einfallen würde, wenn man sie nicht nur ein Staffelgeschoss und einen Anbau, sondern ein ganzes neues Haus planen ließe – mit Schmutzschleuse.

»Ein Neubau wird auch nicht viel teurer«, hatte Sarah gesagt. Wir wollten es glauben.
»Neubau?«, fragte mein Mann.
»Neubau!«, sagte ich.
»Gut«, sagte Sarah und lächelte.
Sarah kann, das lernten wir im Laufe der Zeit, auf sehr viele verschiedene Arten lächeln. Aufmunternd, wenn sie einen zum Reden bringen will. Nachsichtig, wenn man ihrer Meinung nach völlig abwegige Vorschläge macht. Begeistert, wenn man einen ihrer Meinung nach großartigen Vorschlag macht. Strahlend, wenn man ihren Vorschlag gut findet. Verlegen, wenn sie einen Fehler einräumen muss. Gequält, wenn sie sich angegriffen fühlt. Das Lächeln, das sie lächelte, als wir ihr unseren Entschluss, neu zu bauen, mitteilten, sah nach einem Siegerlächeln aus.

Als ich Sarah vor dem allerersten Besichtigungstermin in ihrem Büro angerufen hatte, um zu fragen, ob sie mir den Gefallen täte, mit uns das Haus anzuschauen, war ich mir nicht darüber im Klaren gewesen, dass mit diesem Anruf eine der wichtigsten Beziehungen meines Lebens begann.

Hätte damals jemand zu mir gesagt: »Ach, übrigens, die sehr junge, sehr attraktive Frau, deren Nummer du da gerade wählst, ist die Frau, von der dir eines Tages klar werden wird, dass deine materielle Zukunft, dein seelisches Wohlbefinden, also deine gesamte Existenz von ihr abhängt«, vielleicht wäre ich ins Grübeln geraten. Aber ich war ahnungslos. Alles, was ich wusste, war: Dass wir einen Besichtigungstermin für eine Schrottmühle vereinbart hatten. Dass wir jemanden brauchten, der etwas von Häusern verstand und uns sagen konnte, ob es sich lohnt, diese Schrottmühle zu kaufen. Dass Sarah die einzige Architektin weit und breit war, die wir kannten. Das heißt, mein Mann kannte sie gar nicht. Ich kannte sie.

Nicht gerade gut, aber immerhin gut genug, um ihre Nummer in meinem Handy gespeichert zu haben.

Sarah und ich hatten vor Jahren mal zusammen in einer von mir gegründeten Frauenfußball-Freizeitmannschaft gespielt. Damals war sie gerade aus Zürich nach Hamburg zurückgekehrt und hatte ihr eigenes Architekturbüro gegründet. Sie war irgendwann aus der Mannschaft ausgestiegen, weil der Job ihr zu wenig Zeit ließ. Danach hatten wir uns noch zwei-, dreimal getroffen. Sarah hatte mir Bilder von den Häusern gezeigt, die sie saniert und gebaut hatte: Die Häuser sahen wunderschön aus. Eine andere Mannschaftskollegin – ebenfalls Architektin, allerdings nicht selbstständig, sondern bei einem großen Immobilieninvestor angestellt – hatte einmal gesagt: »Wenn ich bauen würde, dann mit Sarah. Die macht das schon gut.«

Damals hatte ich es mir nicht bewusst gemacht, erst im Nachhinein wurde mir klar: Sarah erfüllte alle Kriterien, die ein zukünftiger Bauherr auf der Suche nach der geeigneten Architektin oder dem geeigneten Architekten berücksichtigen sollte:

1. Sie spielte Fußball – Mut zur **Eigenwilligkeit** gepaart mit **Teamgeist** und **Bodenständigkeit.**
2. Sie musste aus Zeitgründen mit dem Fußballspielen aufhören – hatte sich also offensichtlich mit wachsendem **Erfolg** selbstständig gemacht.
3. Wir hatten uns ein paar Mal getroffen – gegenseitige **Sympathie.**
4. Wir hatten uns nur ein paar Mal getroffen – Voraussetzung für die nötige **professionelle Distanz.**
5. Ich mochte ihren Stil – gleicher **Geschmack.**
6. Eine Kollegin hielt sie für kompetent – **Empfehlung** anderer.

Nur das siebte Kriterium – **Erfahrung** – erfüllte Sarah nicht zu unserer vollsten Zufriedenheit.

»Sieht toll aus auf dem Papier, euer Haus. Bin gespannt, wie es in echt wird. Hat eure Architektin denn eigentlich schon mal einen Neubau betreut – so von Anfang an, mit Bauleitung und Handwerkerscheuchen und allem Pipapo?«, fragt ein Freund, ein Chirurg, nachdem wir den Architektenvertrag längst unterschrieben haben.

»Ja, klar«, sage ich.

»Und wie viele Häuser hat sie schon gebaut?«, will der Freund wissen. »So ganz allein, mit allem Drum und Dran?«

»Weiß ich gar nicht so genau«, sage ich.

Ich weiß nicht so genau, ob es ein, zwei oder drei oder zwanzig sind. Vielleicht will ich es gar nicht so genau wissen. Jedenfalls ist es eine überschaubare Anzahl. Aber dafür kann sie nichts – schließlich ist sie noch jung, gerade einmal Anfang dreißig, und mit Anfang dreißig kann man nun einmal noch nicht dreihundert Häuser gebaut haben.

»Ich bin ganz sicher, dass sie das sehr gut macht«, sage ich. »Das sagt mir mein Bauch. Und mein Verstand sagt: Sie muss es sehr gut machen, schließlich steht sie noch am Anfang ihrer Karriere, da kann man es sich gar nicht leisten, keine gute Arbeit zu machen. Und außerdem ist sie total engagiert und kreativ.«

»So, so«, sagt der Chirurg und zieht wissend die Augenbrauen hoch. »Na, dann mal viel Spaß!«

Dann lacht er dreckig. Keinen Satz, das habe ich inzwischen mitbekommen, hört man öfter als diesen, wenn man den Leuten erzählt, dass man vorhat zu bauen: »Na, dann mal viel Spaß!« Man gewöhnt sich daran.

»Jeder alte Hase hat als junges Gemüse angefangen«, sage ich, »und irgendwen muss es nun mal geben, der dem jungen Gemüse die Möglichkeit gibt, ein alter Hase zu werden. Du zum Beispiel hast auch irgendwann mal deine allerersten Bäuche aufgeschnitten. Wie hättest du reagiert, wenn die Patienten zu dir gesagt hätten: ›Nee, Herr Doktor, Finger weg von meinem Bauch, Sie sind mir zu jung und unerfahren!‹«

Der Chirurg denkt kurz nach. »Ich hätte gesagt: ›Frau Meyer, machen Sie sich keine Sorgen, Sie können mir absolut vertrauen, ich kann das.‹«, sagt der Chirurg. »Und gedacht hätte ich: ›Frau Meyer, Sie haben recht, an Ihrer Stelle würde ich mich niemals von mir operieren lassen.‹«

Ein paar Tage später telefoniere ich mit Sarah.

»Sag mal«, sage ich, »wie viele Häuser hast du eigentlich schon gebaut?«

»Julia«, sagt Sarah, »bitte mach dir keine Sorgen, ihr könnt mir vertrauen, wir bekommen das hin.«

Baunebenkosten inkl. MwSt.:

Übertrag	32.065,00 €
Baugutachter, Kurzgutachten	299,88 €
Zwischensumme	32.364,88 €

Traumverwurstung

Stellt man ein Grundschulkind in einen Spielzeugladen und sagt: »Schieß los! Was willst du alles haben?«, dann wird es, wenn es nicht die Tochter von Tom Cruise und Katie Holmes oder aus anderen Gründen völlig missraten ist, ein paar Augenblicke zögern, bevor es sich traut, langsam die Regale abzuwandern und – erst schüchtern, dann immer hemmungsloser – mit der Aufzählung zu beginnen: »Die Barbie. Und das Playmobilschloss. Die Carrera-Bahn. Die Feuerwehrmannverkleidung, den Kaufmannsladen ...«

Die Geburt ist der Augenblick, in dem wir beginnen müssen, zugunsten der Vernunft und mit Rücksicht auf die Verhältnisse, wie sie nun mal sind, Verzicht zu üben. Mit sieben halten wir das noch nicht lange durch, aber als halbwegs normale Erwachsene haben wir es fast verlernt, einen Wunschzettel zu veröffentlichen, ohne ihn auf sein Verwirklichungs- und Pragmatismuspotenzial hin überprüft und nach diesen Kriterien zensiert zu haben.

»Eine Schmutzschleuse also«, sage ich, »und ich brauche ein kleines Arbeitszimmer.«

»Ein Keller mit Garage«, sagt mein Mann.

»Zwei Kinderzimmer natürlich, nicht zu klein und nicht zu groß«, sage ich.

Es dauert eine Stunde und eine Flasche Rotwein, bis wir uns so warm gewünscht haben, dass Katja mit dem Schreiben kaum noch mitkommt. Aus den Wünschen werden Träume – viel zu groß und kühn für ein Fünfhundertsiebenundfünfzig-Quadratmeter-Grundstück in einem dicht besiedelten städtischen Gebiet und unbezahlbar sowieso. Aber Sarah glaubt nun einmal, dass der Weg zum individuellen

Haus nicht über das Mögliche, sondern über das Unmögliche führt: Ein Traumhaus, so habe ich es verstanden, ist ihrer Meinung nach kein aufgemotztes Nullachtfünfzehn-Haus, sondern ein geschrumpftes Luftschloss.

Ich schiebe Sarah und Katja über den Tisch hinweg einen halben Regalmeter Wohnzeitschriften und Architekturbücher zu. Zwischen den Seiten der Zeitschriften und Architekturbildbände kleben bunte Zettelchen. Wir hatten die Hausaufgabe, zu diesem Treffen Bilder zu sammeln von Häusern, Möbeln, Räumen, Farben, Landschaften, Einrichtungsgegenständen, Gärten, von allem, was wir schön finden – ohne darauf zu achten, ob das, was wir schön finden, bezahlbar ist oder stilistisch zusammenpasst oder sich planerisch ausschließt. Neben der Analyse unserer Wohnsituation und dem, was wir erzählen, bilden die Fotos die dritte Kategorie Informationen, aus denen Sarah ein Bild davon zusammenpuzzeln will, welche Art Haus uns und unseren Bedürfnissen entspricht.

Die Wohnzeitschriften habe ich einer bei einer Wohnzeitschrift arbeitenden Kollegin abgeschwatzt, die Architekturbildbände habe ich ausgeliehen: Im Buchladen hatte ich festgestellt, dass man für den durchschnittlichen Gegenwert von fünf Architekturbildbänden circa zweieinhalb Quadratmeter Eichendielen verlegen lassen kann. Daraufhin beschloss ich, in die städtische Zentralbibliothek zu gehen, die ich seit Jahren nicht besucht hatte, sodass ich mir erst einmal eine neue Jahreskarte ausstellen lassen musste.

Mein Lieblingsbildband ist das Buch *Skandinavische Architektur. Von der Einfachheit des Bauens*. In dem Bildband sieht man viele Fotos von großen, hellen, leeren Räumen, also das genaue Gegenteil von dem, was man sieht, wenn man in unsere Wohnung kommt. Im Text zu den Fotos steht, dass in der skandinavischen Architektur das aufgeräumte, vom Unwesentlichen befreite Zimmer eine zentrale Rolle spielt, weshalb in einem typischen dänischen oder schwedischen Haus immer viel praktischer Stauraum eingeplant wird. Es gehöre, »gewiss auch der unfreundlichen klimatischen Bedingungen wegen, zur Tradition des skandinavischen Lebens, die Wohnräume nicht mit der Überkleidung zu belasten: Jacken, Mäntel, Mützen und vor allem Schuhe bleiben im Eingangsbereich einer jeden Wohnung zurück. Dieser Bereich dient gleichsam als Schleuse und wird architektonisch auch so angelegt. Darüber hinaus gibt es (…) die feste Einrichtung eines *grovingång*, eines ›Grobeingangs‹ im Erdgeschoss, der ausgelegt ist für schmutzige Kleidung, für Kinder, die vom Spielen zurückkehren, für Hunde, die im Regen ausgeführt werden müssen, und der die Garderobe mit einem elementar ausgestatteten Badezimmer verbindet.«

Als ich das las, bedauerte ich es sofort wieder, nicht in Dänemark oder Schweden geboren worden zu sein. Dänemark und Schweden schienen mir seit jeher gesellschaftspolitische Sehnsuchtsorte zu sein: Anders als in Deutschland ist es dort längst selbstverständlich, als Mutter zu arbeiten, als Vater Elternzeit zu nehmen, als Kleinkind einen Betreuungsplatz zu bekommen und als Frau mit Konfektionsgröße 42/44 von einheimischen Modedesignern und Verkäuferinnen nicht für eine pervers verfressene Vollschlampe gehalten zu werden.

Jetzt, wo ich weiß, dass die Durchschnittsschwedin auch noch eine Schmutzschleuse besitzt, in der sie sämtliche Spuren der rau-nasskalten nordeuropäischen Natur von den Leibern ihrer Kinder tilgen kann, bevor sie ihnen in der mit geweißten Holzdielen ausgelegten, vom Tischler maßgeschneiderten Küche Köttbullar und Lachsschnittchen serviert und ihnen dazu – auf einem Arne-Jacobsen-

Stuhl sitzend – *Die Brüder Löwenherz* von Astrid Lindgren vorliest, halte ich Skandinavien für den Himmel auf Erden.

Am Ende des Abends ist das Puzzle so weit fertig, dass Sarah ein Motiv erkennen kann. Besser gesagt: Beide Puzzle sind so weit. Auf dem Puzzle, das zu meinem Mann gehört, erkennt sie ein schlichtes, aber stattliches, eher konventionelles Haus in einem Garten. Das Haus ist mit Parkett ausgelegt und besteht aus anständigen, viereckigen, von Wänden begrenzten Zimmern, von denen einige eher repräsentative Funktion haben und andere für den Rückzug ins Private bestimmt sind. Mein Mann mag es klassisch und will Türen hinter sich zumachen können.

»Du bist eher so der Villentyp«, sagt Sarah.

»Sag's ruhig! Ich bin ein Spießer«, sagt mein Mann.

Auf dem Puzzle, das zu mir gehört, erkennt man viel Glas und Licht, Ausblicke in weite Landschaften und einen großen Raum, in dem alle möglichen Menschen alle möglichen Dinge tun: Einer kocht, der andere macht Hausaufgaben, zwei sitzen beieinander und reden. Von dem großen, hellen Raum aus gelangt man ebenerdig in verschiedene kleinteiligere Wohnbereiche: Ich bin der Bungalowtyp. Leider passt auf unser rund vierzehn mal vierzig Meter großes Grundstück kein ausreichend großer Bungalow, und statt auf weite Landschaften blickt man auf die Sichtschutzzäune unserer Nachbarn. Egal, ich soll träumen, also träume ich.

»Wenn ich es mir aussuchen könnte«, sage ich, »hätte ich gerne ein Haus, durch das man wandern kann – von einem Hausflügel zum anderen. Die größte Entfernung soll zwischen dem Eltern- und dem Kinderbereich sein. Wenn wir uns sehen wollen, treffen wir uns in der Mitte, wenn wir uns nicht sehen wollen, können wir uns aus dem Weg gehen.«

»Verstehe«, sagt Sarah. »Wir waren zu Hause vier Schwestern. Meine Mutter hat sich eine abschließbare Schallschutztür ins Schlafzimmer einbauen lassen.«

Wow, denke ich, coole Mutter.

»Unser Sohn ist elf«, sagt mein Mann. »Nicht mehr lange, und er wird beschließen, uns für die nächsten vier bis fünf Jahre aus dem Weg gehen zu wollen. Vielleicht sollten wir ein paar Überwachungskameras im Kindertrakt installieren?«

Am Ende des Abends hat Katja ein Dutzend Seiten vollgeschrieben. Wir wollen – außer Schmutzschleuse, Keller und Garage – unter anderem: Holzdielen. Etwas ganz Modernes. Eine Wohnküche mit Kamin. Buchenhecken. Kein klassisches Wohnzimmer, in dem man Gäste empfängt, denn Gäste sitzen bei uns sowieso immer nur am Esstisch, sondern ein separates Fernsehzimmer. Ein Flachdach. Bücherregale im Flur und dazu ein Fenster mit breiter Fensterbank, auf die man sich zum Lesen setzen kann. Einen begehbaren Kleiderschrank für die Eltern. Ein Gästezimmer im Keller. Ein großes Elternbad. Ein kleines Kinderbad. Eine Solaranlage. Einbauschränke. Unkraut, das zwischen Pflastersteinen wachsen darf. Ein Haus, das auf keinen Fall protzig, möglichst praktisch und trotzdem etwas ganz Besonderes sein soll.

Als mein Mann und ich vier Wochen später zum nächsten Treffen fahren, sind wir noch aufgeregter als unsere Kinder, wenn sie Heiligabend nach dem Gottesdienst nach Hause rennen. Endlich Bescherung! Gleich werden wir den ersten Hausentwurf sehen.

»Und was machen wir, wenn wir den Entwurf total daneben finden?«, fragt mein Mann im Auto.

»Ich fürchte, dann müssen wir das sagen«, sage ich. »Aber ich kann mir das nicht vorstellen.«

Vielleicht deshalb nicht, weil ich vermute, dass auch Sarah eher der Bungalow- als der Villentyp ist.

Ein guter Architekt, denke ich, ist wahrscheinlich so etwas wie eine Traumverwurstungsmaschine: Oben stecken die Bauherren einen Haufen Fotos, innere Bilder, konkrete Wünsche und diffuse Gefühle hinein, gewürzt mit einer Prise Größenwahn und Realitätsverlust, unten kommt ein paar Wochen später ein Haus heraus, auf das man selbst niemals gekommen wäre – oder zumindest eine Hausidee.

In das kleine, skizzenhafte Hausmodell, das auf dem Besprechungstisch in Sarahs Büro steht, verliebe ich mich auf der Stelle. Das Haus ist sehr schlicht. Es besteht aus zwei übereinanderliegenden Rechtecken, das größere Rechteck liegt auf dem kleineren. Es sieht aus wie ein Schuhkarton, auf den ein zu großer Deckel gelegt wurde. Links und rechts vom Schuhkarton stehen zwei Hexenhäuschen – die Miniaturausgaben unserer Nachbarhäuser: Das Flachdach macht sich gut zwischen den Spitzgiebeln.

»Was soll das hier sein?«, fragt mein Mann und zeigt auf ein Detail an der Straßenfassade des Schuhkartons.

»Da kommt die Garage hin«, sagt Katja.

»Nicht in den Keller?«, fragt mein Mann.

»Die Garage muss im Erdgeschoss liegen, in den Keller werde ich euch keine bauen, auch wenn ihr das, wie viele Bauherren, für eine praktische Idee haltet«, sagt Sarah und lächelt ihr pseudo-nachsichtiges, in Wahrheit stahlhartes Lächeln. »Häuser müssen ringsum fest auf der Erde stehen, eine Zufahrt in den Keller macht immer irgendwie den Eindruck, als wolle man seine Standfestigkeit untergraben. Das ist nicht schön.«

»Aha«, sagt mein Mann.

»Wenn das so ist«, sage ich.

Bis das Haus fertig ist, wird Sarah mit uns stundenlang über unzählige Details diskutiert haben. Über manches, das spüren wir in diesem Augenblick instinktiv, diskutiert sie nicht: Widerstand zwecklos.

Das Innere des Schuhkartons erläutern Sarah und Katja uns anhand einer handgemachten Grundrissskizze: Im Erdgeschoss wird es zum Garten hin eine sehr große Wohnküche geben mit genug Raum für einen großen Esstisch und ein kleines Sofa. Zur Straßenseite liegt der Eingang mit Garderobenschrank und Gäste-WC, neben dem Eingang liegt die Garage, neben der Garage liegt das Arbeitszimmer. Von der Garage aus gelangt man durch eine Schmutzschleuse in den Hausflur. Natürlich kann man auch durch die Haustür gehen – falls man berechtigt ist, einen Haustürschlüssel mit sich zu führen. Weil man entweder volljährig ist oder, obwohl minderjährig, endlich gelernt hat, Jacken aufzuhängen, statt sie fallen zu lassen, und seine Schuhe ordentlich in ein Regal zu stellen, statt sie gleich hinter der Türschwelle exakt in der Position stehen zu lassen, in der sie sich befinden, nachdem man sie unter Zuhilfenahme des einen Fußes vom anderen Fuß gestreift hat. Ich hege, was die Aussicht auf einen Haustürschlüssel angeht, wenig Hoffnung für meine Kinder. Das Besondere am Erdgeschoss ist, dass es – bis auf die Garage – fast ausschließlich aus Glas besteht. Wände gibt es dort eigentlich nur im Hausinneren, ansonsten riesige Fensterfronten: im Arbeitszimmer, im Flur, in der Küche.

»Die eigentlichen Außenwände des Hauses sind die hohen Hecken, die um das ganze Grundstück herum gepflanzt werden«, sagt Sarah. »Die Hecken gehören zum Hauskonzept. Das Erdgeschoss ist der gesellige, offene Bereich des Hauses.«

Hecken als Ersatz für die weiten Landschaften, die ich sah, als ich von großen Fenstern träumte? Nun gut, wir wohnen nun mal nicht auf schottischen Hügeln, sondern in einer norddeutschen Großstadt. Hauptsache, ich sehe Grün. Und nicht jeder sieht mich, der am Haus vorbeigeht. Mir gefällt die Idee von einem heckenumsäumten Aquariumserdgeschoss. Meinem Mann auch.

Das Obergeschoss hat richtige Zimmer und ganz normale Fenster – der Privatbereich sozusagen. Zur Straße hin liegt das Schlafzimmer, das man durch eine Umkleide mit Einbauschränken erreicht. Vom Schlafzimmer geht das Bad ab: der Elterntrakt. Zum Garten hin liegen nebeneinander die zwei gleich großen Kinderzimmer. Zu den Kinderzimmern gehören ein winziges Duschbad und ein eigener, durch eine Tür abgetrennter Flur: der Kindertrakt. Der Kindertrakt und der Elterntrakt werden durch einen Bibliotheksflur verbunden, in dem es ein großes, von Bücherregalen eingerahmtes, beleuchtetes Fenster mit breiter Fensterbank gibt. Von dort aus gelangt man in ein kleines Wohnzimmer mit großer Fensterfront und Balkon, das die Fläche zwischen Elternbereich und Kinderbereich füllt. Der Keller besteht aus Kellerräumen, darunter ein kleines Gästezimmer mit Duschbad, das über einen Lichtschacht mit Tageslicht versorgt wird.

Das Bestechende an dem Haus ist die Einfachheit, mit der es all unsere Wünsche erfüllt. Es ist unten Bungalow und oben Villa. Zwischen unserem Bett und den Stereoanlagen unserer Kinder liegen keine zehn Meter Luftlinie, aber immerhin vier Türen und damit ein ausreichend großer gefühlter Abstand. Das Haus ist logisch, ohne langweilig zu sein.

»Großartig«, sagt mein Mann.
»Grandios«, sage ich.

»Nicht wahr?«, sagt Sarah.

»Ich habe mich übrigens beim Bauamt erkundigt«, sagt Katja. »Das alte Haus steht nicht unter Denkmalschutz, und ihr braucht auch keine Abrissgenehmigung.«

Baunebenkosten inkl. MwSt.:
Übertrag	32.364,88 €
Bücherhallen Hamburg,	
Gebühren Erwachsenen-Jahreskarte	40,00 €
Zwischensumme	32.404,88 €

Das traurigste Kundenzentrum der Welt

»Schönen guten Morgen!«, rufe ich in den Raum hinein und winke mit der Kopie unseres Grundbucheintrages. »Und? Wer möchte?«

Drei Damen starren mich von den Bürostühlen hinter ihren Schreibtischen an. Ich habe soeben die gläserne Eingangstür zum Kundenzentrum des Landesbetriebes Geoinformation und Vermessung (LGV) der Freien und Hansestadt Hamburg durchschritten. Ich bin sehr gut gelaunt. Gleich werde ich die erste offizielle Amtshandlung in meiner neuen Eigenschaft als Grundeigentümerin vollziehen – ein, wie ich finde, äußerst erhabener Augenblick: der erste praktische Schritt auf dem Weg zu unserem Neubau, der bisher nur auf dem Papier existiert. Ich bin hier, um einen Auszug aus dem Liegenschaftskataster zu besorgen, den wir für die »Genehmigung zur Errichtung eines Einfamilienhauses« benötigen.

Ein Liegenschaftskataster ist ein öffentlich geführtes Verzeichnis aller Liegenschaften, das heißt aller Grundstücke und Gebäude eines Verwaltungsgebietes. Das Liegenschaftskataster besteht aus einem Liegenschaftsbuch und einer Liegenschaftskarte. Im Liegenschaftsbuch wird beschrieben, wo ein Grundstück liegt, wie groß es ist, welche Flurstücknummer es trägt, in welchem Grundbuch es eingetragen ist und wem es gehört. In der Liegenschaftskarte – auch Flurkarte genannt – sind die nummerierten Grundstücke samt darauf befindlichen Gebäuden im Maßstab 1:1000 dargestellt.

Ich brauche für unser Grundstück einen Auszug aus dem Liegenschaftsbuch und einen Auszug aus der Liegenschaftskarte, weil die Architektinnen diese Dokumente brauchen.

Die Architektinnen brauchen diese Dokumente, um sie dem Bauantrag beizulegen, der demnächst eingereicht werden soll.

Wir haben uns noch ein paar Mal mit den Architektinnen getroffen und bei jedem Treffen mehrere Stunden an dem Hausentwurf gefeilt. Sarah brachte jedes Mal neue Ideen mit, aber auch wir selbst wurden immer einfallsreicher. Wenn wir einen Vorschlag hatten, für den sie uns lobte, waren wir stolz wie Kinder. Nun ist der Entwurf so gut wie fertig, wir sind fast ein bisschen traurig deshalb. Selten hatten mein Mann und ich zusammen so viel Spaß wie während der letzten Wochen und Monate.

Offenbar bin ich die einzige Kundin, die sich an diesem Freitagmittag auf den Weg ins Kundenzentrum gemacht hat. Das hängt vielleicht damit zusammen, dass das Kundenzentrum am Arsch der Heide liegt, nämlich in einem tristen Büro- und Gewerbegebiet südlich des Hauptbahnhofs. Es öffnet täglich von Montag bis Freitag um acht Uhr, dienstags und donnerstags schließt es um vier, an den anderen Tagen um eins. Um in diesem Kundenzentrum Kunde zu werden, muss man entweder arbeitslos, Hausfrau oder Freiberufler sein, einen kulanten Chef haben oder sich einen halben Tag Urlaub nehmen wollen.

Auf wen nichts davon zutrifft, der kann den Auszug aus dem Liegenschaftskataster auch schriftlich beantragen und sich per Post zuschicken lassen.

»Aber ich sag Ihnen gleich«, hat der Herr am Telefon gesagt, mit dem ich heute Morgen sprach, »das kann vierzehn Tage dauern, bis wir das bearbeitet haben.«

Vor meinem inneren Auge erschienen meterhohe Stapel unbearbeiteter Anträge und heillos überlastete Behördenmitarbeiter. Mensch, dachte ich, in Zeiten, in denen der Rotstift in den Amtsstuben regiert, ist der Staatsdienst auch kein Zuckerschlecken mehr. Ich habe mich ins Auto gesetzt und bin eine gute halbe Stunde hierhergefahren. Zum Glück bin ich – die Bauherrin – zu einem Drittel Hausfrau und zu zwei Dritteln Freiberuflerin, kann also, wenn es sein muss, zu Zeiten, zu denen kein normaler Arbeitnehmer Freizeit hat, quer durch die ganze Stadt gurken, um irgendwo zwei DIN-A4-Zettel abzuholen, ohne die es kein neues Haus geben wird. Mein Mann – der Bauherr – arbeitet dagegen fest angestellt, und zwar viel zu viel, wie ich finde. Dafür verdient er auch viel mehr als ich.

Es wird sich herausstellen, dass dies die ideale Bauherrenpaar-Kombination ist: Einer opfert sein Festeinkommen, um den Traum vom Haus wahr werden zu lassen, der andere opfert seine Vormittage. Oder, um es ganz deutlich zu sagen: Keine Ahnung, wie man es schafft, ein Haus zu bauen, wenn beide Bauherren als Vollzeitangestellte täglich von neun bis achtzehn Uhr im Büro sitzen müssen und womöglich Kinder haben, die noch nicht alt genug sind, um sich alleine das Abendbrot in der Mikrowelle warm zu machen.

Ich stehe also als einzige Kundin weit und breit im Kundenzentrum, mir gegenüber die nebeneinandersitzenden, über ihre Schreibtische hinwegstarrenden Kundenzentrumsmitarbeiterinnen. Die Kundenzentrumsmitarbeiterinnen sehen total erschrocken aus, so als seien sie es nicht gewohnt, dass sich jemand Fremdes zu ihnen verirrt. Ich rechne damit, dass sich nach dem ersten Entsetzen freudige Überraschung auf ihren Gesichtern abzeichnen wird, sicher bin ich eine schöne Abwechslung. Ich weiß nicht, welche von ihnen zuletzt – wahrscheinlich vorvorgestern – einen Kunden den ihren nennen durfte, ich weiß aber, dass ich weder Neid noch Zwietracht zwischen den drei Damen vom Landesbetrieb Geoinformation und Vermessung säen will. Also überlasse ich es ihnen zu entscheiden, an welchem Schreibtisch ich Platz nehme: »Und? Wer möchte?«

Keine der Damen sagt etwas, sie starren mich einfach weiter an, stumm und völlig reglos. Meine gute Laune kippt ins Betretene, ich gehe zu der Kundenzentrumsmitarbeiterin ganz rechts, deren linker Mundwinkel eben wenigstens ein bisschen gezuckt zu haben scheint, sodass man davon ausgehen kann, dass sie noch am Leben ist. Ich lege meinen Ausweis und die Notarurkunde auf den Tisch.

Ich sage: »Hallo, wir haben ein Grundstück gekauft und wollen bauen, und darum brauchen wir jetzt einen Auszug aus dem Liegenschaftsbuch und der Flurkarte, für den Bauantrag.«

Noch vor zwei Minuten habe ich mir eingebildet, dass dieser Satz Jubel und Glückwünsche bei den Kundenzentrumsmitarbeiterinnen provozieren könnte. Schließlich sind es Menschen wie wir, Bauherren, die maßgeblich helfen, die Wirtschaft, den Mittelstand, die Zukunft unseres Landes zu sichern. Und ist das Leben nicht viel schöner, wenn man sich mit seinen Mitmenschen mitfreuen kann? Nun wage ich nur noch zu hoffen, dass mein Anliegen keine Panikattacke auslöst.

Die Kundenzentrumsmitarbeiterin blickt mich traurig an.

Dann sagt sie leise: »Ja, dann wollen wir mal sehen.«

Sehr langsam studiert sie den Ausweis und die Notarurkunde, sehr langsam tippt sie auf der Tastatur ihres Computers herum und starrt wieder, diesmal auf den Bildschirm. Sie starrt sehr lange.

»Oh, oh«, sagt sie, Aufregung vibriert in ihrer Stimme, »das Liegenschaftsbuch ist noch gar nicht aktualisiert, das dauert manchmal ewig, bis die Daten aus dem Grundbuch bei uns im System eingetragen werden. Da stehen ja noch die Vorbesitzer drin.«

»Und was bedeutet das?«, frage ich bang.

Man weiß ja, dass beim Bauen alles schiefgeht, was schiefgehen kann.

»Nun«, sagt die Mitarbeiterin, ihre Stirn legt sich in Falten, sie denkt eine Weile nach, dann verschwinden die Falten wieder. »Eigentlich nichts. Sie müssen nur dran denken, dem Bauantrag als Beleg dafür, dass Sie inzwischen die Eigentümer sind, eine Grundbuchkopie beizulegen. Gut. Ich drucke dann mal die Auszüge aus, das dauert eine Weile, Sie können ja schon bezahlen.«

Ich zücke mein Portemonnaie.

»Nein, nicht bei mir«, sagt die Mitarbeiterin. »Ich hole Herrn Seibold, der ist für die Gebühren zuständig.«

Sie steht auf und verschwindet durch eine Tür hinter dem Schreibtisch, dafür erscheint ein adrett gescheitelter Herr in einem rosafarbenen V-Ausschnitt-Pulli und nimmt an einem vierten Schreibtisch Platz, auf dem ein Schild steht: »Kasse«. Ich bezahle viel Geld für wenig Papier und erhalte eine Quittung, Herr Seibold verschwindet wieder – weiß der Himmel, wohin. Vielleicht erstellt er vor Feierabendbeginn um dreizehn Uhr noch Gebührenbescheide für die drei schriftlichen Anträge, die seine Kolleginnen und Kollegen diese Woche bearbeitet haben.

Mit der Quittung gehe ich zurück zum Schreibtisch der traurigen Kundenberaterin und warte, bis sie zurückkommt. Ich reiche ihr die Quittung, sie reicht mir die Zettel. Sie wirkt gelöst, geradezu heiter.

»Ja, dann ist ja alles gut«, sagt sie.

Sie nimmt einen Kugelschreiber und malt einen sehr geraden Strich auf einen kleinen Zettel, der neben ihrer Tastatur liegt. Oben auf dem Zettel steht das heutige Datum. Der Strich, den sie gerade gemalt hat, ist der erste Strich des Tages. Es ist kurz vor zwölf.

Ich starre auf den Strich, ich werde von Mitgefühl überschwemmt: Für mich beginnt etwas ganz Neues, Aufregendes, ein Abenteuer. Diese Kundenberaterin aber muss womöglich noch zwanzig Jahre hier sitzen und den langweiligsten Job der Welt machen, kein Wunder, dass sie so traurig guckt. Die Welt ist ungerecht.

Baunebenkosten inkl. MwSt.:

Übertrag	32.404,88 €
Gebühren Auszug Liegenschaftskataster	30,00 €
Zwischensumme	32.434,88 €

Jenseits der Komfortzone

Katja ruft an.
»Der Bauantrag ist eingereicht«, sagt sie.
»Super«, sage ich.
»Ihr solltet euch allmählich mal über den Abriss Gedanken machen.«
»Stimmt«, sage ich, »da war ja noch was.«
Nämlich ein dreistöckiges, voll unterkellertes, massives altes Backsteinhaus samt Doppelgarage und gepflastertem Garten, das lästigerweise dort herumsteht, wo unser neues Haus stehen soll. Wenn mit dem Bauantrag alles glattgehe, sagt Katja, solle Ende April, Anfang Mai mit den Bauarbeiten begonnen werden.
»Wir könnten uns natürlich um den Abriss kümmern und euch das dann nach Stundenaufwand in Rechnung stellen.«
Stimmt ja, denke ich, Architekten werden fürs Häuserbauen bezahlt, nicht fürs Häuserabreißen – üblich ist ein Honorar in Höhe von zehn Prozent der Bausumme. Häuserabreißen kostet extra. Extrakosten sind ein heikles Thema, wenn man vorhat, ein Haus zu bauen.
»Oder ihr organisiert das selbst«, sagt Katja.
»Gut«, sage ich, »das machen wir dann am besten selbst.«
Abreißen, denke ich, kann ja nicht so schwer sein. Schließlich geht es beim Abreißen nur darum, dass am Ende nichts mehr da ist – beim Herstellen von Nichts kann man ja wohl nicht viel falsch machen. Katja verspricht, mir am Montag eine Mail zu schicken, in der alles steht, was ich wissen muss.
Wenn Ende April die Bauarbeiten beginnen sollen, muss das alte Haus Anfang bis Mitte April weg sein. Mitte März

fahren wir für zwei Wochen in den Skiurlaub, den wir gebucht hatten, als wir dachten, wir kaufen gar kein Haus, und den wir nicht mehr stornieren können, weil wir damals Freunde überredet haben, mit uns zu fahren. Die können wir nicht im Stich lassen, sonst haben wir bald ein neues Haus, aber dafür zwei alte Freunde weniger. Bis zum Ferienbeginn in drei Wochen müssen wir den Abriss organisiert haben.

Abends im Bett sage ich zu meinem Mann: »Vor dem Skiurlaub müssen wir dringend neue Handschuhe und Skiunterwäsche für die Kinder und einen Abreißer und neue Schneeketten besorgen. Die alten waren doch kaputt, oder?«

»Ich kümmere mich um die Skisachen und die Handschuhe und die Schneeketten. Wir sollten auch noch mal einen Ölwechsel machen lassen«, sagt der Mann, der versprochen hat, sich in Sachen Hauserwerb um alle Bankdinge zu kümmern.

Wer sich um den Rest kümmert, das haben wir vorab leider nicht geregelt.

»Na gut«, sage ich, »dann kümmere ich mich wohl um den Abriss. Gute Nacht.«

Es ist ein großer Vorteil, wenn man an neue Aufgaben komplett ahnungslos herangeht. Die schlaflosen Nächte stellen sich dann nicht schon vorsorglich ein.

In der Mail, die Katja am Montagmorgen schickt, steht, dass das Haus, bevor es abgerissen werden kann, von den Gas-, Strom-, Wasser-, Telefon- und Kabel-TV-Leitungen getrennt werden muss. Ich müsse bei den jeweiligen Versorgern anrufen und klären, was geschehen muss, damit der sogenannte Leitungsrückbau in die Wege geleitet wird. Außerdem müsse ich die Leitungspläne besorgen: Karten, in denen eingezeichnet ist, wo welche Leitungen auf dem Grundstück verlaufen, damit sie beim Abriss nicht versehentlich beschädigt werden.

Sind die Leitungen gekappt, muss vom Elektriker ein Baustrom- und vom Wasserinstallateur ein Bauwasseranschluss installiert werden.

Außerdem muss eine Baustellenzufahrt errichtet werden – vor dem Abriss, aber erst nachdem die Leitungen getrennt wurden: Die Leitungen liegen unter der jetzigen Pkw-Auffahrt, und wenn aus der gepflasterten Pkw-Auffahrt erst eine asphaltierte Baustellenzufahrt gemacht wurde, kommt an die Leitungen unter der Erde niemand mehr heran. Die Genehmigung zur Errichtung einer Baustellenzufahrt müsse ich bei der Stadt beantragen. Die Stadt schickt dann ein Unternehmen, das die Zufahrt errichtet.

Ich müsse mich außerdem mit dem für unseren Stadtteil zuständigen Wegewart vor dem Grundstück treffen, damit der das Grundstück begutachten und entscheiden kann, eine wie große, wie beschaffene Baustellenauffahrt wir brauchen.

Ach ja, und dann brauchen wir auch noch einen Abreißer.

Ich lese die Mail noch einmal durch. Ich seufze. Ich lege einen Aktenordner an und fange an zu telefonieren.

Ich rufe die Kundenhotline von Vattenfall an.

»Guten Tag, wir haben ein altes Haus gekauft, das wollen wir abreißen, deshalb muss es vom Stromnetz getrennt und ein Baustromanschluss muss errichtet werden. Was muss ich da machen?«

»Ganz einfach, da suchen Sie sich einen Elektriker«, sagt die Hotlinemitarbeiterin, »der macht das dann.«

»O.k.«, sage ich, »danke.«

Ich rufe die Kundenhotline von E.ON Hanse wegen des Gasanschlusses an.

»Da beauftragen Sie einen Klempner«, sagt der Hotlinemitarbeiter, »der macht das dann.«

Ich rufe die Hotline der Wasserwerke an.

»Da nehmen Sie sich einen Installateur.«

Kabel Deutschland und die Telekom teilen mir mit, wir sollten die Kabel, wenn sie gefunden worden sind, einfach aufrollen und an der Grundstücksgrenze lagern.

Ich rufe das Bezirksamt an und lasse mir die Nummer vom Wegewart geben. Ich rufe den Wegewart an und verabrede einen Termin mit ihm.

Ich frage mich, wie man das richtige Abrissunternehmen findet, wenn man vom Hausabreißen keine Ahnung hat. In unserem Freundes- und Bekanntenkreis kursieren Empfehlungen für super Anwälte, billige Umzugsunternehmen, hervorragende Osteopathen, vertrauenswürdige Versicherungsmakler, kompetente Nachhilfelehrer, angesagte Friseure und einfühlsame Paartherapeuten, von einem total tollen Abreißer habe ich noch nie jemanden reden hören. Kein Mensch, den ich kenne, hat schon mal ein Haus abgerissen. Ich werde die Erste sein, die das tut. Ich fühle Panik in mir aufsteigen.

Was ich gut kann: organisieren, schreiben, quasseln, Fragen stellen, Witze machen. Was ich nicht gut kann: mit Handwerkern sprechen. Ich bin eine Frau, die – falls ihre Ehe doch noch in die Brüche geht – ihren Exmann zwar nicht braucht, um die Miete für die Dreizimmerwohnung bezahlen zu können, in die sie nach der Trennung ziehen wird. Leider aber werde ich ihn dringend brauchen, um in der neuen Wohnung Lampen aufzuhängen, Jalousien zu befestigen und Regalträger in die Wand zu dübeln. All das habe ich nie gelernt, immer gab es irgendwelche Männer, die diese Dinge für mich erledigt haben – erst meinen Vater, dann meine Freunde, dann meinen Mann. Ich habe mich nie dagegen gewehrt.

Was handwerkliche Fähigkeiten angeht, entspreche ich aufs Lächerlichste dem Klischee des hilflosen, auf männliche Rettung hoffenden Weibchens. Sobald ein Mann mit einem Werkzeug in der Hand vor mir steht, muss ich mich sehr bemühen, um mich nicht auch genau so zu benehmen. Kfz-Mechanikern, Malergesellen und Elektroinstallateuren gegenüber verfalle ich sehr leicht in einen dümmlich-mädchenhaften, von sinnlosen Kichereinlagen und kulleräugig-beschwichtigenden Blicken untermalten Singsangtonfall – wahrscheinlich irgend so ein archaischer Steinzeitreflex, der dem körperlich überlegenen Männchen signalisieren soll: »Großer, starker Mann, ich bin ganz, ganz lieb, bitte, bitte tu mir nichts, sondern beschütze mich, indem du meinen Keilriemen reparierst.«

Frauen, die sich so benehmen, werden bestenfalls und zu Recht nicht weiter ernst genommen. Schlimmstenfalls nutzt man ihre Harmlosigkeit aus, bescheißt sie ein bisschen oder lässt sie gar richtig bluten: Ich bin ein potenzielles Handwerker- und Bauarbeiteropfer. Ich tue mir jetzt schon leid. Ich bin kurz davor, Katja anzurufen und zu sagen: »Ich kann das doch nicht, bitte übernehmt ihr, ist mir scheißegal, was das kostet.«

Aber Katja ist auch eine Frau, eine viel jüngere dazu. Sämtliche Angestellte in Sarahs Büro sind junge Frauen. Frauen, die Häuser bauen und daher den ganzen Tag nichts anderes tun, als mit Handwerkern zu reden. Offensichtlich kann man es auch als Frau lernen, mit Handwerkern zu reden, ohne rot zu werden. Und ich, beschließe ich, werde das auch endlich lernen müssen. Ich werde meine »Komfortzone« verlassen – jenen Erfahrungsbereich, in dem wir uns auskennen und sicher fühlen und der zu einem Gefängnis werden kann, wenn wir uns so gemütlich darin einrichten, dass wir uns nicht mehr trauen, uns neuen, unbekannten Herausforderungen zu stellen. Ich hänge mir einen Zettel an die Wand, auf dem Zettel steht: »Ich organisiere einen Hausabriss und entwickele so meine Persönlichkeit weiter.«

Ein Haus abreißen zu lassen bringt ungefähr so viel Spaß wie die Endrenovierung einer Wohnung, aus der man auszieht – es muss halbwegs anständig gemacht sein, aber auf keinen Fall möchte man auch nur zehn Euro zu viel dafür ausgeben. Katja hat mir ein Unternehmen genannt, aber ich werde mir mehrere Angebote machen lassen müssen, um Preise vergleichen zu können.

Ich gebe »Hausabriss« und »Preis« bei Google ein und lande bei My-Hammer.de. MyHammer ist ein Online-Dienstleistungsauktionshaus: Als Auftraggeber inseriert man kostenlos eine Beschreibung der Arbeit, die zu tun ist – vom »Abriss« über »Babysitten«, »Chinesischunterricht« und »Dachdecken« bis zur »Zwetschgenernte«. Wer diese Arbeit übernehmen möchte, kann entweder Kontakt aufnehmen, um Näheres zu erfahren, oder sofort ein Gebot abgeben, zu welchem Preis er den Auftrag erledigen würde. Der Auftraggeber ist nicht dazu verpflichtet, das günstigste oder irgendein anderes Gebot anzunehmen.

Für das Schreiben einer einseitigen Magazinglosse brauche ich normalerweise nicht länger als vier oder fünf Stunden, das Formulieren einer Hausabrissausschreibung kostet mich fast einen ganzen Arbeitstag. Ich stelle die Ausschreibung bei MyHammer ins Netz. Wenige Stunden später meldet sich das erste Unternehmen und bittet um einen Besichtigungstermin am nächsten Tag.

Am nächsten Morgen fahre ich vor der Arbeit ins Bezirksamt. Im Bezirksamt händigt mir ein netter Herr zwei Formulare aus, erstens einen »Antrag auf Erteilung einer Erlaubnis zur Sondernutzung öffentlicher Wege«, zweitens einen »Antrag auf Erteilung eines Aufgrabescheines«. Mit dem ersten Antrag beantragt man, den Geh- und Radweg noch zu irgendetwas anderem benutzen zu dürfen, als darauf zu gehen und Rad zu fahren – zum Beispiel dazu, ihn von Baufahrzeugen überrollen zu lassen. Mit dem zweiten Antrag beantragt man die Erlaubnis, Gehwegplatten auszugraben und dort stattdessen etwas anderes als einen Gehweg zu errichten – zum Beispiel eine Asphaltschicht, die sich dann Baustellenzufahrt nennt. Auf dem Antrag soll ich eintragen, welches Unternehmen die Asphaltschicht auftragen wird.

»Keine Ahnung«, sage ich, »man hat mir gesagt, das organisieren Sie!«

»Nee nee«, sagt der Herr, »das müssen schon Sie machen. Wenn Sie eine Firma haben, kommen Sie wieder. Aber erst müssen Sie mit dem Wegewart einen Termin für eine Ortsbegehung ausmachen.«

»Ich weiß«, sage ich.

Nach der Arbeit habe ich mein erstes Abreißerdate. Ich bin aufgeregt. »Mike Lahn – Erd- und Abbrucharbeiten« sieht genau so aus, wie ich mir einen Abreißer vorgestellt habe: groß, stark, langhaarig, bärtig, bierbäuchig, Blaumann tragend. Wie ein Bär, von dem man ahnt, dass es mit seiner Gemütlichkeit aus ist, wenn man ihn reizt. Ich hole tief Luft, drücke den Rücken durch und erwidere seinen Handschlag so fest wie möglich. Dann führe ich ihn durchs Haus und versuche, dabei nicht zu kichern und möglichst tief und sachlich zu sprechen: »Das hier ist der Dachboden, keine Dämmung.«

Der Bär guckt hier, nuschelt dort in seinen Bart und klopft da, am Ende sagt er: »O.k., ich mach's Ihnen für neuntausendachthundert. Plus Mehrwert. Inklusive gesetzlich vorgeschriebener Entsorgung.«

Das kommt mir günstig vor.

»Klingt gut. Kann ich das bitte schriftlich haben?«, sage ich.

»Klar«, sagt der Bär, »schick ich morgen. Leitungen sind schon getrennt?«

»Nee«, sage ich, »das müssen wir noch machen lassen. Kennen Sie zufällig einen Elektriker und einen Gas-Wasser-Installateur, der das kann?«

Der Bär fängt an, sich zu schütteln und brummig-glucksende Laute auszustoßen, die ich mit leichter Verzögerung als Lacher identifiziere.

»Sind Sie wahnsinnig?«, gluckst der Bär. »Was meinen Sie, wie die Herren von Vattenfall und Co. das wohl finden, wenn da mal eben irgendein dahergelaufener Elektriker an denen ihren Leitungen rumfummelt? Finger weg, sag ich Ihnen, da lassen die nur ihre eigenen Leute ran.«

»Ach, so«, sage ich und ertappe mich beim Kichern.

»Was ist mit der Baustellenzufahrt?«, fragt der Bär.

»Kümmere ich mich drum. Antrag läuft, morgen treffe ich mich mit dem Wegewart«, sage ich.

»Schöne Scheiße, was?«, sagt der Bär. »Und dann schicken die Fritzen von der Stadt einen von den zehn Straßenbauern, die auf ihrer komischen Mafialiste stehen, und legen irgendeinen Fantasiepreis fest, und wer bekommt dann die Rechnung und darf sich dumm und dämlich blechen, aber holla? Sie!«

»Ich dachte, ich muss selbst einen Straßenbauer suchen«, sage ich.

Meine Stimme rutscht verdächtig nach oben, kurz stelle

ich mir vor, wie ich mich an den Bären schmiege und »Hilfe! Hilfe! So helfen Sie mir doch!« hauche. Ich reiße mich zusammen.

»Quatsch«, sagt der Bär. »Welcher Idiot hat Ihnen denn das erzählt?«

Zu Hause versuchte ich herauszufinden, ob tatsächlich wir einen Straßenbauer mit dem Bau der Baustellenauffahrt beauftragen müssen oder ob das Aufgabe der Stadt ist. Ich rufe eine städtische Servicenummer an, der Herr, der ans Telefon geht, sagt: »Tut mir leid, ich mach das noch nicht so lange, ich verbinde Sie mal!«

Er verbindet mich mit jemandem, der mich weiterverbindet, am Ende meldet sich ein Mann.

Ich sage: »Wir brauchen eine Baustellenzufahrt, heute Morgen war ich im Bezirksamt, da war so ein Herr, der hat doch tatsächlich behauptet, wir sollen uns selbst um ein Unternehmen kümmern, aber ich bin nicht sicher...«

»Aber das war doch ich!«, ruft der Mann.

Ich rufe bei Vattenfall, E.ON Hanse und den Wasserwerken an. Ich sage: »Wir reißen ein Haus ab. Ich habe schon einmal angerufen, da hat man mir gesagt, dass wir selbst Handwerker besorgen sollen, die das Haus von den Leitungen trennen. Sind Sie da wirklich ganz sicher? Bitte fragen Sie doch noch mal nach.«

Die Hotlinemitarbeiter von Vattenfall, E.ON Hanse und den Wasserwerken hängen mich in die Warteschleife und fragen nach. Ihre Nachfragen ergeben, dass man als Bauherr in die Hölle kommt, wenn man versucht, den Leitungsrückbau auf eigene Faust zu stemmen. Ich möge mich bitte unter diesen Nummern an jene Zuständigen bei der Bauherrenberatung wenden. Ich rufe bei den Zuständigen an, ich sage: »Wissen Sie eigentlich, dass Ihre Hotlinemitarbeiter von Tuten und Blasen keine Ahnung haben? Fast hätten wir eigenhändig die Erde aufgebuddelt und die Leitungen gekappt!«

»Ja, ja«, sagt ein Zuständiger, »ich weiß, ist schlimm mit denen. Aber was soll man machen?«

Ich treffe mich mit dem Wegewart. Ich sage: »Und woher bekomme ich einen Straßenbauer, der die Baustellenzufahrt baut?«

Der Wegwart sagt: »Den beauftrage natürlich ich, da gibt es ausgewählte Unternehmen, mit denen die Stadt zusammenarbeitet. Ich schätze den Preis, schicke Ihnen eine Zahlungsaufforderung, und wenn Sie überwiesen haben, kann's losgehen. Am Ende wird genau abgerechnet. Ach ja, und wenn Sie fertig sind mit Bauen, dann muss die Baustellenzufahrt natürlich wieder beseitigt werden, auf Ihre Kosten.«

Er nennt einen Betrag, der mich veranlasst, kurz darüber nachzudenken, ihm eine Affäre anzubieten: Vielleicht würde es dann billiger. Ich denke: Der Bär hat recht. Alles wird privatisiert, überall gelten die Gesetze der freien Marktwirtschaft, Wettbewerb, wohin man schaut, nur das Marktsegment des Baustellenzufahrtbaus in Hamburg ist quasi sozialistisch organisiert: Friss den Asphalt zu unseren Preisen – oder stirb.

Zum Abschied drückt mir der Wegewart fünf Exemplare eines grünen Formulars in die Hand, den »Antrag auf Erlaubnis zum Überqueren des Gehweges mit Fahrzeugen und auf Herstellung von Gehwegüberfahrt/en«. Irgendwann, falls wir es jemals schaffen, ein Haus zu bauen und einzuziehen, werden wir das brauchen, was der Volksmund »Auffahrt« nennt. Dann werden wir diesen Antrag ausfüllen und abgeben müssen – handschriftlich und in fünffacher Ausfertigung. Nach der Ortsbegehung mit dem Wegewart gehe ich wieder ins Bezirksamt.

»Ich hatte doch recht. Der Wegewart beauftragt das Unternehmen, das die Baustellenzufahrt errichtet«, sage ich.

»Hm«, sagte der nette Herr, »ach so.«

Er druckt mir die nötigen Genehmigungen aus: »Und damit müssen Sie jetzt zur zuständigen Polizeiwache und die abstempeln lassen.«

Eigentlich, denke ich, müsste ich mich mal an den Schreibtisch setzen und ein bisschen arbeiten, um das Geld zu verdienen, das ich ständig ausgebe, noch bevor der erste Stein auf dem Grundstück bewegt wurde. Ich fahre zu der Wache, die auf der Genehmigung angegeben ist. Es ist die falsche, man schickt mich zur richtigen. Ein Polizist stempelt die Genehmigungen ab. Ich bin auf eine absurde Weise gut gelaunt. Das Abstempeln von Genehmigungen hat etwas wohltuend Altmodisches in Zeiten, in denen man es gewohnt ist, Daten und Informationen elektronisch zu übertragen. Ich will trotzdem wissen, warum die Polizei unsere Genehmigung abstempeln muss. Blöde Frage: »Na, wir müssen doch Bescheid wissen«, sagt der Polizist. »Sonst könnte ja jeder einfach eine Baustellenzufahrt errichten.«

Katja ruft an.

»Wir haben uns überlegt«, sagt sie, »dass ihr doch noch mal ein Bodengutachten machen lassen solltet.«

»Wieso? Wegen des Wassers?«, frage ich.

Der Boden in jener Gegend, in der unser Grundstück liegt, ist sehr feucht, in den regnerischen Monaten geradezu nass. Der Grundwasserspiegel liegt bei nur ein Meter zwanzig: Wir werden einen aus wasserdichtem Beton gefertigten Keller brauchen, eine sogenannte Weiße Wanne. Angesichts des bevorstehenden Abrisses haben unsere zukünftigen

Nachbarn uns mit sorgenvoller Miene gebeten, mit unserer Architektin über die Absicherung der Baugrube zu sprechen. Ich habe die Schreckensvisionen der Nachbarn per Mail an Katja weitergeleitet: »Irgendein Hausbesitzer hat hier in der Straße unterkellert angebaut, während der Kellerbauphase ist dann wegen des hohen Grundwasserspiegels das Erdreich weggerutscht, das Nachbarhaus wurde erschüttert und weist jetzt Risse auf ... Also, man fürchtet den Zusammenbruch des Stadtteils, wenn wir einen zwei Meter dreißig tiefen Keller bauen, und bittet um Vorsorge und Rücksichtnahme. Das leite ich jetzt einfach mal an Euch weiter, Ihr werdet schon wissen, was Ihr mit dieser Info anfangt. Neuer Entwurf, haha?«

Nein, sagt Katja, das Grundwasser sei gar kein Problem. Aber: Falls es – wovon sie natürlich nicht ausgehe – nach Fertigstellung des Neubaus irgendwann zu Rissen oder anderen unerwarteten Mängeln am Mauerwerk komme, sei es immer besser, ein solches Bodengutachten vorlegen zu können. Im Rahmen einer – hoffentlich nicht, aber mitunter leider doch nötigen – Schadensersatzklage gegen die beteiligten Baufirmen würde jeder Richter als Allererstes ausschließen wollen, dass solche Mängel auf nicht berücksichtigte ungünstige, zum Beispiel instabile Bodenbeschaffenheiten zurückzuführen seien. Könne man anhand eines Bodengutachtens beweisen, dass die Beschaffenheit des Bodens vor Baubeginn bekannt und das Bauwerk daher – wie es selbstverständlich geschehen werde – den örtlichen Gegebenheiten entsprechend geplant und in Auftrag gegeben worden sei, dass man die Schäden also nicht der Natur anlasten könne, sondern auf menschliches Versagen zurückführen müsse, dann sei es sehr viel leichter, Schadensersatzansprüche durchzusetzen.

»Das Gutachten kostet natürlich ein bisschen was«, sagt

Katja. »Aber wir glauben, das ist eine gute Investition: Sicher ist sicher. Hast du vor eurem Urlaub Zeit, vorbeizukommen und den Auftrag zu unterschreiben?«

»Ja«, sage ich, »wird schon gehen.«

Baunebenkosten inkl. MwSt.:

Übertrag	32.434,88 €
Gebühr »Aufgrabeschein«	30,00 €
Gebühr »Sondernutzung öffentlicher Wege«	99,00 €
Herstellung Baustellenzufahrt inkl. 8% Auftragsgemeinkostenzuschlag	1.589,27 €
Zwischensumme	34.153,15 €

Stolz und Vorurteile

Wenn ich nicht gerade den Hausabriss organisiere, muss ich meiner eigentlichen Arbeit nachgehen: dem Artikelschreiben. Ab und zu organisiere ich den Hausabriss, obwohl ich eigentlich arbeiten müsste. Es geht nun mal nicht anders.

Mein Büro und mein Telefon teile ich mit Jörn. Jörn und ich sitzen einander gegenüber. Jörn ist vernunftbetont, pragmatisch, ein wenig eigenbrötlerisch – mit einem Hang zum gezielt eingesetzten Sarkasmus: Wenn ich ihm zu sehr auf die Nerven gehe, pflegt er mich mit einer bissigen Bemerkung auf Abstand zu halten. Ich bin emotional, offenherzig, ein bisschen großmäulig – mit einer Neigung zu distanzlosem Verhalten. Wenn ich Jörn mal so richtig ärgern will, rufe ich ihm zur Begrüßung »Guten Morgen, Schnucki!« zu und drücke ihm einen Kuss auf die Wange. Jörn guckt dann aufrichtig angewidert. Ich bin überhaupt nicht sein Typ Frau. Das ist völlig o.k., denn er ist überhaupt nicht mein Typ Mann. Wir kommen gut miteinander aus.

Meistens arbeiten wir still vor uns hin. Manchmal unterhalten wir uns über unsere Schreibtische hinweg ein bisschen. Seit Jörn vor einem knappen Jahr zum ersten Mal Vater geworden ist, redet er am liebsten über seine Tochter. Seit wir vor fünf Monaten das alte Haus gekauft haben, rede ich am liebsten übers Häuserbauen. Erst redete ich über den Hauskauf, dann über die Hausplanung, drei Wochen vor unserem Urlaub habe ich angefangen, übers Häuserabreißen zu reden – ein Themenbereich, der Jörn unmittelbar betrifft, denn er ist Arbeitstag für Arbeitstag Zeuge davon, dass Job und Hausabriss nur schwer unter einen Hut zu bekommen sind: »Moin, Jörn, du Fleißiger! Tut mir leid, bin wieder mal spät dran, ich musste noch mal schnell ins Bezirksamt. Gab's was Neues in der Konferenz?« – »Entschuldigung, Jörn, ich weiß, das nervt, aber ich muss eben noch mal dringend mit dem Wegewart telefonieren. Nur ganz kurz, versprochen.« – »Mensch, Jörn, mach nicht mehr so lang. Wir sehen uns nächste Woche, ich muss leider früher los, noch einen Abreißer durchs Haus führen.«

Bestimmt bin ich schon längst eine einzige Zumutung für ihn. Ich schwöre mir, seine Geduld angemessen zu vergelten und mich in Zukunft aufrichtig für jedes Detail der geistigen, sprachlichen, seelischen, fein- und grobmotorischen Entwicklung seiner Tochter zu interessieren.

Eines Tages sage ich zu ihm: »Jörn, rate mal, wie viel eine Baustellenauffahrt kostet!«

»Keine Ahnung«, sagt Jörn. »Müssen wir uns nicht drum kümmern, macht der Bauträger alles, ist im Festpreis mit drin.«

»Wie jetzt?«, frage ich.

»Wir bauen auch«, sagt Jörn.

Ich bin elektrisiert: »Hey! Ehrlich? Was für eine Nachricht! Das ist ja großartig! Gratuliere! Erzähl! Wo? Was? Wann geht's los? Ich bin so gespannt! Du und ich, zwei Bauherren in einem Zimmer – wollen wir nicht endlich mal Mittagessen gehen?«

Jörn und ich sind noch nie zu zweit essen gegangen. Das muss sich ändern: Egal, was früher zwischen uns war, ab sofort sind wir eine Schicksalsgemeinschaft. Jörn guckt leicht angewidert, er lehnt sich so weit wie möglich auf seinem Bürostuhl nach hinten und lässt ihn langsam zurückrollen, weg von seinem Schreibtisch – weg von mir. Wahrscheinlich sehe ich aus, als wollte ich ihn gleich umarmen.

»Wir bauen in Stellingen«, sagt Jörn. »Der Keller ist schon fertig.«

»Wie jetzt?«, frage ich.
»Wir haben vor zwei Monaten angefangen«, sagt Jörn.
Es ist peinlich, von einem Thema innerlich so besessen zu sein, dass man es anderen geradezu zwanghaft aufdrängt – in dem Wissen, dass der andere sich vermutlich einen feuchten Kehricht dafür interessiert, weil er sich gerade in einer ganz anderen Lebenslage befindet. Zu entdecken, dass sich derjenige, den man wider besseres Wissen unaufhörlich mit sich selbst belästigt, zwar in genau der gleichen Lebenslage befindet, aber diskret genug ist, um über dieses Thema binnen Wochen kein einziges Wort zu verlieren, ist eine geradezu erniedrigende Erfahrung.
»Unglaublich! Ich fasse es nicht«, rufe ich. »Seit Monaten schwatze ich dich voll, und du schweigst wie ein Grab. Warum?«
»Weiß nicht.« Jörn zuckt mit den Schultern. »Warum hätte ich was sagen sollen? Gab keinen Anlass.«
»Es gab keinen Anlass?«, fast schreie ich. »Mehr Anlass als mich hat es auf dieser Welt nie gegeben!«
Ich starre Jörn an. Ich hatte immer gedacht, dass wir schlicht und einfach zwei ganz unterschiedliche Menschen sind. Erstmals ziehe ich die Möglichkeit in Betracht, dass Jörn in Wirklichkeit ein Außerirdischer ist, der sich in Gestalt eines Humanoiden auf die Erde begeben hat, um hier als Journalist zu arbeiten. Vielleicht, denke ich, während ich ihn anstarre, ist die Lösung aber auch viel einfacher: Jörn ist ein Mann. Nach einer Weile räuspert sich der Mann: »Wir mussten auch abreißen. Nächste Woche beginnt der Rohbau. Es wird ein Rotklinkerhaus.«
Na also, geht doch.

Am letzten Abend vor unserer Abreise in den Skiurlaub unterschreibe und faxe ich einen Auftrag für den Abriss unseres alten Hauses inklusive Keller, Garage und aller anderen auf dem Grundstück befindlichen Befestigungen wie Gehwegplatten und Mauern zum Festpreis von zwölftausend Euro brutto. Im Preis enthalten sind die Baustelleneinrichtung, ein Bau-WC und die Herstellung einer Baustraße aus Bauschutt auf dem Grundstück. Ich habe den Sielkatasterplan und sämtliche anderen Leitungspläne besorgt. Ich habe in die Wege geleitet, dass vor dem Abriss die Leitungen gekappt und danach der Baustrom- und der Bauwasseranschluss und die Baustellenzufahrt gebaut werden.

Ich habe ein halbes Dutzend Abrissunternehmer durch das Haus geleitet und gefühlte fünf Dutzend Telefonate geführt, Angebote gesammelt, Forderungen formuliert, Aufträge schriftlich konkretisiert und dabei meinen aktiven Wortschatz erheblich erweitert: »Baugrube wird fünfundvierzig Grad geböscht und grob einplaniert übergeben.« – »Es ist bekannt, dass die Garage mit asbesthaltigem Eternit verkleidet ist.« – »Nach Vorschriften der Umweltbehörde fachgerechte Entsorgung.«

Insgesamt sieben verschiedene Angebote habe ich eingeholt: Spare durch Vergleichen! Das teuerste Angebot lag bei rund einundzwanzigtausendsechshundert Euro inklusive Mehrwertsteuer. Das billigste war tatsächlich das vom Bären und lag bei zehntausendfünfundfünfzig Euro brutto. Allerdings brauchte der Bär nicht – wie bei der Besichtigung angekündigt – einen Abend, sondern ganze zehn Tage und mehrere unerwiderte, auf der Mobilbox seines ständig ausgeschalteten Handys hinterlassene Bitten um Rückmeldung, um ein schriftliches Angebot zu schicken. Als es endlich in meinem E-Mail-Fach landete, hatte ich mich innerlich längst von ihm verabschiedet. Meine Lebenserfahrung sagte mir: Finger weg von Männern, die einen dazu nötigen, ihnen hinterherzulaufen. Solche Typen machen einen nur unglücklich.

Das zweitbilligste Angebot lag bei elftausendneunhundert Euro. Es kam von einem Betrieb nahe der deutsch-polnischen Grenze, ohne dass eine Besichtigung stattgefunden hatte. Ich telefonierte mit der extrem freundlichen Ehefrau des Firmeninhabers, die offensichtlich für die Büroarbeiten zuständig war und mit starkem polnischem Akzent sprach. Um ein Haus abzureißen, braucht man einen Bagger und Lastwagen und Schuttcontainer; ich fragte erst mich und dann sie, wie diese Geräte auf unsere Baustelle gelangen sollten.

»Kein Prrroblämm«, sagte die Frau, »werrrdän wirrr Gerrrätä leihän vorrr Orrrt.«

»Und Ihre Arbeiter?«, fragte ich. »Wo übernachten die hier?«

»Machän Sie keinä Sorrrgän, biete!«, sagte die Frau. »Findän wirrr Lössunk.«

Das schriftliche Angebot, das sie schickte, schloss mit den Worten: »Bitte geben sie und reschtzeitig bescheit damit wir Planen können. Und würden uns sehr über den Auftrag freuen. Hochachtungsvoll, E.B.«

Der Preis, die Null am Anfang der Postleitzahl, der polnische Akzent, die Rechtschreibfehler, das alles rührte mich sehr: Ich malte mir aus, wie miserabel die Auftragslage eines Unternehmers sein muss, damit er bereit ist, den Abriss eines über fünfhundert Kilometer weit entfernten, nicht persönlich begutachteten Hauses zu einem so günstigen Preis zu übernehmen – von dem er dann nicht nur seine Arbeiter und die Entsorgung des Bauschutts zahlen muss, sondern darüber hinaus die Miete aller benötigten Geräte und die Übernachtungskosten seiner Mitarbeiter. Wahrscheinlich waren wir seine letzte Hoffnung. Wenn wir ihm den Auftrag nicht gaben, würde er pleitegehen: eine weitere verdörrte Existenz in jener Region Deutschlands, in der den Menschen vor mehr als zwanzig Jahren blühende Landschaften versprochen worden waren. Ich war kurz davor, der polnischen Ehefrau den Auftrag zu erteilen – aus Mitleid. Im letzten Augenblick besann ich mich eines Besseren. Meine Lebenserfahrung sagte mir: Auch Mitleid ist keine gute Basis für eine gemeinsame Zukunft.

Am Ende schlug ich beim drittbilligsten Angebot zu, das von einer großen Hamburger Firma mit ordentlicher Homepage und zahlreichen Referenzen stammte – allerdings erst, nachdem ich den ursprünglich angebotenen Bruttopreis um knapp fünfhundert Euro auf die schöne glatte Summe von zwölftausend Euro heruntergehandelt hatte und dabei nur leicht errötet war.

Als ich am Freitagmittag nach Schulschluss vor unserem mit Skizeugs proppenvollgestopften Auto stehe, frage ich mich, ob ich dort überhaupt noch hineinpasse: Ich fühle mich mindestens einen Kopf größer als früher. Ich platze fast vor Stolz. Ich bin eine Abrissheldin, und das, was ich in den letzten drei Wochen geleistet habe, wird reichen, um meinem Mann bei den gelegentlich immer noch stattfindenden Pflichtverteilungskämpfen für mindestens drei Monate jeden Wind aus den Segeln zu nehmen: »Wieso soll ich denn schon wieder mit dem Hund rausgehen? Ich war doch gestern Abend schon draußen?«

»Na und? Und ich habe den Abriss organisiert.«

Dank meines unerschrockenen Einsatzes wird unserem Neubau schon in Kürze nichts mehr im Wege stehen. Nicht unmöglich, haben die Architektinnen gesagt, dass wir das kommende Weihnachtfest im neuen Heim feiern können.

Jörn, der in Sachen Hausbau schließlich doch ein wenig gesprächig wurde, weiß schon ganz genau, wann er einziehen wird: im Oktober. Den Termin hat er sich vertraglich garantieren lassen – von dem Generalunternehmer, der sein Haus baut. Zum Festpreis natürlich.

»Wann zieht ihr ein?«, wollte Jörn wissen.

»Weiß nicht genau«, sagte ich. »Ich nehme an, wenn das Haus fertig ist. Vielleicht sogar schon Weihnachten.«

»So, so«, sagte Jörn und runzelte die Stirn. »Aber ihr habt auch einen Festpreis ausgehandelt?«

»Nö«, sagte ich, »ich glaube, das ist unüblich, wenn man mit Architekten baut.«

Jörns Blick signalisierte, dass er uns für komplett wahnsinnig hält. Ich beeilte mich hinzuzufügen:

»Aber unsere Architektin weiß, wie viel wir maximal ausgeben können. Ist euers ein Fertighaus?«

»Nö«, sagte Jörn, »selbst entworfen. Von meiner Frau.«

»Ach, ist die auch Architektin?«, fragte ich.

»Nein«, sagte Jörn, »einen Architekten brauchten wir nicht. Wir wussten ganz genau, was wir wollten. Meine Frau hat eine Zeichnung angefertigt, damit sind wir dann zu verschiedenen Bauunternehmern gegangen und haben gesagt ›Das wollen wir!‹, und dann haben wir den mit dem besten Preis genommen.«

»So, so«, sagte ich. »Giebel- oder Flachdach?«

»Flachdach? Bloß nicht! So was kommt mir nicht aufs Haus. Da regnet es doch nur durch«, sagte Jörn. »Zwei Stockwerke, ein ganz flaches Walmdach, damit wir nicht zu viele Schrägen haben. Ich glaube, so was nennt man Toskanahaus. Unten Wohnzimmer, Arbeitszimmer, Küche ...«

»... eine offene Küche?«, fragte ich.

»Neumodischer Schnickschnack«, sagte Jörn. »Du kochst, und dann stinkt es überall. Nein, eine ordentliche Küche natürlich.«

Ich traute mich kaum, den letzten Punkt abzuhaken: »Fußbodenheizung?«

»Boa, nee, bloß nicht!«, rief Jörn. »Ich will doch zu Hause nicht auf einem Grill herumlaufen müssen.«

Wie gesagt, Jörn und ich sind sehr unterschiedliche Menschen.

Fünf Tage nach unserer Ankunft in den Bergen stirbt plötzlich mein Schwiegervater. Mein Mann fliegt nach Hause. Damit er sich in Ruhe um seine Mutter und die Beerdigung kümmern kann, bleiben die Kinder und ich traurig und lustlos bei unseren Freunden in Südtirol. Ich buche für die Rückreise einen Last-Minute-Platz im Autozug von München nach Hamburg, weil ich mich nicht imstande fühle, die ganze lange Strecke alleine hinter dem Steuer zu sitzen. Während wir in München in der Warteschlange vor der Verladerampe stehen und warten, checke ich mit dem iPhone meine E-Mails, eine davon von Sarah. Ich sehe ihren Namen in der Absenderzeile und denke: Ach ja, das Leben geht weiter. Es gibt auch noch etwas, worauf wir uns zu Hause freuen können. Plötzlich kommt mir die Tatsache, dass wir ein Haus bauen, dass wir Zukunftspläne haben, besonders kostbar vor.

Ich lese gierig die Mail, die sicher irgendetwas zu tun hat mit unserer Zukunft. Sarah kommt schnörkellos zum Punkt. Leider, schreibt sie, sei das Bodengutachten deutlich ungünstiger ausgefallen als erwartet: »Könnt Ihr Euch vorstellen, den Keller wegzulassen?«

Baunebenkosten inkl. MwSt.:	
Übertrag	34.153,15 €
Auszug Sielkatasterplan	17,40 €
Herstellung Bauwasseranschluss	662,28 €
Herstellung Baustromanschluss	1.146,00 €
Zwischensumme	35.978,83 €

Sandige Schluffe, schluffige Sande

Im November 2004, Angela Merkel war seit mehreren Jahren Bundesvorsitzende der CDU, jedoch noch nicht Bundeskanzlerin, wurde sie von der *Bild* gefragt, was ihr als Erstes in den Sinn komme, wenn sie an Deutschland denke. Sie antwortete: »Ich denke an dichte Fenster.«

Für diese Antwort erntete sie in bestimmten gesellschaftspolitischen Kreisen Hohn und Spott.

Ich erinnere mich, dass ich damals trotz aller politischen Differenzen ein großes persönliches Verständnis für Frau Merkel hegte. Ich denke auch zuerst an dichte Fenster, wenn ich an Deutschland denke. Immer wenn ich in Ländern wie Spanien oder England Urlaub mache, in Ländern also, wo die Fenstergriffe klapprig und die Fensterrahmen schmal sind, fällt mir – begleitet von einem unleugbar patriotisch gefärbten Anflug von Stolz – auf, wie unsolide diese Fenster im Vergleich zu denen in meiner Heimat wirken. Genauso unsolide wie Häuser mit klapperigen Fenstern fand ich bisher Häuser ohne Keller.

Mal ganz abgesehen davon, dass ich stauraumsüchtig bin und deshalb die Vorstellung eines Lebens ohne Keller aus ganz praktischen Erwägungen unvorstellbar fand: Ein Haus ohne Keller kam mir vor wie ein Mensch ohne Geheimnisse. Ich dachte: Ein Haus ohne Keller ist nicht mehr, als man auf den ersten Blick sieht, es ist mehr Schein als Sein. Ein Haus ohne Keller hat keinen Tiefgang, keine Verbundenheit, keine Beziehung zu der Erde, auf der es steht. Irgendwer hat mir erzählt, in den USA hätten die meisten Häuser keinen Keller. Kein Wunder, dass die sofort durch die Gegend fliegen, wenn es mal etwas stärker weht. Ein Haus ohne Keller wirkte auf mich sehr amerikanisch, irgendwie oberflächlich. Kein ordentliches Haus, kein anständiges Zuhause.

Mein Mann und ich studieren gemeinsam den Bericht des Bodengutachters.

»Der Typ ist ein Poet«, sagt mein Mann. »Hier, so schön kann man Hiobsbotschaften formulieren: ›Unterhalb der Auffüllungen folgen überwiegend stark schluffige Sande und feinsandige Schluffe.‹«

Die Architektinnen haben uns erklärt: Der Grundwasserspiegel ist noch höher als angenommen – weshalb während des Kellerbaus die Baugrube besonders gesichert und das Grundwasser rund um die Uhr abgepumpt werden müsste. Das größte Problem aber: Das Erdreich auf unserem Grundstück weist unterschiedlich weiche, instabile Schichten auf. Der Bodengutachter rät deshalb dringend davon ab, das Haus wie geplant auf einer Fläche von fünfzig Quadratmetern teilweise zu unterkellern. Das könnte irgendwann zu Rissen führen, weil der nicht unterkellerte Hausteil anderen Kräften ausgesetzt wäre als der unterkellerte. Wenn wir unbedingt einen Keller wollen, dann unter dem gesamten Haus.

Das Haus hat eine Grundfläche von rund hundert Quadratmetern. Einen Hundert-Quadratmeter-Keller braucht noch nicht mal eine Stauraumsüchtige wie ich – erst recht nicht, wenn der Bau eines hundert Quadratmeter großen, wasserdichten Kellers inklusive Abpumpen und Bodenaustausch grob geschätzte achtundachtzigtausend Euro teurer würde als der ursprünglich geplante Keller. Mal ganz abgesehen davon, dass wir das Geld nicht haben.

»Scheiße«, sage ich.

»Scheiße«, sagt mein Mann. »Vater tot, Keller tot. Mir ging's auch schon mal besser.«

Hätten wir das Haus gekauft, wenn wir gewusst hätten, dass es sich um einen mit schluffigen Sanden und sandigen Schluffen gefüllten Swimmingpool handelt? Sich diese Frage laut zu stellen, dafür ist es zu spät.

Drei Tage später treffen wir uns zu einer Krisensitzung mit den Architektinnen. Die Architektinnen haben bereits einen Krisenplan erarbeitet: einen Plan für ein kelleroses Haus, das stilistisch dem alten Entwurf entspricht.

Die Garage wird aus dem Haus ausgelagert und in Form eines massiv erbauten, geschlossenen Werkzeug- und Fahrradhauses mit angeschlossenem Carport in den Vorgarten verlegt; notfalls wird noch ein Geräteschuppen im Garten errichtet. Statt der Garage wird es im Erdgeschoss einen kleinen Technik- und einen Wirtschaftsraum geben, der vom Eingangsflur, aber auch von außen durch einen Seiteneingang zugänglich ist – er wird die Funktion der ursprünglich extra eingeplanten Schmutzschleuse mit übernehmen müssen. Das Gästezimmer samt Bad muss gestrichen werden. Was die Wohnräume angeht, ist der neue Entwurf genauso schön wie der alte. Wir sind einverstanden. Uns bleibt ja auch nichts anderes übrig.

Eine Frage haben wir noch: Wäre es nicht klüger gewesen, das Bodengutachten noch vor den ersten Hausplanungen anfertigen zu lassen?

»Ja«, sagt Sarah, »das wäre es. Tut uns wirklich leid. Für uns ist das auch wahnsinnig doof – ein echter Haufen Mehrarbeit. Aber natürlich stellen wir euch den neuen Entwurf nicht in Rechnung.«

Na ja, denke ich, immerhin haben wir nicht schon angefangen zu bauen.

Die nächsten Wochen verbringen wir damit, uns das Leben ohne Keller schönzureden. Im Schönreden sind mein Mann und ich Meister, denn zum Glück gehören wir nicht zu denen, die gerne länger als unbedingt nötig unglücklich sind. Ziel des von uns virtuos beherrschten Schönredespieles ist es, sich mit einer unangenehmen Tatsache nicht nur abzufinden, sondern Argumente dafür zu erfinden, dass man bei näherer Betrachtung eigentlich froh, nein, nachgerade dankbar sein muss, dass es so und nicht anders gekommen ist. Wem als Erstes die Argumente ausgehen, hat verloren.

»Eigentlich brauchen wir auch gar kein Gästezimmer«, sage ich.

»Stimmt«, sagt mein Mann. »Uns besucht sowieso nie jemand über Nacht, und wenn, dann höchstens für zwei, drei Tage.«

»Ein Gästezimmer mit eigenem Bad braucht man nur, wenn die Eltern in einer anderen Stadt leben und sich dreimal im Jahr für jeweils zwei Wochen bei einem einnisten«, sage ich.

»Und spätestens in acht Jahren sind sowieso beide Kinder ausgezogen«, sagt mein Mann, »dann haben wir Gästezimmer genug.«

»Und es gibt ja auch noch die Abseite unter der Treppe, da passt auch was hin«, sage ich.

»Denk mal an den Keller vom alten Haus: total nass«, sagt mein Mann. »Und auch die Nachbarn haben ständig feuchte Füße, trotz neuer Keller und Drainagen, und einige müssen sogar abpumpen.«

»Das kostet ja auch Strom«, sage ich. »Wer weiß, ob die Weiße Wanne wirklich dicht gehalten hätte. Wahrscheinlich ersparen wir uns eine Menge Ärger.«

»Bestimmt«, sagt mein Mann. »Onkel Rolf sagt immer: Der einzige trockene Keller ist kein Keller. Vielleicht ist es ja auch ganz gut, wenn wir nicht so viel Stauraum haben. Dann bewahrt man eben nicht jeden Scheiß auf.«

»Genau«, sage ich. »Dann müssen die Kinder auch nicht so viel ausmisten, wenn wir mal tot sind.«

»Also wirklich«, sagt mein Mann, »ich finde, es reicht.« Gewonnen.

Baunebenkosten inkl. MwSt.:	
Übertrag	35.978,83 €
Bodengutachter, Baugrunderkundung	1.357,20 €
Zwischensumme	37.336,03 €

Allein unter Abreißern

Unser Sohn hat Geburtstag, er wird zwölf, es ist ein ungewöhnlich sonniger Freitag Mitte April. Die Großfamilie ist nachmittags zum Kaffeetrinken angerückt. Nachdem die Geschenke ausgepackt sind und der Kuchen vernichtet ist, beschließen die erwachsenen Mitglieder des Familienrats, einen Spaziergang zu machen, bevor es Abendessen gibt.

»Och nö, keine Lust«, nörgelt der Zwölfjährige.

»Wir gehen zum Haus«, sage ich. »Wir gucken mal, ob die Garage schon abgerissen ist.«

Anfang der Woche habe ich das Haus und das Grundstück mit Herrn Yildirim besichtigt. Herr Yildirim arbeitet für die von uns beauftragte Abbruchfirma. Er ist der Vorarbeiter, der den Abriss unseres Hauses leiten wird, das er vor Beginn der Arbeiten noch einmal mit mir begehen wollte – ein großer, glutäugiger, dunkel gelockter Mann um die vierzig, der mich mit der charmanten Herablassung des höflichen türkischen Machos behandelt: Wenn er – fast akzentfrei – mit mir spricht, sieht er die ganze Zeit aus, als würde er mühsam ein Lachen unterdrücken. Allerdings hat er bei unserem Treffen nur das Notwendigste gesprochen.

Ich sprach, unter anderem: »Und sämtliche Befestigungen, also zum Beispiel die ganzen Pflastersteine und die Mauer zur Straße, die müssen auch weg, steht ja auch im Vertrag, aber bitte passen Sie auf, dass die Hecke dabei nicht beschädigt wird, meinen Sie, das bekommen Sie hin?«

Herr Yildirim zog die Augenbrauen hoch, betrachtete die Hecke und schnalzte zweimal mit der Zunge.

»Ja«, sagte er, und schon erschienen die Lachfalten in

seinen Augenwinkeln, sein Mund verzog sich aus mir völlig unerklärlichem Grund zu einem Schmunzeln.

Der Mann irritierte mich.

»O.k.«, sagte Herr Yildirim. »Nächsten Montag fangen wir an.«

Bevor ich mich auf den Heimweg machte, sagte ich den Nachbarn Bescheid, dass es ab Montag für ein paar Tage sehr laut und dreckig werden würde. Zwei Tage später rief mich Herr Yildirim auf dem Handy an und sagte, ganz überraschend stünden ihm ein paar Männer und Maschinen früher als erwartet zur Verfügung. Ob es in Ordnung sei, wenn sie die Zeit nutzen und am Donnerstag schon einmal mit dem Abriss der Garage anfangen würden?

»Klar«, sagte ich. »Aber denken Sie dran, der Klempner, der kommt erst am Montag.«

Der Klempner wird kommen, um die Heizungstherme auszubauen. Die Gasheizung gehört zu den einzigen drei Dingen aus dem alten Haus, die wir behalten wollen. Sie ist erst zwei Jahre alt. Der Klempner, der den Bauwasseranschluss gebaut hat, hat gesagt, wir könnten sie im neuen Haus wieder einbauen. Die beiden anderen Dinge sind: ein uns sympathischer, dreieckiger Glasaschenbecher mit dem schwarzen Aufdruck »Porzellan- u. Glaswaren, Hierner & Co., Zell am See, Stadtplatz«. Und eine unter einer dicken Staubschicht tadellos erhaltene Pendelleuchte aus gelbem und weißem Kunststoff, die aussieht wie das Ufo einer freundlichen fremden Spezies und wahrscheinlich seit 1971 im Flur des alten Hauses hing. Der Rest des Hauses wird bald Vergangenheit sein.

Die Großfamilie biegt zu Fuß in unsere Straße ein, ich halte nach dem Dach unseres Hauses Ausschau, ich kann kein Dach entdecken, dafür hört man schon von Weitem: unglaublichen Lärm. Gleich darauf stehen wir auf dem Bürgersteig vor dem alten Haus.

»Oh«, sage ich.

»Oh«, sagt mein Mann.

»Oha!«, sagt die Großfamilie.

Wir stehen vor einem halben alten Haus. Der Dachstuhl ist bereits weg, die Garage sowieso, die Haustür fehlt, aus sämtlichen Fensterrahmen ist das Fensterglas geschlagen worden, die vordere Backsteinmauer des ersten Stockwerks wird gerade von einer Baggerschaufel malträtiert. Der Bagger zermalmt den Rasen vor dem Haus, von dem ohnehin nicht mehr viel zu sehen ist, weil überall Dachziegel, Balken und Steine herumliegen. Vor dem Haus stehen große Container, einer für Bauschutt, ein anderer für Holz. Dort, wo die Schaufel bereits eine große Schneise in die Mauer geschlagen hat, flattern Tapetenfetzen – ein letzter Rest von Leben in einem zum Tode verurteilten Haus. Es ist ein trauriger Anblick. Plötzlich bekomme ich ein furchtbar schlechtes Gewissen. Darf man das, so ein Haus vom Erdboden tilgen und mit ihm die Vergangenheit der Menschen, die darin gelebt und geliebt und gelitten haben? Ist das nicht eine total großkotzige »Weg da, jetzt kommen wir!«-Nummer, für die uns sämtliche Nachbarn zu Recht verabscheuen werden? Na, immerhin haben wir dem österreichischen Aschenbecher eine Zukunft gesichert, vermutlich ein Urlaubssouvenir.

Augenblicklich allerdings verabscheuen uns die Nachbarn wahrscheinlich eher deshalb, weil wir ihnen unangekündigt den allerersten terrassentauglichen Feierabend des Jahres versauen. Es ist fünf Uhr nachmittags, der Bagger röhrt, Mauersteine krachen herunter, Staub wirbelt durch die Luft. Auf alles bin ich als zukünftige Bauherrin gefasst gewesen, aber nicht darauf, dass es Arbeiter gibt, die schneller und länger arbeiten als erwartet.

»Frau Karnick!«, ruft Herr Yildirim, der uns auf dem Bürgersteig hat stehen sehen und gekommen ist, um Guten Tag zu sagen.

Er schüttelt mir die Hand. Schon wieder macht er ein Gesicht, als hielte er den ganzen Abriss für einen wahnsinnig lustigen Witz: »Tja, ging bisschen fixer als gedacht.«

»Und die Heizung?«, frage ich.

»Die Heizung ist im Keller«, sagt Herr Yildirim und grinst. »Keller schaffen wir heute leider nicht mehr. Nächste Woche.«

Am Montagnachmittag stopfe ich gerade dreckige Wäsche in die Waschmaschine, als das Telefon klingelt. Es zeigt die Nummer unserer zukünftigen Nachbarn an, der Fußballeltern – Holger ist dran.

»Hallo Julia«, sagt Holger, »du warst heute nicht da, oder? Ich wollte dich mal auf dem Laufenden halten, was hier so passiert. Gerade ist einer von euren Dachbalken in unsere Fassade gekracht, sieht nicht so gut aus.«

Der Dachbalken sei aus großer Höhe aus der Baggerschaufel gerutscht und in der Lärchenholzverkleidung ihres neuen Anbaus gelandet, dabei seien zahlreiche Latten zu Bruch gegangen und der Außenputz am unverkleideten Teil ihres Anbaus beschädigt worden.

»Oh«, sage ich.

Gute Baufirmen und Handwerker, das lerne ich in den nächsten Monaten, zeichnen sich nicht dadurch aus, dass ihnen keine Fehler unterlaufen, sondern dadurch, dass sie ihre Fehler bereitwillig einräumen und zeitnah beheben. Gute Nachbarn erkennt man daran, dass sie weiter freundlich grüßen, auch wenn ihr häuslicher Friede durch die Fehler der Handwerker, die man beschäftigt, aufs Unerfreulichste in Mitleidenschaft gezogen wird. Wir haben Glück, wir haben eine gute Abbruchfirma und gute Nachbarn erwischt. Herr Yildirim begutachtet die lädierte Holzverkleidung, er schickt sofort einen Arbeiter, der die Schäden am Putz behebt, und informiert seinen Chef, der nicht nur zusichert, man werde die Kosten für die Reparatur der Verkleidung übernehmen, sondern das Geld tatsächlich schnell überweist, nachdem Holger die Rechnung geschickt hat.

Eine Woche nach dem Geburtstag bin ich – natürlich vormittags – wieder mit Herrn Yildirim verabredet, zur Abnahme des geräumten Grundstückes. Auf dem Grundstück ist kein einziger Ziegelstein mehr zu finden, nicht einmal eine leere Zigarettenpackung liegt herum. Die Hecke steht noch, und in der Mitte befindet sich wie abgemacht eine riesige Grube, die »grob planierte und fünfundvierzig Grad geböschte« Baugrube: unser Baugrundstück. Auf den ersten Blick sieht alles nach einem perfekten Abriss aus. Auf den zweiten Blick nicht.

»Wieso steht die Mauer noch?«, frage ich.

Herr Yildirim hat vergessen, die Backsteinmauer abzureißen, die zur Straße hin vor der großen Thujahecke steht. Vielleicht, weil man sie vom Grundstück aus nicht sieht?

»Frau Karnick«, Herrn Yildirims Lächeln wirkt plötzlich ein bisschen gequält, »von Mauer steht nichts im Auftrag, sehen Sie!«

Im Vertrag steht, dass »alle auf dem Grundstück befindlichen Befestigungen« entfernt werden sollen.

»Also auch die Mauer«, sage ich. »Das haben wir doch vorher noch besprochen.«

Ich bin sauer. Weil die Mauer noch steht. Weil mal wieder ich hier stehe, nicht mein Mann. Weil Herrn Yildirim ins Gesicht geschrieben steht, dass ich und die Mauer ihm gehörig auf den Senkel gehen.

»Frau Karnick«, sagt Herr Yildirim und blättert in den

Zetteln herum, die auf seinem Klemmbrett befestigt sind, »Mauer steht nicht in meinem Gesprächsprotokoll. Befestigungen sind Gehwegplatten und Pflastersteine und so. Mauer ist Mauer. Und sehen Sie, Mauer hat Fundament aus Beton, Fundament kann nur mit Bagger weggemacht werden, Bagger ist schon weg, kostet viel Geld, ihn noch mal hierher zu transportieren.« Er hebt bedauernd die Hände, die Handflächen Richtung Himmel geöffnet: »Was soll ich machen?«

Ist das mein Problem? Ja, das hier ist mein Problem, leider. Was tun? Möglichkeit eins ziehe ich nur sehr kurz, aber immerhin ernsthaft in Betracht: auf die Mauer scheißen, das Abnahmeprotokoll unterschreiben, aufs Fahrrad setzen, schnell wegfahren, mich betrinken, um zu vergessen. Möglichkeit zwei: meine Harmoniesucht überwinden und mich mit Herrn Yildirim anlegen.

»Eine Mauer ist eine Befestigung«, sage ich, »und ich weiß genau, dass ich gesagt habe, dass die weg soll, das habe ich schon beim allerersten Besichtigungstermin mit Ihrem Chef besprochen.«

»Frau Karnick«, sagt Herr Yildirim und hält mir sein Handy entgegen, »wenn das so ist, dann sprechen Sie jetzt mit Chef. Wenn Chef sagt, Mauer soll weg«, Herr Yildirim schnalzt zweimal, »dann mache ich Mauer weg.«

Ich spreche mit dem Chef, mein Herz klopft, während ich spreche. Wie lächerlich! Der Chef sagt auch, eine Mauer sei keine Befestigung, laut schriftlichem Auftrag seien sie nicht verpflichtet, sie abzureißen, an mündliche Abmachungen könne er sich leider nicht erinnern, aber nun gut, ein Kompromissvorschlag: Die oberirdische Backsteinmauer wird entfernt, das Fundament nicht. Ich weiß, das ist nur ein Teilsieg, aber immerhin – für mehr fehlt mir die Konfliktkondition.

»O.k.«, sage ich.

»Frau Karnick!«, sagt Herr Yildirim, erstaunlicherweise sieht er jetzt wieder überaus freundlich aus, wie jemand, der aus strategischen Gründen Missmut und Strenge vortäuschen musste und nun, wo das Spiel offiziell beendet ist, seine gute Laune nicht länger zu unterdrücken braucht. »Wenn Chef das sagt«, sagt Herr Yildirim und nickt mir anerkennend zu, »o.k.«

Wir treffen uns ein drittes Mal, nachdem die Mauer weg ist. Herr Yildirim reicht mir das Abnahmeprotokoll. In dem Protokoll steht, dass zu den Abrisskosten zweihundertfünfundachtzig Euro Extrakosten hinzukommen. Die Architektinnen hatten vorgeschlagen, ich solle Herrn Yildirim bitten, irgendeine Grube in den Vorgarten zu baggern, die der Klempner brauche, um an irgendwelche Wasserrohre zu kommen. Herrn Yildirims Bagger stünde doch sowieso gerade auf dem Grundstück herum, während der Klempner seinen Bagger extra dorthinkarren müsste – das würde sicher teurer. Ich starre auf das Abnahmeprotokoll und bin mir gar nicht mehr sicher, ob das teurer geworden wäre. Zweihundertfünfundachtzig Euro für ein Loch?

»Frau Karnick«, sagt Herr Yildirim und strahlt, »ist großes Loch, hat zwei Stunden gedauert. Bagger plus Baggerführer kostet hundertzweiundvierzig Euro fünfzig pro Stunde. Macht zweihundertfünfundachtzig Euro insgesamt.«

Ich kann nicht mehr. Ich unterschreibe. Ich denke: Wusste ich doch, dass ich für solche Aufgaben nicht die Richtige bin. Aber ich hab's wenigstens versucht.

Baunebenkosten inkl. MwSt.:	
Übertrag	37.336,03 €
Abriss	12.000,00 €
2 Std. Kettenbagger inkl. Bedienung	285,00 €
Zwischensumme	49.621,03 €

Bombenstimmung

Noch vor dem Abriss haben wir den Bescheid erhalten, dass der für unseren Stadtteil zuständige Bauprüfer den Bauantrag wie eingereicht genehmigt hat. Warum auch nicht?
 Der städtische Baustufenplan weist unser Grundstück als »Wohngebiet W2o« aus. Man darf dort Wohnhäuser mit zwei Vollgeschossen und einem ausgebauten Dachboden oder einem Staffelgeschoss errichten. Wir bleiben sogar niedriger als erlaubt. Später erfahre ich, dass es keine Selbstverständlichkeit ist, dass Bauprüfer Bauanträge wie eingereicht genehmigen. Wenn man Pech hat, erwischt man einen Bauprüfer, der findet, dass es nicht reicht, sich an den öffentlichen Bebauungsplan zu halten: Er möchte, dass man sich auch an seine privaten Vorstellungen von einer adäquaten Bebauung hält.

Freunde von Freunden erzählten uns, dass sie lange dafür kämpfen mussten, ihr Haus so bauen zu dürfen, wie sie es am schönsten fanden – nämlich wie wir sehr modern und mit einem Flachdach. Das Flachdachhaus sollte in einer besonders gediegenen Wohnstraße in einem der wohlhabenden Hamburger Elbvororte errichtet werden. Die örtliche Baukommission fand, dass ein – zwischen Backsteinhäusern und gelb getünchten Toskanavillen errichtetes – modernes Flachdachhaus das gediegene Straßenbild zerstören würde. Man teilte mit, dass man sich mit der modernen Gesamtanmutung des Hauses eventuell würde abfinden können, falls die Bauherren bereit wären, dem Geschmack der Kommissionsmitglieder ein wenig entgegenzukommen: »Könnten Sie sich vorstellen, Ihr Haus mit einem Giebeldach statt mit einem Flachdach zu bauen?«

Das konnten sich die Bauherren nicht vorstellen. Monatelang stritten sie und der Architekt mit dem Bauausschuss, zum Showdown mussten sie vor dem Ausschuss erscheinen, um vor einem Haufen Hobbypolitiker aus guter Familie ein Plädoyer für zeitgenössische Architektur zu halten. Am Ende hat es dann doch geklappt.

Der genehmigte Bauantrag wäre also eigentlich ein Grund gewesen zu feiern. Leider kann das Haus, das genehmigt wurde, nicht wie genehmigt gebaut werden: Da es nach dem geplatzten Traum vom Keller erheblich umgeplant werden musste, werden die Architektinnen einen zweiten Antrag einreichen müssen – einen Änderungsantrag. Erst wenn auch der Änderungsantrag genehmigt wurde, dürfen wir mit dem Bauen anfangen. Von einem Baubeginn Ende April und einem nächsten Weihnachtsfest im neuen Haus spricht niemand mehr.

Stattdessen kündigen die Architektinnen an, dass sie bald mit uns darüber sprechen werden, was das noch nicht genehmigte Haus tatsächlich kosten wird. Ich denke: schade. Es macht wahnsinnig Spaß, darüber zu reden, wie das Haus, das man haben möchte, aussehen soll. Darüber zu reden, was das Haus, das man haben möchte, kosten soll, ist bestimmt nicht halb so lustig.

Die bisherigen Planungen beruhen auf Erfahrungs- und Schätzwerten. Auf Grundlage dieser Werte haben wir den Finanzierungskredit beantragt. Jetzt sei es an der Zeit, sagen die Architektinnen, handfeste, verlässliche Zahlen einzuholen: Sie würden nun mit den Ausschreibungen für die ersten großen Baumaßnahmen beginnen. Sobald verbindliche Angebote der verschiedenen Gewerke – Erdarbeiten, Rohbau, Dach, Fenster, Elektrik, Sanitär – vorlägen, müssten wir uns zusammensetzen, die Kosten besprechen, um dann die Aufträge vergeben und spätestens Ende Juni mit den Bauarbeiten beginnen zu können.

Katja formuliert Ausschreibungen und holt Angebote ein, die Tage vergehen und werden von Woche zu Woche wärmer, in der Baugrube beginnen Gras und Unkraut zu wachsen. Ich vertreibe mir die Zeit damit, mich vor den Ergebnissen der Ausschreibungen zu fürchten.

»Nächste Woche kommen die Rohbaupreise«, erwähnt Sarah irgendwann. »Ich bin total gespannt.«

Ich denke: Die Architektin ist gespannt? Entspannt wäre mir lieber. Um mich abzulenken, studiere ich im Internet Küchenhersteller-Rankings, ich wälze Küchenkataloge, führe erste Gespräche mit Küchenstudiomitarbeitern und zerbreche mir vierundzwanzig Stunden am Tag den Kopf darüber, welche Farbe unsere Küche haben soll. Weiß? Schlammfarben? Schilfgrün? Grau? Graugrün?

Ende Mai erreicht mich eine Mail von Katja: »Habt Ihr eine Freigabe vom Kampfmittelräumdienst für Euer Grundstück?«

Beim Stichwort »Kampfmittelräumdienst« fällt mir sofort der Herr aus dem Bezirksamt ein, der mir den »Aufgrabeschein« ausgestellt hat, die behördliche Genehmigung zum Aufbuddeln des öffentlichen Gehweges. Gerade als er die Genehmigung schon unterschrieben und über den Schreibtisch hinweg in meine Richtung gereicht hatte, zog er die Hand mit dem Papier wieder zurück und rief: »Oh, ich habe ja ganz vergessen zu schauen, ob Ihr Grundstück im bombengefährdeten Gebiet liegt.«

»Bitte was?«, fragte ich.

»Na, bevor ich Ihnen erlaube, die Straße aufzugraben, muss ich prüfen, ob es sein kann, dass Sie dabei auf einen

Blindgänger stoßen. Aus dem Zweiten Weltkrieg. Da liegt ja noch einiges herum.«

»Um Gottes willen, so etwas gibt es?«, fragte ich.

Womit ich meinte: Klar gibt es so etwas, hört man ja immer wieder im Radio, dass ganze Wohnblocks evakuiert werden müssen, weil bei Straßenarbeiten eine nicht gezündete Bombe gefunden wurde. Aber so etwas gibt es doch wohl hoffentlich nur im Radio, nicht auf unserem Grundstück.

»Und wie wollen Sie das überprüfen?«, fragte ich.

Der Herr tippte auf der Tastatur seines Computers herum und erklärte, dass die Stadt über Luftaufnahmen Hamburgs verfüge, die während des Krieges von den Alliierten gemacht wurden, um ihre Luftangriffe zu dokumentieren. Anhand dieser Luftaufnahmen könne man Gefährdungszonen ermitteln, betroffene Grundstücke würden mit einer entsprechenden Kennzeichnung in eine behördliche Datenbank, das Kampfmittelbelastungskataster, eingetragen: Rot ist schlecht, grün ist gut.

»Und was ist, wenn unser Grundstück rot ist?«

Dann, sagte der Herr, müsse eine auf Kampfmittelerkennung und -räumung spezialisierte Firma anrücken, das Grundstück sondieren und eventuell vorhandene Kampfmittel beseitigen, bevor man uns einen Aufgrabeschein ausstellen könne.

»Und wer bezahlt das alles?«, fragte ich, schreckensstarr.

»Die Sondierung zahlt der Grundeigentümer, die Kampfmittelbeseitigung zahlt die Stadt«, sagte der Herr. »Ah, hier, Ihre Straße, ich hab's. Hm, gegenüber von Ihrem Grundstück, auf der anderen Straßenseite, ist alles rot, Ihr Grundstück ist weiß. Das heißt, es wurde noch gar nicht erfasst. Warten Sie, ich muss mal nachfragen, ob ich bei Weiß einen Aufgrabeschein ausstellen darf oder nicht.«

Er durfte. Ich nahm erleichtert den Schein und dachte, das Thema »Bomben« wäre damit abgehakt. Falsch gedacht.

Katja erklärt mir, dass viele der Firmen, von denen sie zurzeit Angebote einholt, im Erdboden unseres Grundstücks werden herumbuddeln müssen: die Erdarbeiter, die Rohbauer, der Sanitärinstallateur. Jene Firmen, die tiefer als siebzig Zentimeter unter die Erdoberfläche graben müssen, können zuvor die Vorlage einer behördlichen Bescheinigung verlangen, dass sie dabei aller Wahrscheinlichkeit nach nicht auf einen Blindgänger stoßen und in die Luft fliegen werden – eine Freigabe der Abteilung Gefahrenerkundung Kampfmittelverdacht bei der Feuerwehr Hamburg, Behörde für Inneres.

Katja erklärt mir außerdem, dass jeder Grundeigentümer auch dann gesetzlich dazu verpflichtet sei, eine solche Freigabe vorlegen zu können, wenn die buddelnden Firmen die Vorlage dieser Freigabe gar nicht verlangen: Fliegt beim Buddeln auf einem nicht freigegebenen Grundstück jemand in die Luft, haftet der Grundeigentümer.

Katja erklärt weiterhin, dass weder sie noch Sarah von all dem bis heute Morgen etwas wussten. Bei den Recherchen, die ich in den kommenden Wochen unter den buddelerfahrenen Mitgliedern unseres Freundes-, Kollegen- und Bekanntenkreises durchführe, stellt sich heraus, dass kein Mensch jemals von dieser Vorschrift gehört hat. Die Freunde, Kollegen und Bekannten lachen sich krumm und scheckig, wenn ich ihnen erzähle, dass sie sich eine amtliche Bombenentwarnung besorgen müssen, bevor sie in ihrem Garten eine Kinderschaukel einbetonieren.

»Also, ein paar Häuser haben wir ja schon gebaut, aber danach hat wirklich noch nie irgendwer gefragt«, sagt Katja.

Sarah schreibt: »Ich habe das Ganze ehrlich gesagt für einen Scherz gehalten.«

Auch unser Abreißer und der Bodengutachter haben nicht danach gefragt. Das allererste Unternehmen, das gefragt hat, ist eines der Unternehmen, von denen Katja ein Angebot für die Erdarbeiten auf unserem Grundstück eingeholt hat – und zwar das mit dem günstigsten Preis. Zu den Geschäftsbereichen dieses Unternehmens gehören nicht nur »Erd- und Tiefbauarbeiten«, sondern zufällig auch die »Kampfmittelbergung«. Ich rufe in der Abteilung Gefahrenerkundung Kampfmittelverdacht bei der Feuerwehr Hamburg an, um zu erfahren, was ich tun muss, um eine Freigabe zu erhalten.

»Sie müssen bei uns einen Antrag auf Gefahrenerforschung und Luftbildauswertung Ihres Grundstücks stellen, können Sie im Internet herunterladen. Bearbeitungszeit wegen großer Nachfrage: ungefähr drei Monate«, sagt der Mann am Telefon.

»Drei Monate?«, rufe ich. »Aber wir wollten in fünf Wochen anfangen zu bauen!«

»Tja«, bedauert der verbeamtete Gefahrensucher am anderen Ende der Leitung.

»Und nun?«, fragt abends mein Mann.

»Nun haben wir drei verschiedene Möglichkeiten«, sage ich. »Erstens: Wir stellen den Antrag, warten drei Monate auf die Freigabe und beginnen noch später als geplant mit den Bauarbeiten.«

»Nicht gut«, sagt mein Mann.

»Zweitens: Wir stellen keinen Antrag, verzichten auf das Ergebnis der Luftbildauswertung und heuern gleich eine Spezialfirma an, die das Grundstück sondiert – mit der großen Gefahr, dass die gar nichts finden und wir sie quasi umsonst bezahlt haben.«

»Auch nicht gut«, sagt mein Mann.

»Drittens: Wir tun so, als wüssten wir von nichts, und hoffen, dass nichts passiert.«

»Weiß nicht, ob das so gut ist«, sagt mein Mann.

Das Problem ist, dass es einen großen Unterschied macht, ob man nichts weiß oder ob man nur so tut, als wüsste man nichts. Was man nicht weiß, macht einen nicht heiß. Was man nur angeblich nicht weiß, treibt einem Schweißperlen auf die Stirn, wenn man anfängt, darüber nachzudenken.

»Das alte Haus war von 1932, das Nachbarhaus ist noch älter, in der ganzen Straße stehen unversehrte Häuser aus der Vorkriegszeit«, sage ich. »Frau Müller hat ihre Kindheit in dem Haus verbracht, ihre Mutter hat da bis zuletzt gelebt. Die hätten doch wohl gemerkt, wenn ihnen eine Bombe in den Garten gefallen wäre.«

Andererseits: Hatte der Bezirksamtsherr nicht gesagt, die gesamte Fläche auf der gegenüberliegenden Straßenseite sei rot, also eine Gefahrenzone? Am Ende der Straße liegt das Gelände einer ehemaligen Maschinenbaufabrik, womöglich wurden dort kriegswichtige Güter produziert. Vielleicht war die Fabrik Ziel alliierter Luftangriffe? Und vielleicht ist dabei doch eine klitzekleine Bombe unbemerkt in unserem Vorgarten gelandet und wartet nur darauf, explodieren und irgendeinem armen Bauarbeiter beide Beine zerfetzen zu dürfen? Könnten wir glücklich werden in einem Haus, das auf Blut gebaut ist – mal ganz abgesehen davon, dass die Zahlung einer lebenslangen Invalidenrente unseren Etat sprengen würde?

»Hilft nichts«, sagt mein Mann. »Ohne Freigabe kann ich nicht mehr schlafen. Lass uns einen Antrag stellen und hoffen, dass es schneller geht als angekündigt. Ansonsten müssen wir uns halt damit abfinden, dass der Baubeginn sich noch mal verzögert.«

»Ich bin der Herr, dein Gott, bin ein eifriger Gott, der da

heimsucht der Väter Missetat an den Kindern bis ins dritte und vierte Glied. Zweites Buch Mose, Kapitel zwanzig, Vers vier«, sage ich. »Unsere Großeltern und Urgroßeltern haben Hitler nicht verhindert, und deshalb müssen wir unseren Hausbau verschieben.«

Dem Antrag füge ich ein Anschreiben bei, in dem ich um zügige Bearbeitung bettele – in einem Tonfall, den man wahlweise als heiter-charmant oder hemmungslos schleimig bezeichnen kann. Ich ahne, dass er die Gefahrensucher entweder so sehr rühren wird, dass sie unsere Antragsbearbeitung vorziehen. Oder so sehr abstoßen, dass sie den Antrag auf der Stelle im Klo versenken und später behaupten werden, ihn nie erhalten zu haben. »Bitte, bitte«, bettele ich, »es ist auch nur ein ganz kleines Grundstück, nur fünfhundertsiebenundfünfzig Quadratmeter groß.«

Ich schicke außerdem einen Bittbrief mit, den zu schreiben Sarah angeboten hat. Ich habe ihr Angebot angenommen, doppelt hält besser. In dem Brief steht: »Sehr geehrte Damen und Herren, wir haben es versäumt, unsere Bauherren darauf hinzuweisen, dass sie vor Baubeginn einen Antrag auf Gefahrenerkundung stellen müssen. Eine bis zu dreimonatige Wartezeit wäre für alle Beteiligten sehr unglücklich.«

Baunebenkosten inkl. MwSt.:

Übertrag	49.621,03 €
Genehmigungsgebühren Bauantrag	1.262,60 €
Zwischensumme	50.883,63 €

Kostenexplosion

Es ist nach Mitternacht, ich liege im Bett und wälze mich von einer Seite auf die andere, ich schwitze, mein Herz rast, mir ist kotzübel, meine Gedanken kreisen um düstere Visionen. Ach was, »meine Gedanken kreisen« ist gar kein Ausdruck: Ich vergehe fast vor Sorge. Mein Mann wälzt sich ebenfalls. Ich knipse die Nachttischlampe wieder an und setze mich auf.

»Ich will nicht mehr«, sage ich. »Lass es uns einsehen, das war alles ein großer Fehler. Aber es ist noch nicht zu spät, um den Fehler halbwegs wieder rückgängig zu machen. Wir verkaufen das Grundstück wieder. Selbst wenn wir dabei richtig Verlust machen – immer noch besser, als sich den Rest seines Lebens zu versauen.«

»Hm«, brummt mein Mann.

Er widerspricht mir nicht, ein beunruhigendes Zeichen. Normalerweise bin ich dafür zuständig, schwache Nerven zu zeigen und die Zukunft rabenschwarz zu malen, um so meinem Mann die Gelegenheit zu geben, sich als cooler Sack zu profilieren. Der sonst so coole Sack wirkt leider gerade ziemlich jämmerlich. Er guckt mit tiefen Sorgenfalten auf der Stirn zwischen Kopfkissen und Bettdecke hervor und macht nicht die geringsten Anstalten, mich davon zu überzeugen, dass ich eine hysterische Furie bin. Im Gegenteil.

»Vielleicht hast du recht«, sagt mein Mann. »Lass uns morgen Nachmittag abwarten, und dann sehen wir weiter.«

Morgen Nachmittag findet der Kostenbesprechungstermin statt.

Vorgestern Abend kam eine Mail von Sarah, Betreff: »Vorbereitung Gespräch Kosten«. Wenn es die Chefin persönlich ist, die zu einem heiklen Thema eine Mail schickt, dann weiß ich inzwischen schon vor dem Lesen, dass es unangenehm wird: »Ende letzter Woche haben wir alle Kosten beisammengehabt«, las ich. »Unser Ergebnis ist deutlich über Eurer Zielvorgabe. Wir senden Euch morgen Abend die Kostenberechnung. Am Dienstag müssen wir gemeinsam alle möglichen Einsparpotenziale finden. Zur Beruhigung: Der Weg ist anstrengend, aber nicht ungewöhnlich!«

Ich war gar nicht beruhigt. Das Haus, das ich bis eben vor mir sah, wenn ich auf die Baupläne guckte oder abends im Bett die Augen schloss, war mein Traumhaus. Noch am Tag zuvor hatte ich in einem Bildband geblättert, den mein Mann gekauft hatte: *Purissimo. Aktuelle Beispiele minimalistischer Wohnhäuser*. Ich hatte von meinem eigenen Haus geträumt und laut lachen müssen, als ich das Foto eines spärlich möblierten Ess- und Wohnzimmers entdeckte: Auf dem Foto sah man einen Paravent in Milchglasoptik, der einen leeren, schwarzen Esstisch im Vordergrund von einer für den Betrachter unsichtbaren Sitzecke im Hintergrund trennte. Hinter der halb durchsichtigen Trennwand konnte man schemenhaft die Umrisse von aufgetürmten Stühlen und anderem Hausrat erkennen – offensichtlich hatte der Fotograf alles, was den minimalistischen Eindruck stören könnte, dort auf einen Haufen geschoben. Das echte Leben, hatte ich gedacht, sieht doch immer anders aus als in Architekturbildbänden.

Nun war mir das Lachen schlagartig vergangen. Dass das Haus »deutlich« zu teuer ist, konnte nur heißen, dass wir eine deutliche Anzahl von Träumen würden streichen müssen. Träume minimieren ist eine nicht nur anstrengende, sondern wahnsinnig deprimierende Aufgabe, dachte ich.

Warum haben uns die Architektinnen das nicht erspart, indem sie von vorneherein realistisch geblieben sind?

Ich habe schlecht geschlafen, den ganzen heutigen Tag habe ich kaum essen können, ich habe an meinem Schreibtisch gesessen, auf den Bildschirm des Computers gestarrt und keinen einzigen vernünftigen Satz zustande bekommen, bis zum Abend hat sich meine Anspannung ins Unerträgliche gesteigert, ab sechs Uhr habe ich alle drei Minuten meine E-Mails gecheckt, um zehn nach acht war sie endlich da, die Mail mit der Kostenübersicht, um elf nach acht war klar: 1. Das Haus ist nicht nur deutlich zu teuer, es liegt völlig außerhalb unserer Möglichkeiten. 2. Wenn mein Mann nach Hause kommt und die Summe sieht, die am Ende des dreizehnseitigen PDF-Dokuments unterm Strich steht, wird er einen Tobsuchtsanfall bekommen.

Nachdem die Architektinnen das Bodengutachten erst zu spät eingeholt und kurz darauf hatten zugeben müssen, von der Pflicht zur »Gefahrenerkundung« noch nie gehört zu haben, hatte sich zu seiner Begeisterung über ihre kreativen Leistungen ein leichtes Misstrauen gegenüber ihrer praktischen Kompetenz gesellt.

»Sich hübsche Häuser ausdenken, das können sie ja«, hatte mein Mann in den letzten Wochen mehrmals gesagt, »aber ich bin mir nicht mehr ganz sicher, ob man sie diese hübschen Häuser auch bauen lassen sollte. Ist denen eigentlich klar, dass jeder Monat Bauverzögerung eine Kaltmiete Mehrkosten für uns bedeutet? Vielleicht hätten wir doch jemanden mit sehr viel Erfahrung nehmen sollen?«

Bis jetzt hatte ich Sarah immer verteidigt. Meine Argumentation: Wir finden es großartig, wie viel Spaß das Hausentwerfen mit ihr macht, mit wie viel Zeit und Geduld sie sich uns und unseren Wünschen widmet, mit wie viel Leidenschaft und Liebe zum Detail sie bei der Sache ist. So viel

Engagement ist sicher nicht selbstverständlich, und wahrscheinlich hängt es damit zusammen, dass sie noch keine routinierte Stararchitektin ist, sondern eher eine »Junge Wilde«. Wenn wir aber in so vielerlei Hinsicht von ihrer gar nicht abgebrühten Begeisterungsfähigkeit profitieren, sollten wir dann nicht bereit sein, eventuelle Nachteile dieser fehlenden Routine in Kauf zu nehmen? Man kann nicht alles haben.

Nach dem Lesen der Kostenberechnung allerdings, die mir geradezu absurd vorkommende Gesamtsumme vor Augen, ist mir die Fähigkeit vergangen, ein gutes Wort für Sarah einzulegen. Hatten wir nicht ungefähr tausend Mal gesagt, wie viel Geld wir maximal ausgeben können? Hatte Sarah nicht gesagt, ein Neubau wäre nicht viel teurer als die Sanierung und Erweiterung des alten Hauses? Verdammt noch mal, wie hatte es zu einer solchen Summe kommen können? Ich habe Sarah eine Mail geschrieben: »Das wird leider ein schwieriger Termin morgen. Wenn die Grundrissplanung so anspruchsvoll ist, dass die Umsetzung am Ende die von Euch genannten Kosten verursachen wird, dann ist irgendetwas von Anfang an schiefgelaufen. Ich werde keine Sekunde schlafen können: Diese Zahl ist, ehrlich gesagt, ein Albtraum.«

Nachdem mein Mann nach Hause gekommen war, ist er wie erwartet explodiert und danach in sich zusammengefallen wie eine entstöpselte Luftmatratze. Jetzt liegen wir beide wach.

Als am nächsten Morgen um Viertel nach sechs der Wecker klingelt, fühle ich mich wie gerädert. Ich kann nicht frühstücken, stattdessen übergebe ich mich mit leerem Magen noch vor dem Duschen. Ich schleppe mich zur Arbeit. Ich lasse mich auf meinen Bürostuhl fallen und verkünde mit Tränen in den Augen und Kloß im Hals jedem, der sich in mein Zimmer verirrt, dass wir entweder ruiniert sind oder doch kein Haus bauen werden. Die Resonanz ist verhalten.

Es gibt Lebenskrisen mit Mitleidsgarantie. Wer an einer ernsten Krankheit leidet, vom Ehemann jahrelang mit der Nachbarin betrogen wurde, ungewollt kinderlos bleibt oder aus Rationalisierungsgründen den Job verliert, wer unverschuldet zum Schicksalsopfer wird, der hat ein Recht darauf, dass seine Mitmenschen ihn aufrichtig bedauern. Baukrisen fallen nicht in diese Kategorie.

Zum Hausbauen wird niemand gezwungen. Es ist ein Lebensprojekt, das man sich ganz und gar freiwillig aufhalst – und zwar nicht aus idealistischen, sondern aus durch und durch materialistisch-hedonistischen Gründen: Bauherren wollen mit dem Bau ihres Hauses nicht die Welt verbessern, sondern nur ihre private Wohnsituation, weshalb Hausbausorgen, so groß und bedrohlich sie für die Bauherren sein mögen, in den Augen Dritter als Luxusprobleme gelten – erst recht, wenn man mit Architekt baut statt ein Fertighaus.

Dass beim Hausbauen nie alles glatt- und oft vieles schiefläuft, dass also wer ein Haus baut bestenfalls unter Dauerstress und schlimmstenfalls unter Existenzangst und chronischen Schlafstörungen leiden wird, gehört zum gesellschaftlichen Kollektivwissen: Niemand kann behaupten, er hätte nicht gewusst, was auf ihn zukommt.

Ein Bauherr ist demnach jemand, der sich aus niederen Motiven sehenden Auges in ein höchst riskantes Abenteuer gestürzt hat. Ich weiß: Als jammernde Bauherrin darf ich von den Nicht-Bauherren um mich herum ungefähr so viel Mitgefühl erwarten wie jemand, der sich erst einen Porsche Cayenne kauft und dann ständig über zu kleine Parkplätze und zu hohe Benzinpreise klagt.

Die eine oder andere Kollegin gibt sich wenigstens ein bisschen Mühe, sich für mich und meine Baukostenkatastrophe zu interessieren: »Wird schon werden«, sagt eine.

Schön wär's. Aber ohne Lottogewinn oder eine überraschende Erbschaft sehe ich schwarz.

»Manno«, sagt eine andere, »das ist ja doof. Könnt ihr nicht einfach ein Fertighaus draufbauen?«

Nein, können wir nicht. Das Grundstück war unter anderem deshalb schwer zu verkaufen, weil es zu schmal ist für die meisten Standardfertighäuser.

»Mensch«, sagt eine dritte. »Vielleicht hättet ihr doch lieber das alte Haus sanieren sollen? Aber dafür ist es jetzt ja wohl zu spät, oder?«

Stimmt, dafür ist es jetzt wohl zu spät.

Irgendwann nachmittags schlendert ein anderer Kollege vorbei. Der Kollege gibt sich kein bisschen Mühe, sich für mich und meine Katastrophe zu interessieren. Er hört mir kurz beim Jammern zu, dabei sieht er extrem angeödet aus. Dann klopft er mir auf die Schulter, dreht sich um und ruft, während er aus dem Zimmer geht: »Nun dreh mal nicht durch. Du schreibst einfach ein Buch übers Bauen, das kaufen dann die vielen Leute, die wie du über nichts anderes mehr reden und nachdenken, und schon bist du alle Sorgen los.«

Baunebenkosten inkl. MwSt.:

Übertrag	50.883,63 €
Architekturbildband Purissimo	49,95 €
Zwischensumme	50.933,58 €

Wunschschrumpfen

»Ihr könntet den Kamin streichen«, sagt Sarah. »Wir planen den Kaminschacht ein, aber den Kamin selbst lasst ihr später bauen.«

»Auf keinen Fall«, sage ich. »Von einer Wohnküche mit Kamin träume ich quasi seit meiner Geburt!«

»Wir lassen den Carport und das Gerätehaus im Vorgarten weg«, versucht es Sarah.

»Das geht nicht!«, ruft mein Mann: »Wo soll denn dann das Werkzeug hin und meine alte Vespa? Wir haben doch keinen Keller!«

Sarah seufzt.

Als wir vor einer Stunde ihr Büro betreten haben, haben wir einander betont höflich begrüßt, um uns dann an den Konferenztisch zu setzen, Sarah und Katja nebeneinander auf die eine Seite, mein Mann und ich Schulter an Schulter ihnen gegenüber – zwischen ihnen und uns eine breite, rabenschwarz glänzende Tischplatte voller Unterlagen und Wassergläser und die mit Anspannung gesättigte Zimmerluft. Bevor Sarah als Erste das Wort ergriffen hat, haben wir einander kurz und wortlos taxiert und in den Augen auf der anderen Seite des Tisches die jeweils gleiche Botschaft gelesen: Schade, dass jetzt so was kommen muss, wo wir uns doch eigentlich mögen.

»So«, hat Sarah das Gespräch eröffnet, »ich glaube, wir müssen erst mal einiges klären, bevor wir uns die Kosten anschauen.«

»Allerdings«, hat mein Mann gesagt und einmal tief durchgeatmet. Für einen kurzen Augenblick hat er um die Augen herum ein bisschen ausgesehen wie Russell Crowe, wenn er als »Gladiator« das Kolosseum betritt, um seine Gegner zu vernichten. Oh Gott, jetzt wird's furchtbar, habe ich gedacht, aber statt ein Schwert zu zücken, hat er zum Glück doch nur den Mund aufgemacht.

Was wir, die panischen Bauherren, zu sagen hatten, war das, was wahrscheinlich alle Bauherren ihren Bauträgern, Generalunternehmern, Handwerkern oder Architekten einmal deutlich sagen sollten, also ungefähr dies: »Wir sind keine Millionäre, verdammt noch mal. Mit dem Kauf des Grundstücks und dem Bau dieses Hauses haben wir unsere gesamte materielle Existenz auf eine Karte gesetzt. Wenn dieses Projekt misslingt, verpfuscht oder zu teuer wird, sind wir am Arsch. Daraus folgt: Wir haben euch, als wir den Vertrag mit euch unterzeichneten, nicht nur beauftragt, uns ein Haus zu bauen – wir haben mit unseren Unterschriften unsere Zukunft, unser Glück, unser Leben in eure Hände gelegt. Darum mag ein Fehler, der euch unterläuft, für euch etwas sein, was jedem mal passieren und was man uns darum in einem lapidaren Nebensatz unterjubeln kann. Für uns ist jeder Fehler eine Katastrophe, nämlich ein Grund, an euch zu zweifeln und nächtelang schlotternd vor Angst wach zu liegen. P.S. Im normalen Leben mögen wir einigermaßen lockere, lustige Typen sein, als Bauherren verstehen wir leider null Spaß.«

Wie viele Architekturstudenten und angehende Bauingenieure gibt es wohl, die davon träumen, eines Tages schöne Häuser in die Welt zu setzen? Sagt denen eigentlich irgendjemand, dass es zu ihrem Joballtag gehören wird, sich mit den Existenzängsten gutbürgerlicher Ehepaare herumzuschlagen? Dass sie Verantwortung tragen werden nicht nur für das Gelingen oder Scheitern von Bau-, sondern von Lebensplänen?

Nachdem die panischen Bauherren ihr Herz ausgeschüttet hatten, war die Architektin dran. Was die Architektin zu sagen hatte, war unterm Strich dies: »Wir sind Menschen, verdammt noch mal. Es kommt vor, dass wir Fehler machen, das tut uns leid, und wir tun alles, um diese Fehler wiedergutzumachen. Wenn euch etwas auf dem Herzen liegt, dann redet besser gleich mit uns, statt es in euch hineinzufressen. Ein Hausbau ist nämlich eine sehr komplexe Aufgabe, bei der es noch sehr viele unerwartete Probleme geben wird, die wir gemeinsam werden lösen müssen. Wenn ihr jedes Mal ausflippt, sobald es kompliziert wird, wird das für uns alle sehr anstrengend. Und falls ihr uns nicht glauben könnt, dass wir für euch unser Bestes geben, sollten wir die Zusammenarbeit beenden.

Wir wissen, wie groß die Verantwortung ist, die wir tragen. Gerade deshalb haben wir uns die Mühe gemacht, jetzt schon die Kosten für das gesamte Haus vom Fundament über die Küche bis hin zu den Gardinenstangen und dem Gartenzaun vorauszuberechnen. Jetzt schon wissen wir: So, wie es augenblicklich geplant ist, wird das Haus zu teuer. Jetzt können wir die Kosten noch senken. Das ist mühsam, aber immer noch besser, als wenn mittendrin das Geld ausgeht – so wie es manch anderen Bauherren ergeht. Also reißt euch bitte zusammen. Noch seid ihr nicht ruiniert!«

Es sei durchaus üblich, hat Sarah gesagt, dass Architekten am Anfang nur die Preise für die reine Baukonstruktion einholen, für den Rohbau, das Dach, die Fenster, den Putz, die Sanitär- und Elektroinstallationen. Wenn mit dem Bau begonnen wird, bevor auch die Kosten für den Innenausbau kalkuliert sind, bestehe die Gefahr, dass viel zu spät klar werde: Für ein schönes Bad, für einen Holzfußboden, für den Garten reicht es nicht mehr. Sie werde dafür sorgen, dass uns das nicht passiere. Kurzum: Statt uns über die Gesamtsumme der derzeitigen Kostenaufstellung aufzuregen, sollten wir uns darüber freuen, dass sie sie rechtzeitig und akribisch genug ermittelt hätten, um daran etwas zu ändern.

Die Aussprache hat eine knappe halbe Stunde gedauert. Als alles ausgesprochen worden war, was endlich mal gesagt werden musste, hat sich ein ähnlich betretenes Schweigen breitgemacht, wie es nach dem ersten richtigen Zoff mit einer neuen, noch nicht konflikterprobten Liebe zu herrschen pflegt: eine Mischung aus Erleichterung darüber, dass man sich getraut hat zu sagen, was einem auf dem Herzen liegt, aus der Verunsicherung, die einen überkommt, nachdem man sich jemandem das erste Mal von einer irrationalen, verletzlichen Seite präsentiert hat, und aus der Verlegenheit, die folgt, wenn man sich mit einem eigentlich noch Fremden auf etwas so Intimes wie eine emotional geführte Auseinandersetzung eingelassen hat.

Plötzlich ist mir bewusst geworden, was ich zuvor höchstens unterschwellig ahnte: Auf dem Papier mögen Architekten und Bauherren nur Geschäftspartner sein. In Wirklichkeit führen sie eine Beziehung auf Zeit – inklusive Verliebtheit und Entzauberung, kleinen Missverständnissen und großen Beziehungskrisen, Problemgesprächen und natürlich der Gefahr des Scheiterns. Kein Wunder, habe ich gedacht, dass man immer wieder von Architekten und Bauherren hört, die irgendwann nicht mehr miteinander reden.

Wieder ist es Sarah gewesen, die das Schweigen gebrochen hat.

»Und?«, hat sie gesagt. »Wollt ihr weitermachen?«

Mein Mann und ich haben uns angeschaut.

»Ja«, habe ich gesagt und gedacht: Ja, vielleicht ist es Irrsinn, aber ich bin total verknallt in dich und deine Ideen, ich will ein Haus von dir!

»Gerne«, hat mein Mann gesagt und ganz bestimmt gedacht: Scheiße, bin ich froh, dass wir das Gelaber hinter uns haben.

»O.k.«, hat Sarah gesagt, keine Ahnung, was sie gedacht hat. »Dann lasst uns anfangen. Wir gehen jetzt Punkt für Punkt die Kostenaufstellung durch und überlegen, wo wir billiger werden können. Manchmal tut es einem Haus sogar gut, wenn man einfacher werden muss.«

Mit dem Traumhaus ist es ein bisschen wie mit dem Traummann oder der Traumfrau. Der Mensch auf Beziehungssuche weiß, dass es den perfekten Partner nicht gibt. Aber wenn man ihn dazu nötigt, bewusst zu entscheiden, auf welche erträumten Attribute er im konkreten Fall zu verzichten bereit ist, fällt es ihm äußerst schwer, sich festzulegen.

»Erfolgreicher Akademiker, fünfundvierzig Jahre, solvent, fürsorglich, zuverlässig, aber völlig humorlos.« – »Sportbegeisterte, liebevolle Angestellte Mitte zwanzig, überdurchschnittlich attraktiv, unterdurchschnittlich intelligent.« – »Einfühlsamer, kulturbegeisterter Landschaftsgärtner Anfang dreißig, große handwerkliche Begabung, schlechter Liebhaber.« – »Ach, danke nein, ich glaube, ich bleibe lieber Single.«

Mir ist klar, dass wir uns das Haus, wie wir es uns in den letzten Wochen und Monaten zurechtgeträumt haben, nicht leisten können. Aber nun, wo wir entscheiden sollen, welche Attribute wir entbehren können, fällt mir erst mal gar nichts Konstruktives ein. Dass das Haus keinen Keller haben wird, damit habe ich mich abgefunden. Jetzt auch noch: keinen Kamin, keine Dielen, keinen Schuppen? Hatte ich nicht gesagt: entweder ein richtig tolles Haus oder gar keines? Vielleicht bleibe ich doch lieber Mieterin?

Wir treffen uns mehrere Male zum Wunschschrumpfen, jedes Mal sitzen wir Stunden zusammen und diskutieren.

Als Erstes verkleinern wir das Haus. Das Arbeitszimmer, die Kinderzimmer und das Schlafzimmer fallen weniger großzügig aus, der begehbare Kleiderschrank fällt ganz weg. Aus dem massiven Schuppen mit Carport wird ein Holzschuppen ohne Carport. Wir verzichten darauf, die Wände vor dem Streichen mit Malervlies bekleben zu lassen. Sarah schlägt vor, die Decke im Erdgeschoss nicht zu verputzen, sodass der Beton sichtbar bleibt. Dazu passt eine Treppe aus Beton, die als Fertigteil geliefert werden kann. Ins Erdgeschoss kommt statt teurer Eichendielen dunkelgrünes Linoleum, das kostet nur halb so viel. Die Fensterfronten werden aus Standard- statt aus maßgefertigten Elementen gebaut, aus Holz statt aus Stahl.

Mit jeder Sparmaßnahme verändert das Haus, insbesondere das Erdgeschoss, seinen Charakter – weg von der klassischen, gediegenen Ausstattung in Weiß und Holz, hin zum Einfachen, Rohen. Wir arbeiten uns Zeile für Zeile durch den Kostenplan: Muss das wirklich sein? Geht das auch preiswerter? Wir merken: Sarah hatte recht. Weniger ist tatsächlich manchmal mehr. Wäre die teurere Hausvariante nicht geradezu peinlich protzig geworden? Passt das billigere Haus nicht in Wahrheit viel besser zu uns? Wer braucht schon ein Dreißig-Quadratmeter-Schlafzimmer? Ein bisschen weniger Platz ist doch eigentlich viel gemütlicher. Wir merken außerdem: Not macht erfinderisch. Auf Linoleum als möglichen Bodenbelag hätte ich mich ohne Zwang zum Sparen nie eingelassen, nun stelle ich mir eine weiße Küche auf dunkelgrünem Fußboden unter einer grauen Betondecke vor und bin nicht nur einverstanden, sondern hellauf begeistert. Das hat nicht jeder. Das wird der Hammer!

»Und was habt ihr für einen Fußboden?«, will mein Kollege Jörn wissen.

»Oben Holz, unten dunkelgrünes Linoleum«, sage ich. »Bin total gespannt, sieht bestimmt irre gut aus.«

»Da wäre ich aber auch gespannt. Das sieht bestimmt aus wie in einer Turnhalle«, sagt Jörn. »Hast du das mal irgendwo gesehen?«

»Nö«, sage ich. »Ich kenne keinen, der Linoleum zu Hause liegen hat.«

»Und du glaubst nicht, dass es dafür einen Grund gibt?«, fragt Jörn.

Ich wollte ein ganz besonderes Haus, nun bekomme ich es.

Was ich außerdem bekomme, und zwar viel früher als erwartet, ist ein grauer DIN-A4-Behörden-Briefumschlag. Absender: Feuerwehr Hamburg, Abteilung Gefahrenerkundung Kampfmittelverdacht. Nur zehn Tage nachdem ich den Antrag auf Gefahrenerforschung und Luftbildauswertung abgeschickt habe, liegt der Brief bei uns im Briefkasten. Es gibt sie noch, Beamte mit Herz.

Meine Hände zittern, als ich den Briefumschlag öffne. Ich gehe sicherheitshalber vom Schlimmsten aus, denn bisher ist nichts ganz glattgelaufen. Ich bin felsenfest davon überzeugt, dass unser Grundstück bombenverdächtig ist. Ich bin darauf gefasst, Männer mit großen Metalldetektoren und noch größeren Stundenlöhnen damit beauftragen zu müssen, über unseren inzwischen mit blühendem Unkraut überwucherten Acker zu robben und ihn nach Handgranaten abzusuchen. Egal, wir sind gerade dabei, eine Kostenexplosion in den Griff zu bekommen, also werden wir auch diese Katastrophe überstehen. Ich reiße den Umschlag auf. In dem Umschlag liegen zwei Blätter Papier. Auf dem ersten Blatt steht: »Sehr geehrte Frau Karnick, die Auswertung der alliierten Luftbilder aus dem II. Weltkrieg hat ergeben, dass auf der von Ihnen angefragten Fläche kein Hinweis auf noch nicht beseitigte Bombenblindgänger oder vergrabene Munition, Kampfstoffe oder Waffen etc. vorhanden ist. Die Fläche wird nicht nach §1 (4) der Kampfmittelverordnung (Kampfmittel-VO, Hamburgisches Gesetz- und Verordnungsblatt Nr. 45 vom 30.12.2005) als Verdachtsfläche eingestuft. Nach heutigem Kenntnisstand ist keine Sondierung notwendig. Ein Gebührenbescheid geht Ihnen gesondert zu. Mit freundlichen Grüßen, Sch.«

Das zweite Blatt ist ein Ausschnitt aus dem Flurplan, es zeigt in sehr großem Maßstab den Umriss unseres Grundstückes zwischen den Nachbargrundstücken, unser Grundstück strahlt in allerschönstem satten Gute-Laune-Grasgrün zwischen den schwarz-weißen Umrissen der anderen Grundstücke hervor. Ich rufe sofort meinen Mann an, wir können unser Glück nicht fassen, dann schreibe ich eine Mail an die Sachbearbeiterin Frau Sch.: »Sie ahnen nicht – oder vielleicht doch? –, wie sehr Sie uns geholfen haben.«

Nachdem wir alles verkleinert, vereinfacht, gekürzt und gestrichen haben, was wir verkleinern, vereinfachen, kürzen und streichen können, ohne dass unsere Liebe zum Projekt »Hausbau« darunter leidet, legt Katja uns den finalen Kostenplan zur Unterschrift vor. Ein Kostenplan ist eine Art Vertrag zwischen Architekt und Bauherr, in dem die bereits ermittelten oder veranschlagten Kosten jeder einzelnen Baumaßnahme aufgeführt werden: Wie viel kostet die Heizungsanlage, wie viel der Außenputz, der Waschtisch, die Fensterbänke, der Rasen. Beziehungsweise: Wie viel dürfen die Badezimmerfliesen oder die Türgriffe maximal kosten? Aus den Einzelkosten ergibt sich der Gesamtpreis des Hauses.

Der Kostenplan wird sowohl vom Bauherrn als auch vom

Architekten unterschrieben. Der Bauherr gibt damit sein schriftliches Einverständnis, ein Haus zu diesem Preis bauen zu lassen. Der Architekt verpflichtet sich, alle weiteren Planungen nach dem vereinbarten Kostenplan zu richten. Weichen die Kosten für eine geplante Baumaßnahme um mehr als zehn Prozent von der einkalkulierten Summe ab, muss der Architekt den Bauherrn ausdrücklich darauf hinweisen und sich die Mehrkosten zu seiner Absicherung schriftlich genehmigen lassen. Andernfalls läuft er Gefahr, sich haftbar zu machen.

Die Summe, unter die mein Mann und ich unsere Unterschrift setzen, ist viel kleiner als die Summe, die uns vor gut zwei Wochen um den Schlaf und auf die Barrikaden brachte. Sie ist außerdem größer als die Summe, von der wir bei unseren Kreditverhandlungen ausgegangen sind. Es gibt nun einmal Träume, die sind auch mit Vernunft nicht totzukriegen. Wir können uns einfach nicht vom Kamin trennen, denn was ich sehe, wenn ich an das neue Haus denke, ist dies: Wir sitzen an einem Winterabend am Esstisch in der offenen Küche, während im Kamin ein gemütliches Feuer flackert. Diese Vision will sich nicht ersetzen lassen durch ein anderes Bild. Und wenigstens eine der ursprünglich drei Ganzglasecken in den Fensterfronten soll bleiben. Und wenn man schon ganz neu baut, dann wäre es doch dumm, keine Einbauleuchten einzuplanen. Mein Mann und ich haben mal wieder die Schönredemaschine angekurbelt.

»Man baut schließlich nur einmal im Leben«, sage ich. »Dann lieber gleich richtig.«

»Und meistens ist es ja auch viel teurer, die Sachen später machen zu lassen«, sagt mein Mann.

»Und wir haben ja auch ein bisschen mehr Eigenkapital, als wir zuerst dachten«, sage ich. Meine Schwiegermutter hat uns nach dem Tod meines Schwiegervaters Geld geschenkt.

»Aber zur Bank müssen wir trotzdem noch mal«, sagt mein Mann. »Ein paar Euro mehr Kredit brauchen wir schon.«

Es wird eben alles immer ein bisschen teurer, als man denkt.

Baunebenkosten inkl. MwSt.:

Übertrag	50.933,58 €
Gebühren für Prüfung auf Kampfmittelvorkommen	272,00 €
Zwischensumme	51.205,58 €

Reizwörter

Inzwischen ist es Mitte Juni, die Nächte werden immer wärmer. Wann immer mein Mann und ich Zeit dafür finden, machen wir abends, nachdem die Kinder ins Bett gegangen sind, einen langen, gemeinsamen Spaziergang mit dem Hund. Beim Spazierengehen reden wir über das Haus. Wo sollen welche Möbel stehen? Welche Form sollen die Türgriffe haben? Wie soll das Badezimmer aussehen? Wie die Küche? Freust du dich auch so? Worauf freust du dich am meisten?

Manchmal denke ich: Wahrscheinlich verlernt man als Bauherrenpaar völlig, sich noch über andere Dinge zu unterhalten als über das Haus. Und wenn das Haus dann eines Tages fertig ist, hat man einander nichts mehr zu sagen. Außer: »Muss die Regenrinne nicht mal wieder gesäubert werden?« Andererseits bringt es wahnsinnig viel Spaß, zusammen an seinem Zuhause herumzubasteln. Man kommt einander sehr nahe, wenn man Hand in Hand durch die Nacht spaziert, Pläne schmiedet und sich auf die gemeinsame Zukunft freut. Vielleicht, denke ich, ist Spießigkeit ja nur ein anderer Ausdruck für Glück.

Jetzt muss nur noch die Genehmigung des Änderungsantrags zum ersten Bauantrag eintreffen, dann können die Bauarbeiten beginnen. Wir sind sehr aufgeregt.

Ich widme mich derweil erneut der Küchenplanung. Ich bin die Küchenbeauftragte.

Im Prinzip ist das ganze Haus um die große Wohnküche herum geplant, die Küche ist das Herz unseres Hauses, heimlich nenne ich sie »das Allerheiligste des Tempels«.

Die Küche muss toll werden. Toll finde ich Küchen, die möglichst wenig nach Küche aussehen, also sehr schlichte, grifflose Küchen. Auf der Suche nach einer solch schlichten Küche hatte ich in den Wochen vor dem ersten Kostenbesprechungstermin ein Küchenstudio nach dem anderen besichtigt. Voll guter Vorsätze hatte ich mit Küchenmarken der unteren mittleren Preisklasse angefangen, um mich von dort aus allmählich hochzuarbeiten: Keine Ahnung, warum, aber aus irgendwelchen Gründen scheint ganz schlichtes Design eine sehr schwer umzusetzende und darum kostspielige Angelegenheit zu sein. Am Ende hatte ich meinen Mann zu einem Küchenplaner geschleppt, der Küchen aus dem gemäßigten Luxussegment verkauft.

»Mal abwarten, wie der Kostenplan aussieht«, hatte mein Mann danach vorgeschlagen. »Dann wissen wir, was für eine Küche wir uns leisten können.«

»Das ist echt nicht zum Aushalten«, hatte unser Sohn gesagt. »Könnt ihr eigentlich auch mal über etwas anderes reden? Ich finde, es ist ab sofort verboten, beim Abendbrot über Küchen zu sprechen.«

»Genau, finde ich auch!«, hatte unsere Tochter, damals neun, gerufen. »Ich will lieber über mein Zimmer reden.«

Nachdem mich der Kostenplan auf den harten Boden der finanziellen Realität zurückgeholt hatte, habe ich einen Termin mit einem Küchentischler vereinbart. Tischlerküchen, habe ich gehört, sind, anders als der Laie vermutet, angeblich gar nicht unbedingt teurer als die Küchen aus dem Küchenstudio, manchmal sogar preiswerter.

Ich habe über eine Stunde mit dem Tischler zusammengesessen, ich habe mich mit ihm über den Grundriss unseres Hauses gebeugt und ihm erzählt, wie ich mir die Küche vorstelle. Der Tischler hat sich Notizen gemacht, ich habe ihm den Grundriss überlassen, er hat versprochen, mir in den nächsten Tagen sein Angebot zu schicken. Jetzt sitze ich im Auto und fahre nach Hause, es ist ein heißer, sonniger Tag, ich habe gerade die Autofenster heruntergelassen und im Radio einen Popsender angestellt, als mein Handy klingelt.

»Hallo!«, sagt Katja. »Hast du einen Augenblick Zeit?«

»Nee«, sage ich. »Ich fahre gerade Auto. Was gibt's denn?«

»Ach«, sagt Katja, »nichts Dramatisches. Wir müssen noch mal eine Bodenprobe nehmen, um eine Schadstoffanalyse machen zu lassen, dafür brauche ich möglichst schnell eure Freigabe.«

»Was für Schadstoffe denn?«, frage ich, in meiner rechten Hand liegt das Telefon, in der linken das Lenkrad, in meiner Stimme liegt ein schriller Unterton.

»Das erkläre ich dir lieber in Ruhe«, sagt Katja. »Ruf mich mal an, sobald du nicht mehr im Auto sitzt.«

Wir legen auf. Ich schwitze und bin nicht sicher, ob das nur an der Hitze liegt. Mein Hirn macht sich gegen meinen Willen selbstständig und produziert – ausgehend von dem Begriff »Schadstoffanalyse« – eine unangenehme Assoziationskette: Altlasten. Kontamination. Sanierung. Teuer. Sehr teuer. Zu teuer.

Ich trete aufs Gaspedal, die Tachonadel tanzt jenseits der sechzig, ich habe es plötzlich sehr eilig, nach Hause zu kommen, ich werde geblitzt, egal. Zu Hause stürze ich durch die Haustür, schmeiße meine Tasche und Unterlagen auf den Boden, suche das Telefon und wähle Katjas Nummer.

Katja erklärt mir, dass als Erstes die Erdarbeiten stattfinden werden. Die Erdarbeiter graben die Baugrube, in die das Fundament gegossen werden wird. Zuvor tauschen sie einen Teil des – zurzeit instabilen – Erdreiches gegen stabilere Sande aus. Das ist nötig, damit unser Haus auf festen Füßen steht, hat das erste Bodengutachten ergeben. Den

Erdaushub, der dabei anfällt, darf das Erdbauunternehmen nicht einfach auf den übernächsten Acker schütten. Der Aushub muss auf einer Deponie entsorgt werden, dafür muss man einen bestimmten Grundpreis pro Kubikmeter zahlen. Ist der Aushub mit Schadstoffen belastet, stellt die Deponie eine Zulage in Rechnung – die Höhe der Zulage richtet sich nach Art und Menge der gefundenen Schadstoffe und wird an den Kunden weitergegeben. Um den genauen Preis für die Erdarbeiten kalkulieren zu können, muss das Erdbauunternehmen wissen, in welche LAGA-Schadstoffklasse die Erde auf unserem Grundstück einzuordnen ist.

»Was heißt Laga?«, frage ich.

»LAGA ist die Abkürzung für Länderarbeitsgemeinschaft Abfall«, sagt Katja. »Die legen die bundesweit geltenden Richtwerte für die verschiedenen Schadstoffklassen fest. Z0 bedeutet, dass der Boden ganz sauber ist«, sagt Katja. »Aber das gilt eigentlich nur für reinen Mutterboden. Bei euch liegt ja Bauschutt und so was herum, und irgendwo hat der Bodengutachter auch ein paar Ölspuren entdeckt. Wir rechnen mit Z1, höchstens mit Z2.«

»Und was ist die höchste Schadstoffklasse?«, frage ich. Ich hoffe auf die Antwort »Z100«.

»Z5, das ist dann Sondermüll«, sagt Katja. »Aber mach dir bitte keine Sorgen, das wird bei eurem Grundstück nicht passieren. Da stand ja keine Fabrik drauf.«

Aus Untersuchungen zur Arzt-Patient-Kommunikation kennt man folgendes Phänomen: Der Arzt spricht zum Patienten und verwendet dabei einen angstbesetzten Schlüsselbegriff. Kaum ist das Reizwort – »Krebs« zum Beispiel – gefallen, kann der Patient sich auf nichts anderes mehr konzentrieren als auf diesen Begriff. Seine Aufmerksamkeit ist durch die

Angst, die das Wort in ihm auslöst, so sehr gebunden, dass ihn weitere Informationen nicht mehr erreichen: Er kann nicht mehr zuhören. Er hört es nicht, dass der Arzt sagt: »Dieser Krebs ist heutzutage sehr gut heilbar.« Er hört es auch nicht, wenn der Arzt sagt: »Es ist unwahrscheinlich, dass Sie Krebs haben.« Alles, was er versteht, ist: »Krebs, Krebs, Krebs. Ich. Krebs.«

Kaum habe ich das Gespräch mit Katja beendet, kann ich mich nicht mehr daran erinnern, was sie mir eigentlich genau gesagt hat. In meinem Kopf ist nur Platz für einen einzigen Gedanken: Öl. Öl. Öl. Unser Grundstück. Öl.

Der Bodengutachter hat Ölspuren entdeckt. Was für Ölspuren? Wie kommen die auf unser Grundstück? Zum alten Haus gehörte ein Öltank, in dem das Heizöl gelagert wurde, bevor die vormalige Besitzerin die Gasheizung installieren ließ, die jetzt bei uns im Keller herumsteht. War der Tank undicht? Oder ist beim Abriss altes Restöl ausgelaufen? Oder stand im Garten etwa deshalb eine Doppelgarage, weil dort jemand vor zwanzig Jahren eine illegale Kfz-Werkstatt – inklusive illegaler Motorölentsorgung – betrieben hat? Apropos Doppelgarage: Die Garage war doch aus asbesthaltigen Eternitplatten zusammengeschustert. Kann Asbest eigentlich in den Boden eindringen?

Ich spiele in Gedanken jede Möglichkeit durch, bis selbst der abwegigste Fall mir nicht mehr unmöglich erscheint: Das westliche Ende unserer Wohnstraße mündet gut zweihundert Meter von unserem Haus entfernt in eine viel befahrene Hauptverkehrsstraße, genau an der Straßenecke befand sich eine vor einiger Zeit abgerissene Tankstelle. Das nun unbebaute Grundstück ist bis heute nicht verkauft, sicherlich ist es völlig verseucht. Wer weiß, vielleicht ist von dort aus Öl zu uns gelangt? Fragen über Fragen, es hilft nichts, ich muss Katja gleich noch einmal anrufen.

»Katja, entschuldige bitte, ich bin es schon wieder, ich weiß, ich nerve, aber ich muss dich noch etwas fragen: Können Öl und Benzin auch horizontal durch den Boden sickern? Ich meine, zum Beispiel von einer Tankstelle unten an der Straße bis in unser Grundstück?«

Katja kichert.

»Hihi«, kichert sie. »Ich würde sagen, das ist sehr unwahrscheinlich.«

»Ihr habt gesagt, wir sollen es euch immer sofort sagen, wenn wir uns Sorgen machen!«, sage ich. »Ich mache mir Sorgen! Was bedeutet: Der Bodengutachter hat Öl gefunden?«

»Das bedeutet, dass er mit der Fußspitze ein bisschen in der Erde herumgewühlt und ein paar ölige Sandklumpen entdeckt hat«, sagt Katja. »Das findet man ganz oft auf Baustellen, da muss nur mal ein bisschen Diesel aus einem Bagger tropfen.«

»Du glaubst also wirklich nicht, dass das Grundstück total verseucht ist und wir es sanieren müssen?«, frage ich.

»Nein«, sagt Katja. »Wieso sollte das passieren?«

Ganz einfach. Weil so etwas schon anderen passiert ist. Meiner Kollegin Ulrike zum Beispiel.

Ulrike und ihr Lebensgefährte wohnten schon viele Jahre lang zur Miete in einem schönen, zentral gelegenen Altbau in Hamburg, als die Wohnungen im gesamten Haus den Mietern zum Kauf angeboten wurden. Sie akzeptierten das Angebot, investierten ihre Ersparnisse, nahmen zudem einen Kredit auf und kauften. Zwei Jahre später erhielten sie und die anderen Eigentümer von der Stadt Hamburg die Nachricht, dass das Grundstück, auf dem ihr Haus steht, einer Bodenanalyse unterzogen werden müsse.

Ulrike und ihr Partner waren 1987 in das Haus gezogen.

Was ihnen damals und auch später niemand gesagt hatte: Zwanzig Jahre lang, von 1961 bis 1981, hatte es im Erdgeschoss des Hauses eine chemische Reinigung gegeben. Nun hatte die Umweltbehörde beschlossen, alle Hamburger Grundstücke, auf denen jemals eine Reinigung betrieben worden war, systematisch auf Schadstoffe hin zu untersuchen. Es stellte sich heraus, dass das Grundstück hochgradig verseucht und das Grundwasser gefährdet war. Die Umweltbehörde teilte mit, es müsse saniert, der gesamte Boden müsse ausgehoben und entsorgt werden. Dies zu tun, ohne dabei die Bausubstanz des Hauses zu gefährden, wäre eine extrem komplizierte und aufwendige Maßnahme. Geschätzte Kosten: drei bis acht Millionen Euro. Zu tragen von: der Eigentümergemeinschaft. Denn Ulrike und ihr Partner wie auch alle anderen Eigentümer hatten beim Kauf der Wohnung die gleiche Vereinbarung unterzeichnet, über die ich bei unserem Notartermin leichtfertig gewitzelt hatte: »Der Verkäufer erklärt, dass ihm gegenwärtige oder frühere Bodenveränderungen oder Altlasten im Sinne des BBodSchG nicht bekannt sind. (…) Der Notar (…) hat insbesondere darauf hingewiesen, dass der Käufer etwaige Sachmängel grundsätzlich auf eigene Kosten beseitigen müsste.«

Die Eigentümergemeinschaft engagierte einen Anwalt und legte Widerspruch ein. Der Anwalt erklärte, die rechtliche Lage sei eindeutig. Die Eigentümer würden zahlen müssen. Alles, was er tun könne, sei zu versuchen, die Sache möglichst in die Länge zu ziehen und am Ende einen Vergleich zwischen der Stadt und den Eigentümern zu erzielen. Seither sind zehn Jahre vergangen, das Verfahren ist immer noch nicht abgeschlossen. Seit zehn Jahren bekommt Ulrike Herzrasen, wenn sie den Briefkasten öffnet und einen Brief vom Anwalt oder von der Stadt Hamburg darin findet.

»Aber nicht mehr so schlimm wie früher«, hat Ulrike

gesagt. »Man gewöhnt sich zum Glück an alles. Sonst dreht man ja durch.«

Die Rechtslage hat sich mittlerweile geändert: Die Summe, für die Privateigentümer in solchen Fällen zur Rechenschaft gezogen werden können, wurde auf das Maximum des Verkehrswertes der Immobilie begrenzt. Sprich: Im allerschlimmsten Fall muss die Eigentümergemeinschaft nur so viel zahlen, wie das Haus ohne Belastung wert ist. Sie könnten ihre Wohnungen also notfalls verkaufen, um die Forderungen der Stadt zu begleichen.

»Und im besten Fall?«, habe ich Ulrike gefragt.

»Im besten Fall gibt es einen Vergleich, und wir müssen nur fünfzigtausend Euro zahlen«, hat Ulrike geantwortet. »Dann schmeiße ich eine Riesenparty.«

Wann immer Ulrike ihre Geschichte erzählt, hängen die Zuhörer ihr schaudernd an den Lippen. Ulrike weiß natürlich, was alle denken: Oh mein Gott, die Arme! Und: Zum Glück haben wir solche Probleme nicht.

Lieber Gott, denke ich, hoffentlich haben wir solche Probleme nicht.

Ich unterschreibe den Auftrag für die Schadstoffanalyse und beschließe, meinem Mann nichts davon zu erzählen. Es reicht, wenn einer von uns unruhig schläft. Nach einer Woche ist das Ergebnis da.

»Nach der LAGA ›Anforderungen an die stoffliche Verwertung von mineralischen Abfällen‹ entspricht die untersuchte Probe aufgrund des Gehalts an Blei dem Zuordnungswert Z2. Mit freundlichen Grüßen, SGS Institut Fresenius«, lese ich vor.

»Fresenius!«, ruft unsere Tochter. »Das steht auch immer auf den Nutella-Gläsern! Unser Boden ist von den gleichen Leuten untersucht worden wie unser Nutschi!«

»Bei hundertfünfzig Kubikmetern Abfuhr sind das Mehrkosten von zweitausend Euro«, sage ich.

»Zweitausend Euro? Wir haben doch keine Industriebrache gekauft, das ist Erde aus einem reinen Wohngebiet!«, sagt mein Mann. »Spinnen die?«

Ich erzähle Ulrikes Geschichte, und er sagt nichts mehr, außer: »Muss eigentlich noch jemand vorbeikommen und prüfen, ob sich auf unserem Grundstück Reste frühgermanischer Siedlungen finden, bevor wir anfangen können zu bauen?«

Über die LAGA-Analyse habe ich den Küchentischler völlig vergessen. Zwei Wochen nach dem Termin mit ihm fällt mir auf, dass er sich noch nicht gemeldet hat. Ich verzichte darauf nachzuhaken. Ich denke: Schließlich will nicht ich was von ihm, sondern umgekehrt. Er will einen Auftrag. Offensichtlich liege ich falsch mit dieser Annahme. Er lässt nie wieder etwas von sich hören.

Baunebenkosten inkl. MwSt.:	
Übertrag	51.205,58 €
Bodengutachter, Schadstoffanalyse und Baugrubenabnahme	1.236,17 €
Zwischensumme	52.441,75 €

Gleich geht's los

Anfang Juli wird der geänderte Bauantrag genehmigt. Was in der Zeit danach geschah, das vermag heute niemand mehr zu sagen. Woran lag es, dass es noch einmal sechs Wochen dauerte, bis es losging? War es das Wetter, die Ferienzeit, eine unsichtbare Macht, die den Baubeginn immer wieder verzögerte?

Jedenfalls ist immer irgendetwas, was dazu führt, dass die Architektinnen »darüber noch einmal mit dem Rohbauer sprechen« oder »ein letztes Mal den Statiker draufgucken lassen müssen« und »die Erdarbeiten leider doch nicht nächste Woche anfangen können« und sich darum »der Baubeginn noch ein wenig verschiebt«.

Im Laufe der Wochen weicht unsere erwartungsvolle Vorfreude einer abgestumpften Gleichgültigkeit. Wir müssen oft am Grundstück vorbeifahren, auf dem Rückweg von der Arbeit, vom Einkaufen oder vom Kino. Das Gras steht inzwischen kniehoch darauf. Zuletzt schauen wir kaum noch hin. Nachdem wir ein halbes Jahr an kaum etwas anderes gedacht haben als an den Hausbau, fangen wir an, ihn fast zu vergessen. Es sind die Menschen um uns herum, die uns daran erinnern. Unsere Familie, unsere Freunde und Bekannten, die ab und zu nachfragen, wie es um unser Haus steht. Aber auch fast Fremde.

Spätestens seit dem Abriss scheint der halbe Stadtteil zu wissen, wer das alte Haus gekauft hat, um ein neues zu bauen. Vor dem hiesigen Supermarkt sprechen mich Leute an, die ich bestenfalls vom Sehen, von gemeinsam besuchten Schulfesten und Weihnachtsgottesdiensten kenne.

»Und?«, fragen die Leute. »Wann geht es denn bei Ihnen mal endlich los?«

Oder: »Na, ihr habt ja offensichtlich die Ruhe weg. Oder habt ihr das Bauen aufgegeben?«

Ein Hausbau ist ein öffentliches Ereignis, das die meisten Menschen in der Umgebung – auch ich – aufmerksam zu beobachten pflegen, selbst wenn sie die Bauherren nicht kennen. Zu Recht. Mit jedem neuen oder neu gestalteten Haus verändert sich ein wenig das Gesicht jener Gemeinschaft, die die Bewohner einer Straße, eines Stadtteils oder eines Dorfes bilden. Man verfolgt gespannt, erkundigt sich, redet miteinander darüber: Wie sind die Leute, die dort einziehen werden? Was wird das für ein Haus? Geschmackvoll, hässlich, unauffällig, ausgefallen? Verschönert oder verschandelt es die Gegend? Die Antwort auf diese Frage kann bei ein und demselben Haus völlig verschieden ausfallen, je nach Geschmack. Je unkonventioneller ein Haus, desto gespaltener die Meinungen. Gerade sehr moderne Häuser rufen oft völlig gegensätzliche Reaktionen hervor: Was die einen fantastisch finden, finden die anderen furchtbar.

»Und?«, haben Holger und Andrea, unsere zukünftigen Nachbarn mit dem sehr schönen alten Haus und dem ebenso schönen modernen Anbau, gefragt, nachdem sie die Grundrisse und Ansichten des Hauses gesehen haben. »Habt ihr die auch schon den anderen Nachbarn gezeigt?«

»Nee«, habe ich geantwortet, »besser nicht. Sonst legt womöglich noch irgendwer Beschwerde beim Bauamt ein. Ich will lieber gar nicht wissen, wie die unser Haus finden.«

»Pass auf, ich weiß, wie es laufen wird«, sagt mein Mann eines Tages, als wir ausnahmsweise doch mal wieder an das Haus denken. »Es wird erst im September losgehen. Der Rohbau wird im November fertig sein, dann fängt es so doll an zu regnen, dass die Fenster nicht eingebaut werden können. Und dann kommt gleich danach auch schon der Winter, und es schneit und friert, und bis mindestens Februar geht gar nichts mehr. Ich wette, ich bin der Erste, der im neuen Haus Geburtstag feiert.«

Mein Mann ist Ende Mai geboren.

»Es kommt, wie es kommt«, sage ich.

Zu Beginn des Wartens haben wir ständig zusammengerechnet, was uns die Verzögerung kostet: pro Monat eine vierstellige Kaltmiete. Irgendwann hören wir damit auf, denn das führt zu nichts anderem als zu Heulen und Zähneklappern. Wir finden uns mit dem Gedanken ab, auf unabsehbare Zeit mit unfassbar hohen monatlichen Festkosten rechnen zu müssen – zur laufenden Miete kommt nach dem Hauskauf die Zahlung der Kreditraten. Zum Glück haben wir so kalkuliert, dass uns diese doppelte Belastung zwar sehr einschränkt, aber selbst dann nicht das Genick brechen wird, wenn sie zur Dauereinrichtung werden würde. Wir haben uns in einen finanziellen Winterschlaf begeben, unsere Ausgaben sind auf ein Minimum gedrosselt, unser privates Konsumentenbarometer befindet sich im Allzeittief, aber wir atmen noch. Dass das möglich sein muss, darauf hatte ich von Anfang an bestanden. Alles andere, denke ich, würde ich nicht überstehen.

Das mit dem Verdrängen funktioniert tagsüber ganz gut. Nachts weniger. Ich träume: Mein Mann und ich sind irgendwo im Ausland, ganz weit weg von zu Hause, in Übersee. Wir müssen dringend nach Hause fliegen, zu den Kindern. Wir verpassen den Flug. Wir erfahren, dass wir einen neuen Flug buchen und bezahlen müssen, der viel, viel teurer ist als der ursprüngliche – tausenddreihundert Euro pro Person. Leider verpassen wir auch diesen Flug. Wir müssen noch einmal zwei Tickets kaufen, sie sind noch teurer. Diesmal tue ich alles, um schon Stunden vor Abflug am Flughafen zu sein, ich treibe meinen Mann an, wir brechen tatsächlich sehr früh auf, aber dann fällt meinem Mann ein, dass er Hunger hat und unterwegs noch etwas essen gehen will. Ich schreie ihn an: »Nein, tu mir das nicht an, wir werden schon wieder zu spät kommen!« Aber mein Mann hört mich nicht, er setzt sich einfach in ein Restaurant. Ich schreie: »Guck mal, wie spät es schon ist!« – »Wir haben doch noch ewig Zeit, das wird schon gut gehen«, sagt mein Mann und isst. Ich schaue auf die Uhr, ich sehe die Uhrzeit, ich weiß, dass es nicht gut gehen wird, es ist nämlich schon wieder schiefgegangen, denn plötzlich ist es viel später als gerade eben noch. Wir haben den Flug schon wieder verpasst. Ich heule. Ich werde geweckt von meinem eigenen Schluchzen. Mir ist schlecht. Ich renne ins Bad und übergebe mich.

Wenige Tage nach meinem Albtraum stehen plötzlich Bagger, Radlader und Kipplaster auf unserem Grundstück herum. Mein Mann und ich sind aus dem Auto ausgestiegen und starren die schweren Fahrzeuge an. Auf Menschen und Mieter wie uns, die bisher das Streichen der Wohnung durch einen Maler für einen umfangreichen Handwerkerauftrag hielten, machen die Baufahrzeuge sehr großen Eindruck.

»Schluck«, sagt mein Mann. »Wer hat die denn bestellt?«
»Ich glaube, das waren wir«, sage ich.

Baunebenkosten inkl. MwSt.:

Übertrag	52.441,75 €
Gebühr Änderungsbescheid Bauantrag	378,78 €
Zwischensumme	52.820,53 €

Teil 4

Der Hausbau

Fehlstart

Ein Donnerstagmorgen Mitte August, morgens halb neun, ich sitze im Büro-Outfit im Auto. Auf dem Weg zum Schreibtisch werde ich einen Zwischenstopp einlegen am Grundstück, um Herrn Dammann zu begrüßen, den Chef der Baufirma, die unseren Rohbau baut und heute Morgen mit der Arbeit anfangen wird. Als Allererstes wird das Fundament gegossen werden.

Es ist keine zwölf Stunden her, dass ich das letzte Mal beim Grundstück gewesen bin, zusammen mit meinem Mann. Gestern Abend hatte ich so lange auf ihn eingeredet, bis er gegen zweiundzwanzig Uhr ein Einsehen hatte, sich die Schuhe anzog und eine Taschenlampe und ein Maßband einsteckte, um mit mir zusammen die Absteckungen des Vermessers in Augenschein zu nehmen. Das war nötig, weil ich den Fehler gemacht hatte, die Absteckungen am Spätnachmittag alleine anzusehen.

Nachdem die Erdbaufirma die Baugrube ausgehoben hatte, war der Vermesser gekommen, um die Feineinmessung für das Fundament vorzunehmen. Feineinmessung bedeutet: Sämtliche Eckpunkte des Fundamentes werden in der Baugrube – auf den Zentimeter genau, in der richtigen Relation zu den Grundstücksgrenzen – positioniert und durch Holzpflöcke markiert.

Als ich gestern Nachmittag auf dem Rückweg vom Büro beim Grundstück vorbeigeschaut hatte, hatte ich mich sehr gefreut, dass auf unserem Grundstück lauter große und kleinere, blau und gelb angesprühte Holzpflöcke in die Erde gesteckt worden waren: Als Bauherrin und Bauherr verinnerlicht man sehr schnell, dass es stets ein Grund zu großer Freude ist, wenn auf der Baustelle etwas passiert ist. Denn dass auf einer Baustelle etwas passiert, nur weil es passieren soll, ist keineswegs eine Selbstverständlichkeit.

Andererseits hatte ich recht ratlos vor den vielen Holzpflöcken gestanden und nicht wirklich verstanden, was genau deren Positionierung mit dem Grundriss unseres Hauses zu tun haben könnte. Wie ich so dagestanden und versucht hatte, die Holzpflöcke zu verstehen, hatte sich mein mangelhaft ausgeprägtes räumliches Vorstellungsvermögen aufs Fruchtbarste mit meiner immer offensichtlicher werdenden Neigung zur Fantasie-Entgleisung gepaart. Ich hatte gegrübelt: Die blauen Pflöcke schienen das Fundament zu markieren, aber was sollten diese gelb gefärbten Pflöcke dort? Zeigten die etwa die Grundstücksgrenze an? Aber dann stünde das Haus ja mit einem viel geringeren Abstand als den amtlich vorgeschriebenen zwei Metern fünfzig, also viel zu dicht an der Grenze! Wir würden es wieder abreißen müssen, sobald das Bauamt dahinterkäme!

»Kann es sein, dass der Vermesser sich vermessen hat?«, hatte ich meinen Mann mit meinen Sorgen belagert – aber erst, nachdem die Kinder ins Bett gegangen waren: Sie sollten friedlich einschlafen können, unbeschwert von der Aussicht, dass unser noch gar nicht erbautes Haus ihnen vermutlich nur kurz ein Zuhause sein würde.

»Quatsch«, hatte mein Mann gesagt. »Der Vermesser macht den ganzen Tag nichts anderes als Vermessen, und wir bauen nur ein popliges, rechteckiges Haus, keinen Flughafen.«

Ich hatte nicht lockergelassen: »Vielleicht ist unser Grundstück kleiner als auf dem Flurplan eingezeichnet? Bitte, bitte, morgen fängt der Rohbau an, guck es dir vorher noch mal schnell an.«

»Du kannst sonst wieder nicht schlafen, oder?«, hatte mein Mann gefragt. Fünf Minuten später zogen wir die Haustür hinter uns zu, um auf dem Fahrrad zum Grundstück zu radeln. Das Grundstück liegt laut Google Maps nur eineinhalb Kilometer von unserer Wohnung entfernt, sodass man tatsächlich »noch mal schnell« dorthin gehen, radeln oder fahren kann.

Jörn dagegen baut mehr als zwanzig Kilometer entfernt von seiner Mietwohnung. Ich begann zu ahnen, was er meinte, als er sagte: »Verschon mich mit deinen Witzen, ich bin sehr müde, ich musste heute sehr früh aufstehen und vor der Arbeit noch mal zum Haus und den Dachdecker zusammenscheißen.« Kein Wunder, hatte ich gedacht, dass er immer dunkler werdende Ringe unter den Augen hat.

Mein Mann führte mich mit der leuchtenden Taschenlampe in der Hand zwischen Erdhaufen auf der Baustelle herum und erläuterte mir die Bedeutung der Holzpflöcke: »Das hier ist die Ecke, wo der Hauseingang hinkommt, links ist die Ecke vom Arbeitszimmer. Und da hinten steht die zur Terrassenmauer verlängerte Wohnzimmerwand, und jetzt halt noch mal das Maßband, wir messen nach. Siehst du, es sind genau zweifünfzig Abstand bis zur Grenze. Alles klar?«

Ich wollte ja nur sichergehen.

Jetzt, am Morgen nach unserer Nachtwanderung, scheint das erste Mal seit Tagen die Sonne, Schäfchenwölkchen stehen am blauen Himmel, es weht ein leichter Wind, der Tag wirkt frisch und einladend – ein gutes Omen, denke ich. Beste Bedingungen für einen dynamischen Start in die Rohbauphase. Was ich sehe, als ich über unsere Baustellenzufahrt gehe, gefällt mir ausnehmend gut.

Vor der Baugrube steht im Sonnenschein ein breiter,

improvisierter Holztisch: zwei große Holzböcke, auf denen lange Holzplanken liegen. Vor dem Tisch steht, den Rücken zu mir gewandt, ein schlanker, leger-elegant gekleideter Mann, der sich mit durchgestreckten Armen und beiden Handflächen, Daumen gespreizt, auf den Tisch aufstützt. Das muss Herr Dammann sein. Auf dem Tisch hat er große Bögen Papier ausgebreitet, die er aufmerksam studiert – die Bauzeichnungen, wie ich gleich erfahren werde. Alles in allem wirkt Herr Dammann wie ein Feldherr, der ein letztes Mal seine Strategie überdenkt, bevor er seine Männer auf das Schlachtfeld schickt. Ich sage Hallo, Herr Dammann wendet sich mir zu, und ich bilde mir ein, dass er doch tatsächlich ein wenig aussieht wie ein zu groß geratener Napoleon. Ich fasse auf Anhieb Vertrauen zu ihm: Der Rohbau-Napoleon wird alle lauernden Widerstände aus dem Weg räumen und uns zum Sieg führen. Ich reiche ihm die Hand, die er zackig ergreift.

»Hallo, Sie sind bestimmt Herr Dammann, freut mich, Sie kennenzulernen«, sage ich. »Ich bin die, für die Sie das Haus bauen.«

»Hallo«, sagt Herr Dammann. »Ich habe extra eine Einladung zur Segelregatta abgesagt, weil ich sehr gerne anfangen würde, Ihr Haus zu bauen. Aber die Baugrube ist nicht tief genug.«

Das allererste Baubesprechungsprotokoll, angefertigt von Katja, die die Bauleitung für unser Haus übernommen hat, erhalte ich am späten Vormittag per Mail: Der Erdbauer hat die Pläne falsch gelesen. Er wird heute Nachmittag wiederkommen und die Baugrube vertiefen. Weil er dabei die Markierungen der Feineinmessung zerstören wird, muss morgen der Vermesser noch einmal wiederkommen, um die Maße erneut abzustecken. Die Kosten für die erneute Feineinmessung übernimmt der Erdbauer. Der Beginn der Rohbauarbeiten verschiebt sich auf Montag.

»Das fängt ja gut an«, sage ich zu Jörn.

»Das geht immer so weiter«, sagt Jörn.

Sein Haus hat bereits Fenster und ein Dach, es ist »dicht« – angeblich. Heute Morgen hat er entdeckt, dass nach den Regenfällen der letzten Tage nicht nur im Keller Wasser steht, sondern auch im Wohnzimmer. Jörn sagt, das Wasser sei aus der nassen Garage eingesickert, die direkt ans Haus, Wand an Wand mit dem Wohnzimmer, gebaut wurde. Das Garagendach sei immer noch nicht abgedichtet, obwohl es längst abgedichtet sein sollte, aber der Dachdecker habe schon vier Termine platzen lassen.

»Ich träume davon, jemanden umzubringen«, sagt Jörn. »Nicht aus der Distanz, sondern mit meinen eigenen Händen. Ich möchte jemandem die Gurgel zudrücken, und zwar ganz, ganz langsam.«

Montagvormittag spaziere ich mit dem Hund zum Grundstück. Auf dem Grundstück stehen ein Bauzaun, ein Bauklo und ein Bauwagen, in der Baugrube wurden Schnüre zwischen den Holzpflöcken gezogen, es ist niemand zu sehen. Es gießt mal wieder wie aus Kübeln. Ich schleiche im strömenden Regen am Bauwagen entlang, ich höre Stimmen, die Tür steht wohl offen, ich schaue vorsichtig um die Ecke in den Bauwagen hinein: Es ist das allererste Mal, dass ich auf unserer Baustelle drei waschechte Bauarbeiter zu Gesicht bekomme, wobei die drei waschechten Bauarbeiter gerade nicht bauen, sondern Kaffee trinken. Sie haben mich noch nicht bemerkt. Es ist elf Uhr, wahrscheinlich die typische Bauarbeiterpausenzeit, denke ich, oder aber es ist der Regen, der sie in den Bauwagen getrieben hat, trotzdem: nicht gerade ein mitreißender erster Eindruck.

Ich entscheide mich dagegen, einfach wieder davonzuschleichen. Ich denke: Man muss ja als Bauherrin auch mal Präsenz zeigen. Ich schiebe meinen Kopf in den Türrahmen. Ich sage: »Guten Morgen!«, und lächele und winke freundlich dazu. Die Bauarbeiter drehen ihre Köpfe in meine Richtung.

»Hallo«, sage ich, »ich bin die Bauherrin.«

Irgendwas muss man ja sagen.

»Hallo«, sagen die Bauarbeiter. Sie sehen nicht sonderlich beeindruckt aus.

»Scheißwetter, oder?«, sage ich.

»Jo«, sagt einer der Bauarbeiter. Leider fällt mir nicht ein, was ich sonst noch sagen soll. Also sagt keiner mehr was, bis ich sage: »Na, dann geh ich mal wieder. Frohes Schaffen noch. Tschüss.«

»Tschüss«, sagt der Bauarbeiter.

Das mit dem Präsenzzeigen muss ich noch üben.

Dienstagnachmittag schickt mein Vater eine Mail, ein Handyfoto im Anhang, das unsere verwaiste Baustelle zeigt:

»Sind gerade an eurem Grundstück vorbeigefahren. Wo sind denn die Bauarbeiter?«

In der Tat, wo sind die Bauarbeiter? Ich schreibe eine Mail an Katja, Katja antwortet: »Die Bewehrungseisen kommen leider später als gedacht.« Mit Bewehrungseisen ist jenes Stahlgeflecht gemeint, das in den Beton eingegossen wird, um seine Tragfähigkeit zu verstärken – beide Bauteile zusammen ergeben das, was man Stahlbeton nennt. Weil es zurzeit so heftig regnet, hat Napoleon beschlossen, mit dem Bau der Verschalung erst kurz vor der Lieferung der Bewehrungseisen zu beginnen, also am kommenden Montag. Die Verschalung ist jene aus Holz gezimmerte Gussform, in die erst die Bewehrung gelegt und dann der Beton gegossen wird. Wenn das Holz sich mit Wasser vollsaugt, kann es sich verformen.

Am kommenden Montag schreibe ich eine Mail an Sarah: »Katja hat uns gesagt, dass die Rohbauer heute mit den Schalungen anfangen wollten. Bin eben am Grundstück vorbeigefahren, aber da ist wieder niemand auf der Baustelle. Wegen des Regens? Wir haben schon so oft von Handwerkern gehört, die einfach nicht kommen: Sollen wir uns aufregen?«

Sarah ruft an und sagt, wir sollen uns nicht aufregen, sondern aufhören, jeden Tag am Grundstück vorbeizufahren: »Julia, wir machen uns keine Sorgen, also macht ihr euch bitte auch keine, o.k.?«

O.k.

Baunebenkosten inkl. MwSt.:

Übertrag	52.820,53 €
Grob- und Feineinmessung Grundstück/Haus inkl. Katastergebühren	819,91 €
Zwischensumme	53.640,44 €

Der Rohbau ist das Einfachste

Wir stehen mit einem Glas Sekt auf der Terrasse von Freunden von Freunden, die zum alljährlichen spätsommerlichen »Apfelfest« in ihren Garten geladen haben. Es ist Mitte September. Kinder wuseln zwischen den Erwachsenen herum, die Erwachsenen unterhalten sich. Wir sind das erste Mal dabei und kennen nur wenige der Gäste. Die Hausherrin ist eine aufmerksame Gastgeberin und bemüht, uns mit den anderen ins Gespräch zu bringen: »Habt ihr Tanja und Matthias schon kennengelernt? Die haben auch mit Architekt gebaut. Wunderschön. Vor einem Jahr, glaube ich, sind sie eingezogen. Matthias, das hier sind Julia und Christian, die sind gerade dabei zu bauen.«

Zu meiner Ausbildung an der Journalistenschule gehörte neben Lehreinheiten wie »Das schwierige Interview«, »Die Hörfunk-Live-Reportage« oder »Die Alltagsglosse« ein mehrtägiges Etiketteseminar. Unsere Schulleiterin hielt es offenbar für nötig, dem Haufen naseweiser, vorlauter und luschig gekleideter junger Menschen, aus dem unser Journalistenschuljahrgang bestand, Benehmen beizubringen: Als zukünftige Kontrolleure der Mächtigen sollten wir in die Lage versetzt werden, bei dem Besuch von Galadinners, Parteiempfängen und Vorstandsetagen erfolgreich Netzwerke zu knüpfen, statt uns durch die Wahl des falschen Schuhwerks, des falschen Bestecks oder des falschen Gesprächsthemas aus dem Rennen um Informanten und Informationen zu katapultieren.

Bei der Benimmtrainerin, der Kommunikationsexpertin Elisabeth Bonneau, habe ich nicht nur gelernt, dass man mit dem Buttermesser die Butter nicht großflächig auf die Brotscheibe streicht, sondern Butterflöckchen für Butterflöckchen auf die Abbeißkante aufträgt. Daran halte ich mich bis heute. Ich habe auch gelernt, dass man, falls man auf einer Party mit dem Papst ins Gespräch kommt, ihn nicht bei einem Glas Champagner in eine Kontroverse über homosexuelle Priester oder das Recht auf Abtreibung verwickeln sollte – jedenfalls dann nicht, wenn man gewillt ist, sich als angenehmer Gast und geschliffener Small Talker zu profilieren. Als idealer Gastgeber wiederum hat man die Aufgabe, einander fremde Menschen dazu zu bringen, miteinander zu reden, indem man ihnen auf charmante Weise ein ebenso unverfängliches wie ergiebiges Thema unterjubelt, zu dem beide Seiten etwas zu sagen haben.

Auf den ersten Blick hat unsere Apfelfest-Gastgeberin ihre Rolle vorbildlich ausgefüllt. Für zukünftige und ehemalige Bauherren ist der Gesprächsgegenstand »Hausbau« ein nicht nur ergiebiges, sondern mindestens abendfüllendes, wenn nicht gar unerschöpfliches Thema.

Dass dieses Thema auch das Kriterium der Unverfänglichkeit erfüllt, dass es sich also dazu eignet, beiden Gesprächspartnern eine angeregte und angenehme, keinesfalls Unsicherheit und Verstimmung auslösende Unterhaltung zu ermöglichen, das ist allerdings nicht in jedem Fall gesichert. Es hängt vom Erfahrungsstand der einzelnen Gesprächspartner ab. Der Hausbauanfänger nähert sich dem Thema »Hausbau« aus Selbstschutzgründen unter dem Leitmotto: »Keine Panik, wird schon irgendwie gut gehen.« Der Hausbauveteran dagegen hält sich für einen Überlebenden: »Viel Glück, ihr werdet es schon irgendwie überstehen.«

Unterhalten sich zwei Anfänger oder zwei Veteranen miteinander, werden sie sich gegenseitig in ihrer jeweiligen Haltung bestätigen, und alles ist gut. Trifft man als Anfänger auf einen Veteranen, so kann das für den Anfänger böse enden. Das ahne ich gleich, als Matthias seine Frau mit dem Ellbogen sanft in die Seite stößt, in unsere Richtung nickt und sagt: »Ihr baut? Gerade angefangen?« Es folgt das Unvermeidliche: »Na, dann mal viel Spaß!«

Ich denke: Jetzt nicht nachfragen, sonst ist der Abend für uns gelaufen. Aber ich kann es natürlich nicht lassen, die Neugierde siegt.

»Ihr seid schon fertig?«, frage ich.

»Ja, wir haben es schon hinter uns. Ja, ja, wir sind fertig...«, sagt Tanja und nickt versonnen. Matthias lächelt dazu das melancholisch-bedeutungsvolle Lächeln jener Menschen, die ein bedrückendes Geheimnis in ihrem Herzen verbergen, dessen Last sie aus Mitgefühl mit ihren Mitmenschen ganz alleine zu tragen gewillt sind. Matthias und Tanja wirken sehr sympathisch, wahrscheinlich denken sie gerade: Jetzt nichts mehr sagen, sonst vermiesen wir ihnen die Partylaune. Aber sie können es natürlich nicht lassen.

»Und wie weit seid ihr? Rohbau steht schon?«, will Matthias wissen.

»Nein, gerade dabei, das Erdgeschoss ist fast fertig«, sage ich. »Läuft eigentlich ganz gut.«

Matthias, der Hausbauveteran, kann nicht mehr an sich halten. Ich verstehe ihn. Er sitzt auf einem riesigen, unter Schmerzen erworbenen Erfahrungsschatz, und der muss jetzt und hier dringend gehoben werden.

»Ha, der Rohbau!«, ruft er. »Das ist das Einfachste! Da denkt man noch: Was haben die eigentlich alle? Geht doch. Aber ich sage euch: Mit dem Innenausbau, da fängt der Spaß erst richtig an. Beim Innenausbau müssen die Handwerker mit dem zurechtkommen, was die Rohbauer ihnen da hingestellt haben. Na«, versucht er, sich selbst zu bremsen,»wir wollen nicht zu viel verraten, jeder muss seine eigenen Erfahrungen machen.«

Schade, denke ich, ich Idiotin hatte schon gehofft, es ginge immer so problemlos weiter wie bisher.

Nur eine Fast-Katastrophe hat es seit Baubeginn gegeben, ganz am Anfang: Nachdem der Bau der Fundamentverschalung wegen des Regens erst vier Tage vor der Lieferung des Betons begonnen hatte, waren die Zimmermänner unter Zeitdruck geraten. Der Beton war für Freitag bestellt worden, noch am Donnerstagabend um einundzwanzig Uhr hämmerten die Zimmerleute an der Verschalung herum – im Schein einer mickerigen Taschenlampe. Mein Mann und ich hatten sie auf unserer Hunde-Abendrunde entdeckt.

Zwar gibt es auf unserem Grundstück den Baustromanschluss – einen in einem orangefarbenen Metallschrank untergebrachten provisorischen Stromanschluss mit Anschlüssen für Wechsel- und Starkstrom samt Baustromzähler. Aber offensichtlich hatten die Zimmermänner nicht daran gedacht, einen Baustellenstrahler einzupacken.

»Die können doch gar nicht ordentlich sehen«, sagte ich. »Wahrscheinlich hauen die die ganze Zeit daneben.«

»Morgen Nachmittag kommt der Betonmischer«, erklärte einer der Zimmermänner.»Bestellt ist bestellt, der muss seinen Beton loswerden. Wenn die Verschalung bis dahin nicht fertig ist, dann schüttet der Lieferant ihn notfalls aufs Grundstück.«

Mein Mann und ich baten die Nachbarn um Entschuldigung und um Verständnis für den nächtlichen Lärm und gingen wieder nach Hause, angetan vom Fleiß der Arbeiter, skeptisch hinsichtlich der Qualität solcher Nachtschichtproduktionen. Am nächsten Tag verreisten wir übers Wochenende.

Nach unserer Rückkehr, am Sonntagabend, fuhren wir zum Grundstück. Nachbar Holger erstattete Bericht: Die Verschalung, genau an der Hausseite, an der noch am Donnerstagabend im Dunkeln herumgenagelt worden war, war beim Einfüllen der Betonmasse fast geborsten. Im allerletzten Augenblick konnte die Schwachstelle mit ein paar Stützpfeilern stabilisiert werden. Dort, wo die Verschalung unter dem Druck der Betonmasse fast gebrochen wäre, war das Holz leicht nach außen gewölbt: Unser Fundament hat eine Beule. Wäre die Verschalung nicht nur fast, sondern ganz gebrochen, sagte Holger, wäre der flüssige Beton ausgelaufen und hätte sich weit über das Grundstück ergossen.

Seitdem aber ist alles glattgelaufen. Nach dem Fundament wurde die Bodenplatte gegossen. Aus der Bodenplatte ragen an allen möglichen Stellen alle möglichen Rohre heraus, die der Klempner und der Elektriker vor dem Gießen der Bodenplatte verzogen haben: Anschlüsse für die spätere Gas-, Trinkwasser- und Abwasserversorgung; Leerrohre, durch die später Kabel geführt werden; das Belüftungsrohr für den Kamin.

Die Wände im Erdgeschoss sind fast fertig, sie zu errichten hat nicht lange gedauert: Es gibt kaum Mauern im Erdgeschoss, weil es dort stattdessen überall Fenster und offen ineinander übergehende Räume geben wird. Die einzigen Räume mit vier Wänden sind das Gästeklo, der Technikraum und der Wirtschaftsraum – auch »Kellerersatzraum« genannt. Jedes Mal, wenn ich auf der Baustelle bin, gehe ich in diese Räume hinein, stelle mich zwischen die nackten Ytong-Wände und versuche, mir vorzustellen, wie ich hier auf dem Klo sitze oder dort die Waschmaschine stopfe.

Das Rohbau-Gäste-WC sieht winzig aus, der Wirtschaftsraum wirkt, als wäre er voll, sobald man eine Waschmaschine hineinstellt, und zu Hause gucke ich regelmäßig auf die Grundrisse, um mich zu versichern, dass unsere Wohnküche tatsächlich fast fünfzig Quadratmeter haben wird: Die gefühlte Fläche ist höchstens halb so groß. Ich denke oft an den Kollegen meines Mannes, der zusammen mit seiner Frau die Dachgeschosswohnung in einem noch nicht gebauten Haus gekauft und gleich nach dem Richtfest wieder verkauft hatte. Erstens blickte man von dort nicht, wie im Exposé versprochen, ins Grüne, sondern über graue Großstadtdächer. Zweitens waren beide entsetzt, wie eng die angeblich großzügige Wohnung war. Vielleicht hätten sie vor dem Verkauf mit Sarah sprechen sollen.

»Keine Sorge«, hat Sarah zu uns gesagt. »Im Rohbau sehen alle Räume viel kleiner aus, als sie sind. Wartet, bis der Innenputz gemacht ist – der Effekt ist bombastisch. Ihr werdet staunen, wie groß euch das Haus plötzlich vorkommt.«

»Ein Neubau ist echt ein hartes Stück Arbeit«, sagt Matthias. »Aber dafür kann man alles auf dem modernsten Stand der Technik planen, das hat auch was. Wie werdet ihr heizen? Erdwärme?«, fragt Matthias. »Wir haben eine Erdwärmepumpe, genial.«

Über eine Erdwärmepumpe hatten wir kurz nachgedacht, aber erstens war sie uns zu teuer – allein die Bohrung hätte mehrere Tausend Euro gekostet –, und zweitens hat uns irgendwer gewarnt, dass diese Technik noch zu jung und darum nicht ausgereift sei: Noch wisse niemand, ob diese Pumpen tatsächlich eine so lange Lebensdauer haben, dass sich die Kosten für ihre Anschaffung halbwegs rentieren. Keine Ahnung, ob das stimmt. Auf jeden Fall waren wir, anders als Tanja und Matthias, zu feige und zu knickerig, um uns nun zu den Pionieren des modernen Hausbaus zählen zu dürfen.

»Wir haben Gas und Solar. Mit Heizungsunterstützung«,

sage ich und fühle mich dabei fast genau so, wie ich mich mit dreizehn fühlte, als meine Mutter mir endlich die heiß ersehnten Adidas-Basketballschuhe mit den blauen Streifen kaufte und mir drei Wochen später klar wurde, dass die wirklich coolen Säue das Modell mit den schwarzen Streifen trugen. Bis eben dachte ich, mit einer Solaranlage lägen wir ganz weit vorne. Jetzt habe ich auf einmal das vage Gefühl, Solar sei eine Technik aus der vorletzten Saison – fast schon wieder out.

»Dreifachverglasung?«, fragt Matthias.

Ich nehme einen Schluck Sekt und nuschele ins Glas hinein: »Nein, zweifach.«

Tanja und Matthias haben ein Niedrigenergiehaus, deshalb die besonders gut isolierende Dreifachverglasung. Wir dagegen bauen ein Haus, das nur den gesetzlichen Minimalanforderungen entspricht. Im Vergleich zu alten Häusern wird es sehr gut gedämmt sein und daher sehr viel weniger Energie verbrauchen. Laut Energieeinsparverordnung gilt es trotzdem nicht als Niedrigenergiehaus.

In der Energieeinsparverordnung, kurz »EnEV« genannt, ist festgelegt, wie viel Energie ein Neubau maximal verbrauchen darf. Die EnEV gibt es seit 2002. Sie wurde immer wieder verschärft. Das heißt: Bauherren wurden im Laufe der Jahre dazu verpflichtet, immer energieeffizienter zu bauen. Vor Inkrafttreten der für uns geltenden EnEV 2009 wäre unser Haus ein förderungsfähiges Niedrigenergiehaus gewesen. Jetzt ist es – mitsamt der Solaranlage – nur noch Standard. Wir bekommen keinerlei Zuschüsse.

Ein Niedrigenergiehaus wie das von Tanja und Matthias ist ein Haus, das weniger Energie verbraucht, als es laut geltendem Gesetz maximal verbrauchen darf. Verbraucht es höchstens siebzig Prozent des erlaubten Bedarfs, ist es ein

KfW-70-Haus, ein KfW-55-Haus verbraucht nicht mehr als fünfundfünfzig Prozent und so weiter. Unser Haus wird sozusagen ein KfW-100-Haus.

»Und wollt ihr ein Bus?«, fragt Matthias.
»Was sollen wir wollen?«, frage ich. Um Himmels willen, wozu braucht man auch noch einen Bus, wenn man ein Haus baut?
»Na, ein Bussystem«, sagt Matthias. »Ein System, über das du deine ganze Haustechnik, Lüftung, Markise, Beleuchtung, zentral steuerst. Da kannst du mit einem Schalter alle Lampen im ganzen Haus ausmachen – sehr praktisch, wenn man Kinder hat, die lassen doch ständig das Licht in ihren Zimmern brennen. Oder du stellst es so ein, dass die Lampen zu verschiedenen Uhrzeiten automatisch an- und ausgehen, zum Beispiel wenn du in den Urlaub fährst. Du kannst auch verschiedene Beleuchtungsszenarien programmieren: Ein Knopfdruck, und du hast Festbeleuchtung, noch mal drücken, und im Wohnzimmer verbreitet sich die Wollen-wir-nicht-mal-wieder-Sex-haben?-Stimmung. Super Sache.«
»Nee«, sage ich. »Ich muss weiter Kerzen anzünden, wenn ich Sex will, und unsere Kinder müssen ihre Lampen weiter selbst ausmachen, wenn sie keinen Ärger wollen.«
»Meinst du, das lernen sie noch, bevor sie ausziehen?«, fragt mein Mann.
»Aber ihr lasst die Beleuchtung vom Lichtplaner entwerfen, oder?«, will Matthias wissen. »Die richtige Beleuchtung ist ja wahnsinnig wichtig für eine schöne Stimmung im Haus, aber davon verstand unser Architekt wirklich gar nichts. Genauso wenig wie von der Elektro- und Energie- und Landschaftsplanung und vom praktischen Bauen überhaupt. Ein wunderbar kreativer Mann, tolle Ideen, toller Entwurf, aber

als Bauleiter eine totale Niete, hat tausend Fehler übersehen, die Wandhülle schief zum Hauskorpus und so. Was das angeht, überschätzen sich diese Architekten ja allesamt hoffnungslos selbst. Nehmt euch bloß für alles einen Experten – und auf jeden Fall einen externen Bauleiter.«

»Ach«, sage ich mit matter Stimme, »ich finde, unsere Architektin macht das schon ganz gut.«

Seit der Aussprache anlässlich der befürchteten Kostenexplosion hat es keine neuen Beziehungskrisen zwischen Sarah und uns gegeben. Und mal ganz abgesehen davon, dass wir kein Geld haben, um auch noch einen Lichtplaner, einen Energieplaner, einen Landschaftsgärtner und einen externen Bauleiter zu bezahlen: Ich bilde mir ein, Sarah würde uns auf der Stelle umbringen, wenn wir ihr die Oberaufsicht über den Bau unseres Hauses entziehen würden. Schließlich ist es auch ihr Haus.

Neulich, nachdem Sarah spätnachmittags zu uns nach Hause gekommen war, um mit uns über Türrahmen, Türklinken und Deckenleuchten zu sprechen, sind sie und ich nach der Besprechung zusammen zur Baustelle gefahren. Dort haben wir uns im Dunkeln nebeneinander auf einen Stapel Ytong-Steine gesetzt, wir haben uns unterhalten und mit zwei kleinen Fläschchen Jägermeister auf die Zukunft angestoßen. Manchmal vergesse ich, dass sie keine Freundin ist, sondern unsere Architektin. Neulich hätte ich sie fast zu meinem Geburtstag eingeladen, im letzten Augenblick habe ich es mir anders überlegt: Halt, habe ich gedacht, damit wartest du besser, bis das Haus fertig ist. Falls wir uns irgendwann doch noch richtig in die Haare bekommen müssen, ist es für beide Seiten besser, einander nicht schon den gesamten Freundeskreis vorgestellt und bis morgens um drei miteinander getanzt und gelacht zu haben.

»Prost!«, hat Sarah gesagt. »Auf das Haus! Die Menschen, die dort leben werden, sollen glücklich werden darin!«

Selbst wenn sie uns nicht umbringen würde: Ich will gar keine andere Bauleitung.

Baunebenkosten inkl. MwSt.:

Übertrag	53.640,44 €
Baustrom, 70 € Abschlag/Monat, laut Schlussrechnung am Ende der Bauarbeiten	1.144,26 €
Zwischensumme	54.784,70 €

Richtfest ist nicht alle Tage

Anfang November feiern wir Richtfest. Das Richtfest wird gefeiert, nachdem das Haus fertig gemauert und der Dachstuhl errichtet worden ist. Wir haben keinen Dachstuhl, weil wir ein Flachdachhaus bauen. Unser Richtfest findet statt, nachdem die Betondecke des Obergeschosses gegossen worden ist.

Traditionell ist es die Aufgabe der Zimmerleute, sich zum Auftakt des Richtfestes in den Dachstuhl zu stellen und von dort aus eine kurze Ansprache zu halten, um dem Architekten und den Bauherren zu danken und Gottes Schutz und Segen für das Haus zu erbitten. Nach der Ansprache – dem »Richt-« oder »Zimmermannsspruch« – leert der Redner ein Glas Schnaps oder Wein und wirft es vom Dach herab, wo es zu zerbrechen hat: Bleibt es heil, ist das ein schlechtes Zeichen. Dann wird gefeiert.

Weil wir keinen Dachstuhl haben, gibt es auch keinen Zimmermann, der den Richtspruch verkünden kann, also stehen Sarah und Herr Dammann, der Rohbau-Chef, auf unserem Dach. In der Hand halten sie mit Aquavit gefüllte Schnapsgläser, vor ihnen baumelt der Richtkranz an einem am Gerüst befestigten Holzbalken im Nieselregen. Sarah schreit eine schöne, kleine Rede zu uns herab, dann stoßen beide miteinander an, prosten den Gästen zu, die unten vor dem Haus stehen – und schmettern die Gläser mit einer solchen Verve Richtung Boden, dass ihnen gar nichts anderes übrig bleibt, als in tausend Stücke zu zerspringen.

Zwei Tage vor dem Richtfest rief ich Katja an: »Sag mal, wer besorgt denn eigentlich den Richtkranz? Der Rohbauer oder ihr oder wir?«

»Nee, den müsst schon ihr mitbringen«, sagte Katja.
»Oh«, sagte ich. »Mist. Daran habe ich gar nicht gedacht.«
Gedacht hatte ich immerhin daran, zeitig genug Essen zu bestellen und Bierzeltgarnituren auszuleihen. Wir erwarteten rund vierzig Gäste, Handwerker, Bauexperten wie den Statiker und den Bodengutachter, Familie, Freunde und Nachbarn. Ich hatte beim Bäcker sechzig Brötchen bestellt, beim Fleischer zwanzig Liter Erbsensuppe mit Würstchen und zwei Kilogramm Thüringer Mett.

Nach dem Telefonat mit Katja gab ich gerade noch rechtzeitig einen Richtkranz beim Blumenhändler in Auftrag, den ich am Morgen des Richtfestes würde abholen können.

»Lustig bunte oder rot-weiße Kreppbänder?«, wollte die Blumenverkäuferin am Telefon wissen.

»Warum ausgerechnet rot-weiß?«, fragte ich.

»Weil das die Farben des Hamburger Wappens sind«, belehrte mich die Verkäuferin.

»Stimmt. Ich verstehe. Macht man das so?«, fragte ich.

»Das kann man so machen«, sagte die Verkäuferin. »Ganz wie Sie wollen.«

Ich entschied mich für die Hamburg-Farben. Das Richtfest, dachte ich, wird die unjugendlichste, uncoolste und unglamouröseste Feier, die ich seit meinem vierzehnten Lebensjahr ausgerichtet haben werde, da kann ein bisschen Lokalpatriotismus auch nicht mehr schaden. Nach dem Anruf im Blumengeschäft fuhr ich in die Metro, um meinen Richtfesteinkaufszettel abzuarbeiten:

- Einwegbesteck
- Einwegsuppenteller
- Einwegbecher
- Einwegschnapsgläser
- gläserne Schnapsgläser (zum Vom-Dach-Schmeißen)

- Servietten
- Müllbeutel
- 4 Pakete Butter (für die Mettbrötchen)
- Zwiebeln (für die Mettbrötchen)
- Süßigkeiten (für die Kinder)
- 2 Kisten Mineralwasser
- 1 Kiste Cola/Fanta/Sprite
- 3 Kisten Bier
- 3 Flaschen Aquavit
- 1 Flasche Jägermeister

In der Spirituosenabteilung stand ich lange vor dem Regal mit dem Hochprozentigen und packte schließlich vier statt drei Flaschen Aquavit und zwei Flaschen Jägermeister statt einer in den Wagen. Ich hatte noch nie in meinem Leben ein Richtfest gefeiert, ahnte aber, dass eines auf einem Richtfest auf keinen Fall passieren darf: dass der Schnaps ausgeht. Schnapsmangel, dachte ich, brächte die Handwerker bestimmt auf die Idee, man sei ein geiziger und darum unsympathischer Bauherr, mit dessen Haus man sich keine große Mühe geben müsse – brächte also unterm Strich bestimmt noch viel mehr Unglück als ein vergessener Richtkranz oder ein nicht zerbrochenes Schnapsglas. Also lieber zu viel Schnaps als zu wenig. Wird ja nicht schlecht, das Zeug.

Nachdem sie erfolgreich die Schnapsgläser zertrümmert haben, klettern Sarah und Herr Dammann wieder vom Dach. Die Nachbarin ist so freundlich, Eimer und Übertöpfe zu holen, damit ich die vielen Blumensträuße, die ich geschenkt bekommen habe, ins Wasser stellen kann.

Das Richtfest ist ein informelles Fest. Es reicht, mündlich dazu einzuladen, wobei man die Handwerksbetriebe aus praktischen Gründen meist per Mail informiert – klugerweise mit der Bitte um Rückmeldung, wie viele Mitarbeiter kommen werden. Es gibt einfache Speisen und Getränke, die man aus Plastikgeschirr verzehrt. Von den Gästen wird weder Festkleidung erwartet noch das Mitbringen aufwendiger Geschenke. Eine kleine Aufmerksamkeit haben jedoch die meisten dabei: Blumen, einen Laubaufnehmer, mit dem wir das Laub der großen, alten Eiche, die auf der Straße vor unserem Grundstück steht, werden aufsammeln können, Blumensamen für den neuen Garten, Käsemesser für unsere neue Küche. Von unseren Nachbarn zur Rechten bekommen wir eine selbst gebrannte CD mit Fotos, die sie von ihrem Fenster aus vom Abriss und vom Rohbau gemacht haben. Ich bin verzückt. Die Gäste versammeln sich in unserer zukünftigen Küche, wo wir das Buffet aufgebaut haben.

Mein Mann, bereits leicht beschwingt durch die Wirkung von ein, zwei Gläschen Aquavit, hält ebenfalls eine kurze Rede, in der er die abgeschlossene Rohbauphase mit der Vorweihnachtszeit vergleicht: »Für uns, meine Frau und mich, war der tägliche Gang zum Rohbau genauso aufregend und schön wie für Kinder das tägliche Öffnen des Adventskalenders im Dezember. Jeden Tag eine neue Wand, ein neuer Fenstersturz, eine neue Türöffnung – eine neue Überraschung, auf und über die wir uns freuen konnten. Danke für Ihre gute Arbeit! Frohes Fest! Das Buffet ist eröffnet!«

Die erste Party in unserem neuen Haus. Vierzig Menschen in Wintermänteln applaudieren. Ich, ebenfalls schon leicht beschwingt, bekomme einen Kloß im Hals und feuchte Augen: Was für ein großartiger Ehemann, denke ich, der so gefühlvolle, mitreißende Worte für eine Baustelle findet. Ich greife mir eine der Aquavitflaschen und eine Handvoll Einwegschnapsgläser vom Buffet, um damit herumzugehen und dafür zu sorgen, dass auch unsere Gäste möglichst flugs in

Feierlaune geraten. Im zukünftigen Flur zwischen Arbeitszimmer und Küche treffe ich Sarah, die mir einen Herrn als Dipl.-Ing. Paul Sarau vorstellt, unseren Bodengutachter. Der Bodengutachter ist ein stattlicher Mann mit Stoppelhaarschnitt und sanftem, fast traurigem Blick: »Hallo, Frau Karnick«, sagt der Bodengutachter. »Ich weiß, Sie mögen mich wahrscheinlich nicht. Ich bin schuld, dass Sie keinen Keller haben. Ich wollte Ihnen sagen, dass mir das alles sehr leidtut.«

Ich drücke Herrn Sarau einen Schnaps in die Hand: »Schwamm drüber!«, sage ich. »Prost!«

Wir kippen den Schnaps hinunter.

»Wissen Sie«, sagt Herr Sarau, »es ist wirklich nicht leicht, Bodengutachter zu sein. Entweder bin ich, wie in Ihrem Fall, der teuer bezahlte Spielverderber. Oder ich sage ›Alles o.k.!‹, dann fragen sich die Bauherren, ob meine Arbeit nicht eigentlich überflüssig war.«

Jetzt guckt der Dipl.-Ing. Paul Sarau so traurig, dass ich mich beherrschen muss, um ihn nicht in den Arm zu nehmen und tröstend über seinen Kopf zu streicheln. Stattdessen schenke ich erst ihm und dann mir nach.

»Aber Herr Sarau«, sage ich, »machen Sie sich keine Gedanken darüber, bitte. Sie haben uns vor einem großen Fehler bewahrt. Und unsere Kinder werden Ihnen dankbar sein, dass sie keinen Keller entrümpeln müssen, wenn wir beide mal tot sind. Sie sind ein Held! Prost!«

»So hat das noch nie jemand zu mir gesagt«, sagt der Bodengutachter. »Prost!«

Als Nächstes kommt Herr Dammann auf mich zu, ich wedele fröhlich mit der Aquavitflasche, aber Herr Dammann winkt ab und sagt, dass er jetzt leider gehen müsse.

»Viel Spaß noch heute!«, sagt er. »Und viel Erfolg beim Innenausbau. Übrigens: Ein Richtfest, auf dem es so viel

Alkohol gab, habe ich schon lange nicht mehr erlebt. Alle Achtung, da haben Sie ja was aufgefahren.«

Ich erröte leicht: »Ich dachte, für ein Richtfest braucht man so viel.«

»Ach was«, sagt Herr Dammann. »Das war früher, vielleicht ist das auf dem Land auch heute noch so. Aber in der Großstadt? Heutzutage? Da trinken die Männer höchstens ein kleines Bierchen, dann steigen sie um vier ins Auto und fahren artig nach Hause zu ihrer Familie, sonst gibt's Ärger mit der Frau. Tschüss.«

Sarah stellt mir noch zwei weitere Herren vor: Herrn Nadler und Herrn Tiedemann. Herr Nadler ist der Chef der Firma »Gebr. Nadler GmbH seit 1962 – Gas, Wasser, Solar« und dort zuständig für das Schreiben von Angeboten und Rechnungen. Herr Tiedemann ist einer seiner Installateurmeister und wird dafür zuständig sein, unser Haus mit Heizung, Wasserleitungen und Sonnenenergie zu versorgen. Herr Nadler, der Chef, ist klein und dick, ein älterer, jovialer Herr mit fast kahlem Kugelkopf, einer kleinen Brille und einem großen Selbstbewusstsein. Herr Tiedemann, der Meister, ist mittleren Alters, schlank und groß, er wirkt schüchtern, besitzt einen dichten Vollbart und einen zu weichen Händedruck. Herr Tiedemann redet wenig, Herr Nadler viel. Nebeneinander wirken sie wie Pat und Patachon.

»Ich habe Sie gegoogelt«, verrät mir Herr Nadler. »Man will ja wissen, mit wem man es zu tun hat! Sie sind Journalistin, stimmt's?«

»Äh. Ja«, antworte ich. Ich finde es ein bisschen komisch, dass der gut sechzigjährige Chef einer Sanitärinstallationsfirma seine Kunden googelt. Richtig komisch finde ich, dass er das seinen Kunden sagt. Katja lacht, als ich ihr davon erzähle.

»Vielleicht gibt er sich ja besonders viel Mühe, jetzt, wo er weiß, dass du Journalistin bist«, sagt sie. »Schade nur, dass wir Herrn Tiedemann abbekommen haben, bei dem muss man aufpassen, der ist manchmal ziemlich lahm. Wir haben schon mehrere Häuser mit der Firma gebaut, ein großes Hamburger Traditionsunternehmen, mehr als vierzig Mitarbeiter, da hätte es bessere Meister gegeben. Aber nun, keine Angst, ihr müsst euch ja nicht mit dem herumschlagen, das übernehmen wir.«

Um fünf sind alle Handwerker, Experten und die Architektinnen verschwunden. Zurück bleiben ein Kasten Bier, eine Flasche Jägermeister, zweieinhalb Flaschen Aquavit und ein kleiner Haufen Leute aus unserem privaten Umfeld. Immer wenn wir denken, dass sich das Fest gleich auflösen wird, kommt irgendein Verwandter, Freund, Nachbar oder Bekannter, der es jetzt erst von der Arbeit zu uns geschafft hat. Mit jedem neuen Gast stoßen wir an. Es ist kurz vor sieben, als ich zu meinem Mann sage: »Ich glaube, ich muss mal frische Luft schnappen.«

Zwar mangelt es in unserem Rohbau nicht an frischer Luft – das Haus hat schließlich noch keine Fenster, die Küche, in der wir sitzen, besteht nur zur Hälfte aus Mauern, dort, wo eines Tages Glasfronten stehen werden, flattern Bauplanen im Wind, draußen herrscht Novemberklima, irgendetwas unter fünf Grad plus, Nieselregen –, aber mir ist trotzdem danach, kurz vor die nicht vorhandene Tür zu gehen. Ich schaffe es mit Ach und Krach hinter die Küchenwand, schon klatscht ein Schwung Erbsensuppe in den Bausand.

Eine Dreiviertelstunde später liege ich zu Hause im Bett, meine Tochter guckt besorgt und bringt mir die Wärmflasche und einen Pfefferminztee, mein Mann holt einen Anzug aus dem Schrank. Der Arme muss noch zu einem Geschäftsessen.

»Danke!«, rufe ich meiner Tochter hinterher. »Und geht nicht zu spät schlafen.«

»Beim Richtfest auf die eigene Baustelle reihern, das bringt bestimmt auch Glück«, sagt mein Mann.

»Vielleicht wachsen dort nächstes Jahr Erbsen, wäre doch schön«, murmele ich. »Und? Wie geht es dir so?«

»Geht so«, sagt mein Mann. »Ich glaube, ich rufe mir besser ein Taxi.«

Dass man sich ein Taxi rufen muss, um von einem Fest heil nach Hause zu kommen, das kennt man, denke ich. Dass man sich ein Taxi rufen muss, um von zu Hause heil zu einem Fest zu kommen, das kommt nicht alle Tage vor.

Baunebenkosten inkl. MwSt.:

Übertrag	54.784,70 €
Geschirr, Verpflegung, Getränke etc. fürs Richtfest	303,06 €
Richtkranz	70,00 €
Taxi	23,00 €
Zwischensumme	55.180,76 €

Winterdepression

Die Katastrophenbilanz nach der Rohbauphase sieht gut aus: Bis auf das Fast-Brechen der Fundamentverschalung ist nur ein einziger, leicht zu behebender Fehler passiert. In der Decke zwischen Erd- und Obergeschoss wurde das Loch für ein Wasserrohr vergessen. Es muss nachträglich gebohrt werden, keine große Sache.

Ansonsten hat Herr Dammann mich kein bisschen enttäuscht: Der Rohbaufeldzug ist reibungslos und zügig verlaufen. Ich habe sogar herausgefunden, wie man Bauarbeiter dazu bekommt, mit einem zu sprechen – mittels Kaffee und Kuchen. Beim zweiten meiner nachmittäglichen Baustellenbesuche hatte ich die Männer gefragt, ob sie einen Kaffee möchten. Gemessen an den Ergebnissen meines ersten Bauarbeiterannäherungsversuchs waren die Reaktionen geradezu euphorisch: »Au ja, das wäre toll, danke.«

Ich fuhr zum nächsten Bäcker und kehrte mit einer Palette Coffee-to-go-Bechern und zwei Platten Butterkuchen zurück. Ich dachte: Bestimmt ist es eine prima Baustellentaktik, mit der Bauleitung zusammen die »good guy, bad guy«-Nummer abzuziehen. Katja ist die Strenge, die meckert, wenn's sein muss, ich bin die Nette, die den Kaffee bringt. Als die Verschalung für die Zwischendecke gebaut wurde, waren die Arbeiter und ich mental schon fast per Du – jedenfalls scheuten sie sich nicht mehr, mir auch persönliche Fragen zu stellen.

Weil die Betondecke vom Erdgeschoss aus sichtbar bleiben soll, hatten wir uns für eine Bretterverschalung entschieden. Normalerweise wird die Gussform aus großen rechteckigen Holzelementen gebaut und der Beton später überputzt. Für unsere Sichtbetondecke aber wird die Verschalung aus rohen Holzplanken gefertigt, die dicht an dicht nebeneinandergelegt werden. Der gehärtete Beton wird einen Negativabdruck des Holzes bilden, der die Holzmaserung, Astlöcher, die Fugen zwischen den Planken widerspiegelt. Wenn alles klappt, wird unsere Zimmerdecke im Erdgeschoss aussehen wie ein grauer Dielenboden.

»Jetzt müssen wir Sie aber doch mal was fragen«, sagte einer der Arbeiter, nachdem ich mal wieder das Übliche, eine Runde Kaffee und Gebäck, auf der Baustelle serviert hatte. Er lehnte sich nach vorne, mir entgegen, und senkte verschwörerisch die Stimme: »Stichwort Bretterverschalung. Wer hat Sie denn auf die Idee gebracht?«

Handwerker müssen ihre Arbeit ordentlich machen. Wozu sie nicht verpflichtet sind, ist, das Ergebnis ihrer hoffentlich ordentlich gemachten Arbeit zu mögen. Die Vorstellung, dass es Menschen gibt, die es sich leisten können, ein Haus zu bauen, jedoch darauf verzichten, die Zimmerdecke anständig verputzen und streichen zu lassen, um stattdessen unter Rohbeton in Holzoptik zu wohnen, schien den Männern im Bauwagen offenbar genauso unglaublich, wie mir die Vorstellung erschien, dass man zwischen Türrahmen überleben kann, die mit Kunststofffolie in Holzoptik überklebt sind. Aufgrund der Betonung, die der Sprecher auf das Wort »die« gelegt hatte, war klar, was er und seine Kollegen eigentlich wissen wollten: »Wer hat Sie denn auf so einen Schwachsinn gebracht?«

»Unsere Architektin«, sagte ich.

»Ach so«, sagte der Bauarbeiter. »Ihre Architektin.«

Er nickte zufrieden, die anderen drei Bauarbeiter nickten mit, so als sei ihre gemeinsame Welt nun wieder in Ordnung, weil ich bestätigt hatte, was sie schon lange wussten: Auf so einen Scheiß können auch nur Architekten kommen.

»Wir finden das super«, sagte ich, woraufhin die Bauarbeiter leicht den Kopf schüttelten und die Stirn in »Das meinen Sie doch wohl nicht ernst«-Falten legten.

»Und Ihr Chef«, fügte ich hinzu, »der war auch total begeistert davon, dass er mal ein Haus bauen kann, das ein bisschen anders aussieht als die, die er sonst immer baut!«

Die Bauarbeiterstirnfalten glätteten sich mit einem Schlag, dafür rissen die Männer ungläubig bis fassungslos die Münder auf. Tatsächlich war Herr Dammann Feuer und Flamme für die Bretterverschalung gewesen. Er hatte lange mit Sarah darüber diskutiert, was am Ende besser aussähe – wenn man die Bretter quer zur Hausfront verbaue oder längs.

»Die Bretterverschalung ist eine alte Technik«, hatte er mir erläutert. »So hat man Verschalungen früher immer gebaut. Wir haben das allerdings noch nie gemacht. Man muss die Bretter sehr sorgfältig legen, das Holz darf nicht zu nass werden, dann quillt es auf und schiebt sich übereinander. Und es darf nicht zu trocken werden, dann zieht es sich zusammen, und die Fugen werden zu groß. Eine echte Herausforderung. Ich bin schon ganz gespannt, wie das aussehen wird.«

Ich sagte zu den Bauarbeitern, was ich zu mir selbst gesagt hatte, nachdem Herr Dammann mir gestanden hatte, dass wir seine erste Bretterverschalung waren: »Na ja, und wenn es uns am Ende nicht gefällt, dann können wir die Decke ja immer noch verputzen lassen.«

»Das können Sie«, sagte der Bauarbeitersprecher. »Zum Glück können Sie das.«

Auch nach dem Richtfest ist auf der Baustelle keine Katastrophe mehr geschehen. Es ist nämlich so gut wie gar nichts mehr geschehen seither.

Schon im September hatte es ständig und an manchen

Tagen sintflutartig geregnet. Seit dem Richtfest gießt es gefühlte vierundzwanzig Stunden täglich in Strömen, und zwar sieben Tage die Woche. Es ist Mitte November, im Haus stehen riesige Pfützen, an den Ytong-Wänden stürzen Wasserfälle im Niagaraformat hinab, der Richtkranz ist im Sturm vom Holzbalken geweht worden und liegt im Sand, das rotweiße Krepppapier hat der Regen längst blass gespült. Das Haus sieht nicht mehr nach Zukunftsprojekt aus, sondern nach Bauruine.

Eigentlich hätte schon längst mit der Abdichtung des Daches begonnen werden sollen. Aber der Flachdachspezialist beantwortet jede Nachfrage, wann er denn wohl mal loslegen könne mit der Arbeit, nur noch mit einem Seufzer und drei Worten: »Tja. Das Wetter!«

Ich kann es wissenschaftlich nicht belegen, bin aber sicher: Das hier ist der wettermäßig schlechteste Herbst seit Erfindung der Erde. Täglich mehrmals öffne ich auf meinem iPhone die Wetter-App, abends fiebere ich dem Wetterbericht entgegen. Was ich sehe und höre, macht mich nicht glücklich. Irgendein mieses Tief hat sich in den norddeutschen Himmel verbissen. Ich schaffe es kaum, das nicht persönlich zu nehmen: »Ich weiß nicht warum, aber Gott will nicht, dass wir bauen.«

»Das glaube ich auch«, sagt mein Mann. »Das Haus wird niemals fertig werden. Es wird Moos in den Mauerritzen wachsen, seltene Reptilien werden in den leeren Rohren nisten und sich von Algen ernähren, die in den Pfützen gedeihen, Biologen werden kommen und forschen. Dann und wann werden wir unsere Rollatoren hier vorbeischieben und zueinander sagen: Weißt du noch, damals? Das sollte mal unser Zuhause werden.«

Von Katja stammt die Feststellung: »Für das Wetter kann keiner was.«

»Nun, für das Wetter kann keiner was«, sagt mein Mann, wenn er morgens zur Arbeit aufbricht und vor der offenen Haustür stehend sondiert, wie viele Pfützen er überspringen muss, um halbwegs trockenen Fußes zum Auto zu gelangen.

»Du weißt ja«, sagt er, wenn er nach einem Spaziergang mit dem Hund die tropfnasse Regenjacke auszieht, »für das Wetter kann keiner was.«

»Das Wetter! Dafür kann nun wirklich keiner was«, sagt er, wenn wir abends ins Bett gehen und der Regen dazu sein Schlaflied auf das Schlafzimmerfenster trommelt.

»Hast du schon gesehen? Ab morgen soll es nicht mehr regnen!«, sagt mein Mann irgendwann.

Das Wetter wird tatsächlich besser, der Dachdecker kommt trotzdem nicht. Dafür kommt Ingo, der Patenonkel unserer Tochter, zu Besuch. Ingo ist breitschultrig und durchtrainiert, Besitzer eines Porsches und dreier bildhübscher Mädchen und ein sehr erfolgreicher Anwalt. Als Vater ist er ein totales Weichei. Wenn er von seinen Töchtern erzählt, dann mit der samtenen Stimme und dem verklärten Gesichtsausdruck des hilflos liebenden Mannes. Wenn er allerdings über seine Arbeit spricht, verwandelt er sich in einen Pitbull – selbstgewiss, unerschrocken, kampfbereit. Ich bin sicher: Für seine Klienten stürzt er sich zähnefletschend auf den Gegner und lässt nicht locker, bis der andere unten liegt und um Gnade winselt. Ingo hat, wie es sich für einen Porsche fahrenden Kampfhund gehört, eine extrem große Klappe, und die benutzt er gerne dazu, Freunden zu erklären, auf welch einfache Weise sich komplizierte Probleme regeln lassen: »Pass auf, das ist ganz einfach. Du musst die Handwerker anschreien«, sagt Ingo zu meinem Mann, denn in der Welt, wie Ingo sie sieht, sind es ganz klar die Männer, die fürs Anschreien von Handwerkern zuständig sind. »Das ist nämlich so: Handwerker müssen immer mehr Aufträge annehmen, als sie erledigen können. Weil, ganz klar, wenn sie nicht zu viele Aufträge annehmen, dann braucht nur mal ein Auftrag zu platzen oder muss verschoben werden oder so – und schon haben sie zu wenig zu tun. Und weil sie immer viel mehr Aufträge annehmen, als sie in Wirklichkeit schaffen können, müssen sie immer mindestens einen Auftrag links liegen lassen. Und welcher Auftrag ist das? Logisch: Der, wo es am wenigsten Ärger gibt, wenn nichts passiert. Also muss man Ärger machen und sie anschreien, und zwar möglichst laut. Wer am lautesten schreit, kommt als Erstes dran; wer freundlich bleibt, bekommt niemals ein Dach. So läuft das, sag ich dir, das ist völlig normal.«

»Mist«, sage ich. »Wir sind beide nicht gut darin herumzuschreien.«

»Stimmt gar nicht«, sagt mein Mann. »Bei mir und den Kindern kannst du das ganz prima.«

»Außerdem bezahlen wir eine Architektin«, sage ich. »Ich dachte eigentlich, die schreit für uns.«

»Ganz einfach, dann müsst ihr halt die Architektin anschreien, damit sie endlich mal die Handwerker anschreit«, sagt Ingo.

»Kannst du das nicht für uns erledigen?«, fragt mein Mann. »Du kennst dich mit Schreien bestimmt viel besser aus als wir.«

»Sorry, das müsst ihr schon selbst machen«, sagt Ingo. »Ich habe keine Zeit, außerdem bin ich viel zu teuer für euch.«

Ich finde meinen Mann super, unter anderem deshalb, weil er kein Porsche fahrender Kampfhund ist, sondern eher der feinsinnige, friedfertige, humorvolle, trotzdem männliche Typ. Als ich jedoch die Mail lese, die er noch am gleichen Abend an Katja geschrieben hat, denke ich: Falls Ingo recht hat, wird das Haus tatsächlich niemals fertig werden. Mein Mann hat geschrieben: »Liebe Katja, der Dachdecker glänzt unverdrossen durch Abwesenheit. Sollen wir ihn beschimpfen? Liebe Grüße, Ch.«

Katja antwortet am nächsten Morgen: »Nein, bitte nicht schimpfen. Alles ist gut. Der Dachdecker beginnt am Montag mit seinen Arbeiten.«

Der Dachdecker beginnt am Dienstag mit seinen Arbeiten. Ein paar Tage später beginnt – der Winter. Keiner hat ihn so früh erwartet, schließlich wohnen wir in Hamburg, wo er sich normalerweise frühestens im Januar blicken lässt. Der Winter aber hat sich überlegt, dass er uns in diesem Jahr einmal ordentlich überraschen und dann auch gleich eine Weile bleiben möchte, wo er schon mal da ist. Es friert, auf dem Dach liegt die erste Abdichtungsschicht und das schon gelieferte, aber noch nicht verbaute Dämmmaterial, über all dem liegt seit einer Woche eine dicke Schneeschicht. Nichts geht mehr.

»Hab ich doch gesagt«, sagt mein Mann. »Der Rohbau wird im November fertig, dann regnet es, und dann kommt der Schnee. Lass mich raten, was Katja dazu sagt!«

»Für das Wetter kann keiner was«, sage ich.

Baunebenkosten inkl. MwSt.:	
Übertrag	55.180,76 €
3 Kaffeerunden (3 x Kaffee, 1 x Tee, 2 Platten Butterkuchen) à 13,90 €	41,70 €
Zwischensumme	55.222,46 €

Baustelle Schreibtisch

Wer baut, muss warten lernen. Auf besseres Wetter. Auf Genehmigungen. Auf Handwerker. Auf Material. Was er nicht zu lernen braucht, ist das Warten auf Rechnungen. Die kommen pünktlich.

Baut man mit Architekt ein individuell geplantes Haus, so werden klassischerweise alle Gewerke einzeln ausgeschrieben und nacheinander vergeben. Dadurch ist es möglich, noch bis kurz vor Beginn der jeweiligen Baumaßnahme seine ursprünglichen Ideen ganz zu ändern oder an Details zu feilen. Wie das Haus am Ende ganz genau aussehen wird, entscheidet sich erst während des Bauens.

Sarah hat uns erklärt, dass sie Ausschreibungen nur an solche Betriebe schickt, von denen sie aus eigener Erfahrung oder aus den Berichten vertrauenswürdiger Kollegen weiß, dass sie sehr gute Arbeit leisten.

»Unter den Angeboten, die dann bei uns landen, wählen wir dann natürlich das günstigste aus«, hat sie gesagt. »Sicher ginge es noch billiger, wenn man bereit ist, die Ausschreibungen an jeden x-beliebigen Betrieb zu schicken und Handwerker zu beschäftigen, die man nicht kennt – aber davon raten wir dringend ab. Qualität hat ihren Preis, auch beim Bauen. Wenn der in einem Angebot auffällig unterschritten wird, sollte man misstrauisch sein.«

»Na, wäre doch schön, wenn wir uns wiedersehen«, hatte ich zu dem sympathischen Elektriker gesagt, der vor dem Abriss des alten Hauses unseren Baustromanschluss gebaut hatte.

»Erst mal abwarten, ob ich Ihnen nicht zu teuer bin«,

hatte der Elektriker geantwortet. »Immer mehr Kollegen kaufen ihr Material nicht mehr im teureren Fachgroßhandel, sondern im preiswerten Baumarkt. Erkennt der Laie ja nicht, ob das Stromkabel vom Marken- oder Billighersteller ist. Mit deren Preisen kann ich nicht mithalten. Will ich auch gar nicht, denn dafür bekommt man oft nur Schrott.«

Die Erdarbeiten, der Rohbau, das Dach, die Fenster, die Elektrik, die Sanitär- und Heizungsinstallation, der Estrich, der Außenputz, der Innenputz, der Fußbodenbelag, die Malerarbeiten, die Fliesenarbeiten, die Tischlerarbeiten, die Glaserarbeiten, der Garten inklusive Terrasse und anderen Pflasterarbeiten, das Gartentor und der Gartenschuppen – jede Arbeit wird von einem anderen Fachbetrieb ausgeführt, jeder Fachbetrieb schreibt eigene Rechnungen. Den Rechnungen zugrunde liegt ein Vertrag, in dem ein Festpreis vereinbart, oft aber auch ein Kontingent an Arbeitsstunden für »unvorhergesehene Arbeiten« einkalkuliert wurde. Vor Vertragsunterzeichnung hat Katja mit den meisten Firmen einen Nachlass von ein bis drei Prozent aushandeln können. Außerdem gewährt ein Großteil der Betriebe Skonto, um die Zahlungsmoral ihrer Kunden zu heben: Wenn man innerhalb von vierzehn Tagen nach Rechnungsdatum bezahlt, erhält man noch einmal zwei oder drei Prozent Rabatt.

Die Betriebe schicken ihre an uns adressierten Rechnungen an Katja, die sie prüft – unter anderem daraufhin, ob in Rechnung gestellte »unvorhergesehene Arbeiten« tatsächlich notwendig waren und geleistet wurden. Die Rechnungsprüfung gehört zu den Aufgaben des Architekten. Erst wenn Katja die Rechnungen freigegeben hat, bezahlen wir sie. Katja prüft immer sehr fix, während die Architektin von Bekannten die Rechnungen gerne wochenlang auf ihrem Schreibtisch liegen ließ, sodass die Bekannten nicht schnell genug überweisen konnten, um das Skonto abziehen zu dürfen. Am Ende summierten sich die nicht gesparten Beträge auf mehrere Tausend Euro, über die sie sich bis heute mit der Architektin streiten, die eigentlich haften muss für den Schaden, der durch ihre Nachlässigkeit entstanden ist.

Wenn die Arbeiten, die ein Betrieb ausführt, sich über einen längeren Zeitraum erstrecken, erhält man als Bauherr Abschlagsrechnungen – das heißt, nach jedem Leistungsabschnitt muss der Bauherr einen entsprechenden Teil der Gesamtsumme bezahlen. Ist der Handwerker mit der Arbeit fertig, stellt er die Schlussrechnung, die man als Bauherr tunlichst erst dann begleicht, wenn man das Resultat zusammen mit der Bauleitung abgenommen hat und alle eventuellen Mängel behoben sind. Der Tag der Abnahme gilt üblicherweise als Beginn der gesetzlichen fünfjährigen Gewährleistungsfrist: Baumängel und daraus folgende Schäden, die innerhalb dieser Frist auftreten, muss der verantwortliche Handwerksbetrieb auf eigene Kosten beheben.

Hat Katja eine Rechnung freigegeben, sorgen wir dafür, dass sie bezahlt wird: Dazu müssen wir einen ausgefüllten Überweisungsträger mit einer Kopie der dazugehörigen Rechnung an die Bank weiterleiten. Leiht man sich für den Bau oder Umbau eines Hauses zweihundertfünfzigtausend Euro, ist es nämlich nicht etwa so, dass die Bank einem die Viertelmillion aufs Girokonto überweist, damit der Bauherr nach Lust und Laune darüber verfügen kann. Die Bank möchte schließlich ganz sicher sein, dass man die zweihundertfünfzigtausend Euro für den Neu- oder Umbau eines Hauses ausgibt – und nicht für einen fetten Maserati, eine neue Identität auf einer Südseeinsel oder um die Altschulden beim Koksdealer zu begleichen. Das Haus ist der Gegenwert, mit dem die Bank die Kreditvergabe absichert, und wenn am Ende das Geld weg, aber kein neues Haus da ist, dann guckt die Bank dumm aus der Wäsche. Darum müssen alle Überweisungen samt dazugehörigen Rechnungen über den Schreibtisch des zuständigen Bankmitarbeiters laufen.

Weil mein Mann geschworen hat, sich um alle Bankangelegenheiten zu kümmern, füllt er mehrere Abende pro Woche Überweisungsträger aus und steckt sie in Briefumschläge, ich trage die Umschläge zur Post – zusammen mit den diversen anderen Formularen, die wir als Bauherren andauernd »bitte ausgefüllt zurückschicken« müssen: Wir müssen den genauen Baubeginn beim Bauamt anzeigen, wir müssen eine Bauherrenhaftpflichtversicherung abschließen, wir müssen der Berufsgenossenschaft der Bauwirtschaft regelmäßig mitteilen, welche Handwerksbetriebe welche Arbeiten auf unserer Baustelle ausführen. Außerdem müssen wir ständig irgendwelche neuen Aufträge unterschreiben. Schnell kaufen wir die Briefmarken nicht mehr im Zehnerheftchen, sondern in der »praktischen 100er-Spenderbox für Vielversender«.

Vermutlich müssten wir, das hat Katja kurz vor Baubeginn gesagt, auch noch einen SiGeKo, einen »Sicherheits- und Gesundheitskoordinator« mit dem Aufstellen eines »Sicherheits- und Gesundheitsschutzplanes nach §3 (2) Nr. 2, BaustellV« und dem »Überwachen der Anwendung der Sicherheitsvorschriften und sicherheitstechnischer Arbeitsanweisungen bei 14-tägiger Baustellenbegehung« beauftragen.

»Was heißt hier vermutlich?«, habe ich Katja gefragt.

»Vermutlich heißt, dass man als Bauherr laut Baustellenverordnung ab einer bestimmten Baustellengröße einen SiGeKo haben muss – wenn also auf der Baustelle eine bestimmte Menge von Gesamtarbeitsstunden überschritten wird oder mehr als soundso viele Handwerker gleichzeitig auf der Baustelle arbeiten. Bei euch kann man nicht genau absehen, ob ihr einen SiGeKo braucht oder nicht – ihr liegt knapp über oder unter der Grenze. Wir sind jedenfalls verpflichtet, euch darauf hinzuweisen, dass ihr möglicherweise dazu verpflichtet seid, einen SiGeKo zu beschäftigen«, hat Katja geantwortet.

»Aha«, habe ich gesagt, »und was macht der SiGeKo so?«

»Der stellt einen Plan auf, was die Arbeiter tun müssen, damit es auf eurer Baustelle sicher ist, und dann kommt er regelmäßig vorbei und prüft, ob dieser Plan eingehalten wird«, hat Katja erklärt und die entscheidende Information unaufgefordert mitgeliefert. »Wir haben hier ein Angebot von einem Ingenieurbüro. Bei einer voraussichtlichen Baudauer von acht Monaten wollen die gut dreitausend brutto.«

»Du meinst, der SiGeKo teilt den Bauarbeitern schriftlich mit, was ihnen keiner zu sagen braucht, nämlich dass sie auf einer Baustelle einen Helm tragen müssen und so was – und alle vierzehn Tage kommt er vorbei und schimpft mit ihnen, wenn er sie ohne erwischt, und dafür sollen wir dreitausend Euro bezahlen?«

»So ähnlich«, hat Katja gesagt.

»Nö«, habe ich gesagt. »Es reicht. Wir wollen keinen SiGeKo, bei uns kann keiner tiefer fallen als sechs Meter. Unsere Bauarbeiter sollen alleine auf sich aufpassen, dafür sind sie ja wohl alt genug.«

Was passiert, wenn was passiert und dann rauskommt, dass wir keinen SiGeKo haben, habe ich nicht gefragt. Das will ich lieber nicht wissen. Ich habe aufgelegt und erstmals in meinem Leben verstanden, was Menschen damit meinen, wenn sie behaupten, dass wir in einem Überwachungsstaat leben, dessen Gesetze selbst seine bravsten Bürger in die Illegalität zwingen.

Der Mann, der geschworen hat, sich um alle Bankangelegenheiten zu kümmern, hat inzwischen eine Nachfinanzierung ausgehandelt, nun ist das Ende der Kreditfahnenstange erreicht: Mehr darf das Haus auf keinen Fall kosten. Am 16. November, zufällig auf den Tag genau ein Jahr nach dem ersten Notartermin, sitzen wir erneut im Fünfsternebüro an der Binnenalster. Wir müssen die Grundschuldänderung ins Grundbuch eintragen lassen.

»Tja«, sagt mein Mann, »da sind wir wieder.«

»Guten Tag«, sagt der Notar, schüttelt uns die Hände und versucht die Andeutung eines Lächelns. »Na, soll es doch ein bisschen schöner und größer werden? Heute geht's ja immerhin schneller als letztes Mal.«

Das will ich hoffen. Ich meine, einen Hauch von Spott in der Notarstimme gehört zu haben, und bekomme heiße Wangen. Wir sind sicher nicht die ersten Bauherren, die auf eine Nachfinanzierung angewiesen sind, trotzdem ist mir dieser Termin unangenehm, denn er dient zu nichts anderem als dazu, unsere Verschwendungssucht in Sachen Hausbau amtlich zu beurkunden. Dem Vorlese-Onkel, wie letztes Mal vorbildlich korrekt gekleidet in einen tadellos sitzenden dunkelblauen Anzug und eine perfekt geknotete Krawatte, würde so etwas bestimmt nie passieren.

Baunebenkosten inkl. MwSt.:

Übertrag	55.222,46 €
Hamburger Feuerkasse, Bauherren-haftpflichtversicherung, Gesamtbeitrag	78,54 €
Notargebühren Grundbuchschuldeintragung	194,57 €
Justizkasse Hamburg, Gebühr Grundschuldänderung	142,00 €
Zwischensumme	55.637,57 €

Ein Anfangsverdacht

Ende Oktober hatte *Bild* online gefragt: »Schneit uns der härteste Winter seit 100 Jahren ins Land?«, und hatte weiter geschrieben: »Wetterexperten befürchten Klirr-Kälte in ganz Deutschland ab Mitte November.« Leider hatte *Bild* nicht gelogen, und die Wetterexperten behielten recht.

Als es Ende November für ein paar Tage weder geschneit noch gefroren hatte, hatte der Dachdecker schließlich doch mit dem Abdichten des Daches begonnen. Auch die Installateurfirma, Gebr. Nadler, hatte angefangen, Rohre im Rohbau zu verlegen – zu »verziehen«, wie der Fachmann sagt.

Der Plan sieht vor: Wenn, wie vom Fensterbauer versprochen, »Mitte, Ende Januar«, also vermutlich frühestens Anfang Februar die Fenster kommen, sollen die Sanitär- und die Elektro-Rohinstallation so weit wie möglich fertig sein. Unter einer Rohinstallation versteht man, vereinfacht gesagt, den Einbau aller Elemente, die später unter Putz oder unter dem Estrich verschwinden werden. Die Rohinstallation soll vor dem Einbau der Fenster fertig sein, damit möglichst schnell nach dem Einbau der Fenster die Heiztherme angeschlossen und die Fußbodenheizung fertig gestellt und angeschmissen werden kann. Bevor der Innenausbau beginnen kann, muss das Haus einigermaßen trocken und beheizbar sein.

Ende November also waren die ersten Rohre in den Schächten und an den Mauern unseres Rohbaus emporgekrochen. Eines von ihnen kroch aus dem Technikraum im Erdgeschoss durch ein Loch in der Zwischendecke in das darüberliegende Wohnzimmer und von dort genau in der Mitte der Wohnzimmerwand empor Richtung Dach.

Ich hatte eine Mail an Katja geschrieben: »Was soll das da? Gehört das da hin? Falls ja, müssen wir einen Ausschnitt in unser Sofa sägen, das an dieser Wand stehen soll.«

Katja hatte geantwortet: »Nein, das Rohr gehört da nicht hin. Ich gehe momentan davon aus, dass es ein provisorisches Regenrohr ist, um das Dach zu entwässern, bis es ordentlich fertig gestellt werden kann. Das wäre logisch. Ich werde mit Herrn Tiedemann reden.«

Herr Tiedemann ist jener vollbärtige, von Katja nicht sehr geschätzte, für Herrn Nadler arbeitende Meister, der für sämtliche Sanitärinstallationen in unserem Haus verantwortlich ist: für die Frischwasserver- und Abwasserentsorgung, für die Fußbodenheizung und die Heizkörper in den Schlafzimmern, für die Warmwasserzubereitung, für die Gastherme und die Solaranlage und die Ausstattung der Bäder mit Armaturen, Waschbecken, Duschen, Badewanne und Toiletten – also eigentlich für fast das gesamte komplizierte Innenleben eines funktionierenden Hauses, wenn man von der Elektrik mal absieht.

Am nächsten Morgen hatte ich mich wie so oft, wenn Arbeiter auf der Baustelle waren – manchmal sogar mehrmals täglich, nämlich wann immer ich daran vorbeikam –, im Haus umgesehen. Das Rohr sah gar nicht aus wie ein provisorisches Regenrohr. Es war in Dämmfolie verpackt und mit Haltern am Mauerwerk befestigt. Ich machte mit meinem Telefon ein Foto von dem Rohr und mailte es umgehend an Katja, um die Klärung der Angelegenheit zu beschleunigen. Ich dachte: Gott sei Dank habe ich ein Smartphone und eigentlich zwar keine, aber dann doch immer irgendwie Zeit, um regelmäßig das Haus zu besichtigen. Katja hat zwar die Bauleitung, aber das Architektenhonorar für den Bau eines Einfamilienhauses ist nicht hoch genug, um die Kosten für eine tägliche Baustellenbegehung abzudecken.

Nachdem ich das Foto versandt hatte, bat ich, die ungelernte Hilfsbauleiterin, einen der Monteure, die im Haus herumwuselten, ins Wohnzimmer und stellte ihn zur Rede: »Sagen Sie, was soll denn das Rohr da?«

»Das ist das Schmutzlüftungsrohr, das brauchen Sie, sonst stinkt das ja bei Ihnen im ganzen Haus nach Klo, und hier oben«, der Geselle nickte mürrisch Richtung Decke, »kommt noch der Belüftungskasten hin, und das wird dann übers Dach abgeleitet.«

»Aber doch nicht durch unser Wohnzimmer!«, sagte ich.

Ich schaute hoch, ich sah eine geschlossene Betondecke: Wo könnte denn da etwas abgeleitet werden?

»Dann müssten Sie ja nachträglich ein Loch in die Decke bohren. Das Dach ist doch schon ein erstes Mal abgedichtet«, hakte ich nach. »Sind Sie sicher? Steht das so in den Plänen?«

»Ja, ja, klar«, knurrte der Geselle mit der abweisenden Miene des Experten, der von Fachfremden mit geradezu ehrverletzend saublöden Fragen gemartert wird. »Da bin ich aber ganz sicher. Weil, sonst wäre hier ja schließlich kein Rohr.«

An einem grauen Novembermorgen wurde ich das erste Mal konfrontiert mit der Logik des pfuschenden Handwerks. Die Logik normal denkender Menschen besagt: Etwas ist richtig, weil es so gemacht wurde, wie es gemacht werden muss. Die Logik des pfuschenden Handwerkers lautet: Weil ich es so gemacht habe, muss es richtig sein.

Es war nicht richtig so.

»Ein Missverständnis«, sagte Herr Tiedemann zu Katja.

Seine Männer entfernten den Rohrabschnitt oberhalb der

Zwischendecke wieder und zogen das Rohr stattdessen durch ein Loch, das sie in die Wand zum Elternbad schlugen.

Einerseits, dachte ich, Fehler bemerkt, Fehler behoben. Andererseits, dachte ich, ist das hier ja nur der Anfang. Ich dachte an Herrn Tiedemanns zu weichen Händedruck und entwickelte einen furchtbaren Anfangsverdacht, schob ihn aber schnell beiseite. Nur nicht hysterisch werden.

»Haha«, sagte ich zu meinem Mann und meinen Eltern und meinen Freunden und meinen Nachbarn und Kollegen. »Stellt euch vor, ein falsch verlegtes, fettes Rohr mitten im Wohnzimmer. Das gibt es also wirklich! Ich hoffe sehr, am Ende kommt kein Heißwasser aus den Klokästen.«

Damals gelang es mir noch, über Herrn Tiedemann und seine Leute zu lachen.

Inzwischen ist es Mitte Dezember, und die Kinder haben einen Tag schulfrei – wegen einer Unwetterwarnung. Draußen schneit es wie verrückt, die Straßen haben sich in Eisrutschen verwandelt, nur Wahnsinnige oder aus beruflichen Gründen zur Mobilität Verdammte wie mein Mann wagen es noch, Auto zu fahren. Der Stadt geht das Streusalz aus. Meine Schwiegermutter hat vergangene Woche das wahrscheinlich letzte Paar Schneespikes in Hamburg ergattert. Ich selbst bin in den letzten drei Wochen so oft gestürzt wie seit Oktober 1971 nicht mehr, als ich fünfzehn Monate alt war und laufen lernte. Es ist mir nicht mal mehr peinlich, vor den Augen Fremder »Huch!« zu schreien, auf der Suche nach dem nächsten Laternenmast, Zaun oder Baumstamm mit den Armen in der Luft zu rudern und zu Boden zu gehen. Wenn es nicht gerade gebrechliche alte Damen sind, die im Schnee herumkullern, dann schaut kaum noch jemand hin – so normal ist es geworden, auf Hamburger Straßen auf die Fresse zu fallen.

Die Pfützen im Haus sind längst gefroren. Seit Ewigkeiten haben wir keinen Handwerker mehr auf dem Bau gesichtet. Verständlicherweise, es will ja keiner bei der Arbeit erfrieren. Herr Lütjen, der nicht spottbillige, aber sympathische Elektriker, an den wir den Auftrag zum Bau der Elektrik tatsächlich vergeben haben, könnte seine Kabel selbst dann nicht verlegen, wenn wir zu Globetrotter fahren und ihm in der Abteilung »Polarforscher« eine Runde witterungsadäquate Outdoorarbeitskleidung spendieren würden: Bei Temperaturen unter minus fünf Grad drohen die Kabel zu brechen. Der Bauwasserzähler, den Herr Tiedemann nicht zeitig genug gegen die Kälte isoliert hat, ist in einer bitterkalten Nacht geplatzt und muss ersetzt werden. Die Rechnung der Wasserwerke geht an uns. Ich vergesse zu fragen, ob nicht eigentlich er ihn bezahlen muss, und überweise das Geld.

Nachdem der Küchentischler sich nie wieder gemeldet hat, habe ich meine Küchenstudiotournee wieder aufgenommen und verbringe einen beträchtlichen Teil meiner Freizeit zwischen Musterküchen im Gespräch mit immer neuen Küchenberatern, von denen jeder behauptet, die Angebote und Vorschläge der jeweils anderen Küchenberater seien völlig daneben. Die Architektinnen haben uns außerdem aufgefordert, Fliesen für das Elternbad auszusuchen. Aus irgendwelchen für uns nicht nachvollziehbaren »planerischen Gründen« müssten die Fliesenformate bereits jetzt festgelegt werden, sagen sie – in Wirklichkeit halten sie den Besuch von Fliesenausstellungen wahrscheinlich für eine Art Beschäftigungstherapie, mit der sie uns in diesen frostigen Zeiten bei Laune halten wollen.

Mein Mann und ich fügen uns, obwohl wir eigentlich auch ohne Fliesengucken genug zu tun hätten: Schließlich ist

Advent, jene furchtbarste Zeit im Jahreskreis, in der Eltern ständig Nikolausüberraschungen und Weihnachtsgeschenke besorgen, betriebliche Weihnachtsfeiern und schulische Adventsnachmittage besuchen und trotz alledem auch noch für eine beseelt-besinnliche häusliche Stimmung sorgen müssen, indem sie eifrig Kekse backen und Adventskranzkerzen anzünden.

Früher, damals, einst, als wir noch jung waren und das Leben unbeschwert, haben wir uns vor dem Kino oder im Park oder in der 439-Bar getroffen, um über Gott und die Welt und uns zu sprechen. Jetzt, wo wir endgültig erwachsen geworden sind und ein Haus bauen, treffen wir uns nach der Arbeit in Harry's Fliesenmarkt, vor der Croonen Fliesenhandel GmbH oder im edlen »Showroom« der Firma Mortensen »Fliesen – Natursteine – Mosaike«, um Fliesenmuster nebeneinanderzuhalten und erstaunlich langatmig darüber zu diskutieren, ob wir unsere Bauherrenleiber zwischen anthrazitfarbenen oder schokobraunen oder doch lieber zwischen ganz hellen, zum Beispiel sandsteinfarbenen oder gar schneeweißen Fliesen pflegen möchten.

Den Kindern dämmert allmählich, dass ein eigenes Haus deutlich mehr kostet als eine Menge Geld. Es kostet Zeit, viel Zeit – Zeit, die fehlt, um einzukaufen, um zu kochen, um vorzulesen, um zuzuhören, um samstagvormittags auf dem Fußballplatz zu stehen und bei Punktspielen zuzugucken oder donnerstagabends Vokabeln abzufragen. Es fehlt Zeit, um geduldig zu bleiben.

Wenn ich zum Einkaufen gehe, ruft mein Sohn: »Aber bitte nicht schon wieder Thunfischpizza! Und bring auch mal Fünf-Minuten-Terrine mit, Tomate-Mozzarella. Oder Dosenravioli.«

Wenn ich aus dem Haus gehe und »Tschüss! Ich treffe mich mit Papa, guckt nicht zu lange fern!« sage, fragt meine

Tochter: »Wenn jemand anruft und euch sprechen will, was soll ich dann sagen, wo ihr seid? Im Fliesen- oder im Küchenstudio?«

Wenn meine Kinder mich nerven, motze ich: »Mann, wir haben echt genug zu tun, reißt euch gefälligst zusammen und helft auch ein bisschen mit, indem ihr wenigstens euren eigenen Kram erledigt, ohne zu nörgeln.«

»Weißt du was«, sagt meine Tochter, »ich glaube, ich möchte gar kein Haus. Als ihr noch kein Haus gebaut habt, war nämlich alles viel schöner.«

Eines Abends erinnere ich mich an den *Bild*-Artikel über den drohenden Jahrhundertwinter. Ich suche und finde ihn im Internet und lese ihn mit dem wohligen Grusel, den Wirklichkeit gewordene Prophezeiungen auslösen, noch einmal durch. Ich lese: »Ursache soll eine Störung des Golfstroms durch die Ölkatastrophe vor Florida sein.«

Im April 2010 hatte es auf der im Golf von Mexiko liegenden BP-Ölbohrplattform Deepwater Horizon eine Explosion gegeben. Bis es gelang, das daraufhin beschädigte Bohrloch wieder abzudichten, waren bis zu einer Million Tonnen Öl ins Meer geflossen – eine der schwersten Umweltkatastrophen in der Geschichte der Menschheit und – zumindest laut *Bild* – mögliche Ursache auch für unsere Privatkatastrophe: Der Golfstrom ströme der Ölpest wegen nicht mehr ordentlich, was wiederum das vom Golfstrom beeinflusste Klima derart verändere, dass der diesjährige Winter in Europa außergewöhnlich hart ausfalle.

»BP ist verantwortlich dafür, dass wir nicht weiterbauen können«, sage ich zu meinem Mann. »Wir sollten uns einen Anwalt aus New York nehmen und den BP-Konzern auf Schadensersatz und Schmerzensgeld für unsere zerrütteten Nerven verklagen. Wenn wir Erfolg haben, was ich für nicht unwahrscheinlich halte, können wir zehn Häuser bauen.«

»Nein, danke«, sagt mein Mann.

Baunebenkosten inkl. MwSt.:
Übertrag	55.637,57 €
Ersatz Bauwasserzähler, Frostschaden	35,17 €
Zwischensumme	55.672,74 €

Unter Strom

Kaum sind die Fliesen für das Elternbad ausgesucht, schickt Katja uns einen Grundriss des Hauses, in den sie nach Absprache mit Sarah die verschiedenen Symbole für Steckdosen, Lampenkabel, Lichtschalter, Netzwerk-, TV- und Telefonanschlüsse eingefügt hat – den Elektroplan: »Guckt mal kurz drauf und gebt uns Bescheid, ob das so o.k. ist oder was ihr anders haben wollt.«

Als Mieter mietet man irgendeine bezahlbare Wohnung, die halbwegs zu den eigenen Bedürfnissen passt. Man zieht in die Wohnung ein und muss fortan zurechtkommen mit ihren kleinen und größeren Unzulänglichkeiten, die man von Anfang an kannte oder im Laufe der Zeit erst entdeckt. Ab und zu, wenn man sowieso gerade schlechte Laune hat, bekommt man einen Wutanfall und behauptet, das zu enge Badezimmer, die hässlichen Überputzkabel, die ungeliebte Raufasertapete, den fehlenden Balkon keinen Tag länger ertragen zu können. Dann beruhigt man sich wieder und findet sich – bis auf Weiteres – mit dem ab, woran man sowieso – vorerst – nichts ändern kann.

Als Bauherr hat man die Möglichkeit, sein neues Zuhause genau so zu planen, wie man es zu brauchen meint oder schon immer haben wollte. Klingt toll, ist aber tückisch. Denn die Freiheit, über Lage und Anzahl der Steckdosen ganz allein entscheiden zu können, bedeutet: Wenn man nach dem Einzug feststellt, dass man vergessen hat, an die Steckdosen für die Wii der Kinder und den erst zum Umzug bestellten HD-Festplattenrekorder zu denken, wenn man also doch wieder in den Baumarkt rennen und eine dieser klobigen Mehrfachsteckdosen kaufen muss, die man endlich nicht mehr hinter dem Hi-Fi-Schrank liegen haben wollte, weil sie dort nur den Kabelsalat vergrößern und die Staubwolkenbildung befördern – wenn also irgendetwas im eigenen, neuen Haus nicht perfekt geworden ist, dann gibt es niemanden, keinen Vermieter, keine Wohnungsbaugenossenschaft, keine überirdische Macht, die man dafür beschimpfen kann: Die Verantwortung für zu wenig Steckdosen trägt man als Bauherr ganz allein.

Wie die Freiheit zur Selbstverwirklichung uns überfordern, sogar krank machen kann, hat der französische Soziologe Alain Ehrenberg in seinem Buch *Das erschöpfte Selbst* beschrieben. Im Original trägt es den Titel *La Fatigue d'être soi* – »Die Müdigkeit, man selbst sein zu müssen«: Freiheit, so Ehrenbergs These, sei ein großes Glück für all jene, denen es gelinge, sie optimal zu nutzen. Wer jedoch nicht zu den Gewinnern, zu den Glücklichen und Erfolgreichen zählt, der kann das, anders als früher, nicht mehr dem Schicksal oder den Verhältnissen in die Schuhe schieben. Schließlich hätte er ja etwas aus sich machen können, wenn er sich nur stärker bemüht, mehr angestrengt, richtig entschieden hätte. Der Gescheiterte ist dazu verdammt, sich verantwortlich zu fühlen für sein Scheitern.

Analog gilt für den Bauherrn: Wer baut und am Ende erkennt, dass das Bad zu klein geworden ist, ist nicht nur jemand, der mit einem zu kleinen Bad leben muss. Er ist ein Versager. Einer, der an der Freiheit gescheitert ist, indem er die einmalige Chance auf das perfekte Zuhause vertan hat. Sich selbst zu verwirklichen ist also nicht nur viel kräftezehrender, als sich dem Vorgegebenen zu fügen. Es kann auch noch schiefgehen. Eine mögliche Antwort der Seele auf den Stress, den die Freiheit in uns auslöst, ist laut Alain Ehrenberg die »Müdigkeit, man selbst sein zu müssen« – die Depression. Seit wir bauen, erahne ich, was er meint.

»Auf jeden Fall brauchen wir nicht nur eine, sondern zwei Steckdosen an jeder Bettseite«, sagt mein Mann. »Eine für die Nachttischlampe und eine für den Radiowecker.«
Er kritzelt mit einem roten Faserschreiber im Elektroplan herum. Ich gähne. Wir sitzen zusammen am Esstisch, es ist halb zwölf in der Nacht. Ich schließe die Augen, um den Schlafzimmeralltag eines sich – nicht mehr allzu lange – in den besten Jahren befindlichen Ehepaares an mir vorüberziehen zu lassen: Könnte es sein, dass wir demnächst eine individuell programmierbare, stufenlos verstellbare Heizdecke brauchen? Oder gar ein ergonomisch geformtes, Bandscheiben schonendes Komfortbett mit elektrisch höhenverstellbarem Rückenteil? Hier und jetzt ist der Augenblick, in dem nicht nur unsere Gegenwart, sondern auch die Zukunft bedacht werden muss. Ich muss nach wenigen Sekunden die Augen wieder öffnen, um nicht auf dem Stuhl sitzend einzuschlafen. Trotzdem bin ich plötzlich hellwach.

»Halt!«, rufe ich. »Der Staubsauger! An mein Kopfende müssen nicht zwei, sondern drei Steckdosen! Eine muss doch frei bleiben für den Staubsauger. Guck noch mal ganz genau nach, wir brauchen in jedem Zimmer eine Staubsaugersteckdose, am besten gleich neben der Tür.«

Im perfekten Haus muss man keine Lampenstecker aus Steckdosen ziehen, um staubsaugen zu können. Und selbstverständlich braucht man dazu auch kein Verlängerungskabel.

»In den Flur im Erdgeschoss«, sage ich, »gleich am Ende der Fenster, da muss auch eine extra Steckdose hin, das Staubsaugerkabel ist doch gar nicht lang genug, um vom Arbeitszimmer in die Sofaecke zu reichen.«

»Und wo genau soll im Wohnzimmer die Buchse für den Fernseher hin?«, fragt mein Mann.

»Natürlich da, wo der Fernseher stehen wird«, sage ich. Und wo wird der Fernseher stehen?

»Auf dem roten Sideboard mit den Schallplatten«, sagt mein Mann. Und wo soll das rote Sideboard stehen?

»Gegenüber vom Sofa, damit man bequem auf den Fernseher schauen kann«, sage ich. »Und das Sofa muss auf jeden Fall an die Wand zum Schlafzimmer. An der Wand zum Flur kann es ja nicht stehen, weil man dann Richtung Fensterfront sitzt, und vor die Fensterfront das Sideboard mit dem Fernseher zu stellen finde ich doof. Wenn das Sofa an der Wand zum Schlafzimmer steht, muss das Sideboard an die gegenüberliegende Wand zum Kinderflur.«

»Aber die Wohnzimmertür geht nach innen auf«, sagt mein Mann. »Wenn wir das Sideboard an die Wand zum Kinderflur stellen, geht dann die Tür noch ganz auf oder haut die dagegen?«

Er steht auf, greift nach dem Zollstock, vermisst das Sideboard, kehrt zurück zum Esstisch und starrt auf den Grundriss: »Ich glaube, wir müssen es ein bisschen in Richtung Fenster schieben, damit das passt.«

»Aber da soll doch die Schiebetür zum Balkon hin!«, rufe ich. »Wie sieht denn das aus, wenn das Sideboard mit dem Fernseher den Durchgang zum Balkon versperrt? Die Schiebetür muss nicht an die Seite, sondern in die Mitte der Fensterfront, damit wir die Wände als Stellflächen nicht verlieren! Scheiße, morgen muss ich unbedingt Katja anrufen, damit sie mit dem Fensterbauer spricht und das schnell noch ändert.«

Es wird sich herausstellen, dass eine Schiebetür in der Mitte einer Fensterfront selbstverständlich mehr kostet als eine Schiebetür an der Seite einer Fensterfront. Eines der elementaren Gesetze beim Bauen: Ist man dazu gezwungen, etwas anders zu machen, wird das Andere nie billiger, sondern immer teurer. Wurscht. Die Mindestanforderung an ein perfektes Haus ist schließlich die, dass alle Möbel, die man braucht und mag, auch hineinpassen. Ich schreibe »Katja anr. wg. Schiebetür/WZ« auf meine endlose To-do-Liste. Ich fühle mich dabei, als wären wir ganz knapp einer sehr großen Katastrophe entronnen.

»Willst du die Lampen überm Esstisch vom Flur oder von der Küchentheke aus anmachen können?«, fragt mein Mann.

Kurz nach Mitternacht beschließen wir, dass wir schlafen und morgen Abend weitermachen müssen mit dem Elektroplan. Zum Glück haben wir wenigstens die Einbauleuchten für das Obergeschoss schon vor Monaten ausgesucht: Bereits vor dem Gießen der Decke mussten wir festlegen, wo welche Lampen hinsollen. Als ich im Bett liege, bin ich nicht nur hundemüde, ich fühle mich ausgelaugt, innerlich leer, irgendwie deprimiert.

Die letzten Wochen habe ich damit verbracht, täglich das Auftauen und den Weiterbau des immer noch tiefgekühlten Hauses herbeizusehnen. In diesem Augenblick verspüre ich auf einmal keinerlei Vorfreude mehr: Wie viel Zeit und Energie es frisst, ein Haus zu bauen! Morgen Abend werden wir uns schon wieder den Kopf zerbrechen, wie viele Steckdosen wohin müssen, statt ins Kino zu gehen oder Zeitung zu lesen, statt endlich mal wieder zu vögeln oder mit den Kindern »Siedler« zu spielen. Ich denke: Bisher haben die Steckdosen dir auch immer irgendwie gereicht, egal, wie viele oder wenige es waren. Was ist nur aus uns geworden?

Am nächsten Tag poste ich auf meiner Facebook-Pinnwand: »Wie viele Steckdosen braucht der Mensch zum Leben?«

Eine Freundin antwortet: »Mindestens zwei in jeder Zimmerecke.« Ich beschließe, die Sache zu vereinfachen und mich an diese Faustregel zu halten. Ein paar mehr in der Küche und im Wohnzimmer, ein paar weniger in den Bädern, das muss reichen. Meine Kraft reicht nicht, um mir noch länger den Kopf über Steckdosen zu zerbrechen, als wir es schon getan haben: Ich bin nicht nur körperlich erschöpft, weil wir wegen der ständigen abendlichen, ehelichen Baubesprechungen unter chronischem Schlafmangel leiden. Ich verspüre immer öfter eine leichte Müdigkeit, ich selbst, also Bauherrin, sein zu müssen.

Bald darauf treffe ich mich mit Sarah und Herrn Lütjen, dem sympathischen Elektriker, auf der Baustelle. Weil auf der Baustelle sonst nie etwas passiert, weil die Baustelle also den Eindruck macht, als hätte derjenige, dem sie gehört, das Interesse an ihr verloren, habe ich – damit nicht irgendwelche an Baustellen interessierte Minderjährigen auf den vereisten Gerüsten herumklettern, ausrutschen, fallen und sich das Genick brechen – neulich endlich ein Baustellenschild gekauft und am Bauzaun befestigt: »Baustelle – Betreten verboten. Eltern haften für ihre Kinder.«

Auf der Baustelle legen Sarah, Herr Lütjen und ich gemeinsam fest, wo genau die Schalter und Dosen und die Deckenstrahler im Erdgeschoss angebracht werden sollen. Im Haus stehend, die Wände und Raumaufteilung vor Augen kann ich mir viel besser vorstellen, wo die Lampen hängen sollen und wo ich sie an- und ausmachen will, trotzdem möchte ich schnell nach Hause, in unsere Mietwohnung. Es ist arschkalt, ich bin unausgeschlafen und lustlos – und außerdem wird dieses Hauswrack sowieso niemals ein Stadium erreichen, in dem man darin Lampen anmachen und staubsaugen kann.

»Als Nächstes sollten wir uns mal Gedanken machen über Waschbecken und Armaturen und so weiter«, sagt Sarah zum Abschied. »Schaut euch am besten schon mal in ein paar Badausstellungen um.«

Oh nein, bitte nicht, denke ich. Ich sage: »Könnt ihr nicht einfach was aussuchen? Wird uns schon gefallen. Ihr habt doch sowieso immer die besten Ideen.«

»Nee, nee«, sagt Sarah mit dem amüsierten Blick und der festen Stimme einer Grundschullehrerin, die ihre Pappenheimer kennt. »So geht das nicht. Wir schlagen euch gerne etwas vor, aber ihr müsst schon wissen, was ihr ungefähr wollt.«

Abends sage ich zu meinem Mann: »Ich weiß, wir brauchen jeden Cent und haben keinen Skiurlaub gebucht, weil wir sparen müssen. Aber wir werden trotzdem wegfahren in den Märzferien, und zwar in die pralle Sonne – und wenn wir dafür einmal um den Erdball fliegen müssen. In der Sonne lege ich mich an den Pool und lese zehn Bücher nacheinander, ohne ein einziges Mal an Fliesen, Waschbecken, Deckenstrahler, Wasserhähne oder Toilettendrücker zu denken. Ich buche, und zwar jetzt sofort.«

Ich denke: Ist doch völlig egal, ob wir den Kredit in zwanzig oder zwanzigeinhalb Jahren abbezahlt haben. Hauptsache, wir leben dann noch.

Ein paar Tage später finde ich eine Mail unseres Vermieters im Postfach. Der Vermieter schreibt: »Ich war vorhin in unserem Keller unter dem Wintergarten. Gibt es einen vernünftigen Grund dafür, dass trotz (angekündigtem!) Regen die Markise ausgefahren ist? Jetzt muss sie allerdings erst wieder trocknen, bevor man sie einfahren darf.«

Während ich das lese, schrumpft mein Ego auf das einer Achtjährigen zusammen, die von ihren Eltern dabei erwischt wurde, dass sie ihre Hausaufgaben nicht ordentlich gemacht und die dreckige Unterwäsche im Zimmer hat herumliegen lassen – und die darauf mit einer Mischung aus schlechtem Gewissen und Trotz reagiert. Plötzlich freue ich mich wieder sehr, bald ein eigenes Haus zu besitzen.

Baunebenkosten inkl. MwSt.:

Übertrag	55.672,74 €
Baustellenschild	2,35 €
Zwischensumme	55.675,09 €

Ich, die Haustürschlüsselbesitzerin

Anfang Januar steigt das Thermometer auf knapp über null, es beginnt endlich zu tauen. Herr Lütjen, der sympathische Elektriker, findet sich mit fingerlosen Handschuhen und einer großen Thermoskanne Tee bewaffnet im Haus ein, meißelt Kabelschächte und Steckdosenlöcher in die Wände, legt Kabel in die Schächte und steckt Steckdosengehäuse in die Löcher.

Dann kommen auch der Dachdecker und die Sanitärinstallateure wieder. Auf die bereits verlegte erste Dichtungsfolie wird von den Dachdeckern eine Dämmung aus großen Styroporquadern gelegt, darauf kommt wiederum eine weiße, wasserdichte Kunststofffolie – sogenannte Elastomerbahnen, die miteinander verschweißt werden. Die Installateure verlegen unter Herrn Tiedemanns Aufsicht weiter ihre Rohre, und zwar immer wieder falsch, wie Katja erzählt. Aber, sagt sie, wir sollten uns deshalb bitte keine Sorgen machen: »Dass die andauernd Mist bauen, ist wirklich nicht euer Problem, sondern nur unseres. Sarah und ich müssen wahnsinnig viel Zeit und Mühe auf die Kontrolle der Sanitärinstallation verwenden – und noch mehr darauf, dass die Mängel dann auch tatsächlich und zeitnah behoben werden. Na ja, ich hatte es schon geahnt: Herr Tiedemann ist ein echter Fehlgriff.«

Sie hat leider recht, Herr Tiedemann ist offensichtlich ein totaler Fehlgriff. Seit dem Richtfest habe ich ihn ein paar Mal gesehen und gesprochen. Er war stets außerordentlich freundlich. Sehr freundlich gab er mir seine breite, lasche Hand. Mit einem sehr freundlichen Gesichtsausdruck über den hängenden Schultern hörte er zu, wenn ich mit ihm sprach. Sehr freundlich und bedächtig nickte er, wenn ich ihn bat, mir per E-Mail eine Auskunft zu schicken. Mit freundlicher Stimme unter dem gutmütigen Bart versprach er, dass es mit der Heizung ab morgen schneller vorangehen würde als bisher. Freundlich lächelnd verabschiedete er sich dann von mir – um die Auskunft nicht zu schicken oder seine Männer für den Rest der Woche von der Baustelle abzuziehen. Im Zeitplan liegen er und seine Männer, anders als der Elektriker, weit zurück.

Es hat eine Weile gedauert, bis ich kapiert habe, dass die fast unterwürfige Freundlichkeit dieses großen, sanft und gemächlich wirkenden Mannes die Konsistenz eines Neoprenanzugs besitzt: Er trägt sie, um daran alles abperlen zu lassen, was sein Bedürfnis, in Ruhe gelassen zu werden, stören könnte – jede Bitte, jede Kritik, jede Forderung, jede Beanstandung.

»Kannst du nicht Herrn Nadler anrufen und sagen, dass wir einen anderen Meister wollen?«, frage ich.

»Habe ich schon versucht«, sagt Katja, »aber das geht nicht. Die haben alle zu viel zu tun. Und euer Vertrag mit Nadler umfasst nun mal nicht das Recht zu bestimmen, welches Personal den Auftrag erledigt.«

»Schade«, sage ich. »Ist dir übrigens aufgefallen, dass Herr Tiedemann aussieht wie eine Deutsche Dogge, genauso groß und trantütig?«

»Stimmt!«, kichert Katja. »Jetzt, wo du's sagst.«

Anfang Februar behauptet die Dogge plötzlich, er könne an unserem Haus nicht mehr weiterarbeiten, weil er es nicht länger verantworten könne, das dazu nötige Material und Werkzeug dort über Nacht liegen zu lassen. Das Haus hat noch immer keine Fenster und Türen, denn die Fenster und Türen waren – wie erwartet – Ende Januar leider doch nicht fertig. Jeder, der möchte, kann hineinspazieren. Katja sagt, die Dogge fürchte Vandalismus und Diebstahl. Kupfer ist teuer, Kupferrohre sind begehrt bei Altmetallsammlern und -dieben. Und wenn Baumaterialien oder Gerätschaften von der Baustelle verschwinden, so geht der Schaden zulasten des Handwerksbetriebes.

»Seltsam«, sage ich zu Sarah, mit der ich mich zum Mittagstisch in der Oberhafenkantine getroffen habe. »Die arbeiten doch schon seit Wochen in dem Haus, ohne dass sie sich je darüber beschwert hätten, dass etwas geklaut werden könnte. Warum fällt der Dogge ausgerechnet jetzt ein, dass er Angst um sein Zeug hat?«

»Wahrscheinlich wird er gerade dringend auf einer anderen Baustelle gebraucht«, sagt Sarah achselzuckend und kaut seelenruhig auf ihrer hausgemachten Frikadelle herum. »Da muss er sich halt was einfallen lassen, um bei uns nicht weiterarbeiten zu müssen. So was kommt öfter vor, auch bei anderen Betrieben. Das bekommen wir schon in den Griff. Trotzdem wäre es natürlich schön, wenn die Fenster endlich mal kommen würden, aber Herr Schön, der Fensterbauer, hat gesagt, dafür muss es noch deutlich wärmer werden als ein paar Grad über null, sonst bindet die Abdichtungsmasse nicht ordentlich.«

»Tja«, sage ich, »für das Wetter kann keiner was. Trotzdem mal eine Frage: Erinnerst du dich an das Bergwerksunglück in Chile im letzten August?«

»Ja, klar«, sagt Sarah.

Das Grubenunglück hatte wochenlang sämtliche Medien beherrscht: Dreiunddreißig Bergleute waren in der Kupfer- und Goldmine San José in Chile verschüttet worden und saßen in siebenhundert Meter Tiefe fest. Es musste ein Rettungsschacht gebohrt werden, der breit genug war, um eine Rettungskapsel zu den Bergleuten hinabzulassen, in der sie nacheinander ans Tageslicht befördert werden konnten. Zuerst hieß es, die nötigen Bohrungen würden vier Monate in Anspruch nehmen: Die Männer müssten darauf gefasst sein, bis Weihnachten unter Tage überleben zu müssen. Doch dann ging alles viel schneller. Bereits am 13. Oktober wurden alle Bergleute lebend geborgen.

Es tauchte das Gerücht auf, als voraussichtlicher Rettungstermin sei den Arbeitern ganz bewusst ein übertrieben pessimistisch gewählter Zeitpunkt verkündet worden. So konnten die Bergleute vom Rettungsteam regelmäßig mit der guten Nachricht versorgt werden, dass ihre Gefangenschaft wohl doch nicht ganz so lange dauern werde wie zuerst angenommen – angeblich ein psychologischer Trick, um die Stimmung unter den Männern zu stabilisieren: Wer anfangs vom Allerschlimmsten ausgeht, der hält jedes Ergebnis, das auch nur ein bisschen weniger schlimm ausfällt, für einen Grund, sich zu freuen.

»Immer, wenn irgendwo etwas gebaut wird, versprecht ihr Baumenschen, das wäre ganz bestimmt spätestens dann und dann fertig«, sage ich zu Sarah. »Ist es aber nie. Von meinem gesamten Freundes-, Familien- und Bekanntenkreis weiß ich: Egal, ob es sich um den Ausbau eines Dachbodens, den Anbau eines Wintergartens oder den Umbau eines ganzen Hauses handelt – immer passiert irgendwann irgendetwas angeblich völlig Unvorhergesehenes, immer braucht alles viel, viel länger, als man uns Auftraggebern am Anfang verspricht. Und dann wundert ihr euch, wenn wir Bauherren irgendwann die Nerven verlieren. Warum macht ihr es nicht wie die Psychologen im Rettungsteam in Chile? Viel schlauer wäre es doch, wenn ihr am Anfang traurig gucken und sagen würdet: ›Also, das sage ich Ihnen aber gleich, bis das neue Bad fertig ist, das dauert mindestens ein Vierteljahr, vielleicht sogar sechs Monate.‹ Und

wenn wir dann nur zehn Wochen lang nicht duschen können, sind wir dankbar und glücklich, und alle sind zufrieden. Oder glaubt ihr etwa selbst an eure Terminpläne?«
»Muss ich mal drüber nachdenken«, sagt Sarah.

Am nächsten Morgen fahre ich zum Haus, um zu gucken, ob die Dogge sich tatsächlich vom Acker gemacht hat. Ich vergesse mein Anliegen sofort, als ich ankomme. Auf der Straße stehen ein riesiger Kranwagen und zwei Transporter. Im Erdgeschoss des Hauses sind schon fast alle Fenster eingesetzt. Die Wirkung ist gewaltig: Plötzlich sieht das Haus aus wie ein Haus, nicht mehr wie eine Baustelle. Plötzlich kann ich mir vorstellen, dort zu wohnen, hinter diesen riesigen, schönen Fenstern. Meine eben noch mittelmäßige Laune kippt schlagartig ins Überschwängliche.
»Wahnsinn! Das ist ja großartig!«, rufe ich dem Mann entgegen, den ich für den Oberfenstereinbauer halte. »Ich dachte, das geht bei dem kalten Wetter nicht, dass Sie die Fenster einsetzten – wegen der Abdichtung.«
»Ach«, sagt der Oberfenstereinbauer, »das ist mindestens hundert Jahre her, dass man bei so einem Wetter keine Fenster einbauen konnte. Seitdem hat's dann doch ein paar technische Fortschritte gegeben. Inzwischen geht das bis minus zwölf Grad.«
Ich denke: Wahrscheinlich hat der Fensterchef Herr Schön vorsorglich behauptet, bei diesem Wetter könne er unsere Fenster nicht einbauen – um schon mal eine Ausrede parat zu haben, falls er diese oder nächste Woche woanders etwas Dringenderes zu tun gehabt hätte.
Zwei Morgen später, an einem Donnerstag, simse ich an meinen Mann: »Ich bin Haustürschlüsselbesitzerin!«
Der Oberfenstereinbauer hat mir soeben die Schlüssel für die provisorischen Bautürschlösser überreicht. Erst wenn

das Haus ganz fertig ist, werden die endgültigen Zylinder für die Sicherheitsschlösser montiert. Alle Fenster und die Tür zum Wirtschaftsraum sind eingebaut, nur die Haustür fehlt noch. Sie soll nachmittags eingesetzt werden. Stolz betrachte ich den Schlüssel in meiner Hand. Ich fühle mich das erste Mal wie eine richtige Hausbesitzerin. Ich beschließe, sofort ein paar Schlüssel nachmachen zu lassen. Von nun an werden die Dogge und alle anderen Handwerker eine Tür aufschließen müssen, um ins Haus zu kommen.

Leider fehlt die Haustür abends immer noch. Dafür sind die Fensterfronten im Eingangsbereich teilweise wieder ausgebaut. Am Freitagvormittag informiere ich Katja darüber, Katja ruft mich zurück: »Herr Schön lässt ausrichten, dass es ihm sehr leidtut, aber die Aufhängung der Haustür ist leider falsch gewesen und muss korrigiert werden. Anfang nächster Woche soll sie kommen. Ich habe ihm gesagt, dass er dafür sorgen soll, dass seine Leute den offenen Eingang wenigstens mit ein paar Abdeckplanen schließen sollen. Ein Haus ohne Haustür sieht ja noch einladender aus als ein Haus ganz ohne Fenster und Türen. Kannst du nachher bitte mal nachgucken, ob die das wirklich gemacht haben?«

»Was für eine Enttäuschung«, sage ich zu meinem Mann. »Dach fertig, Fenster da, Haus fast dicht, endlich. Und dann – im allerletzten Augenblick – macht die Haustür schlapp. Ich fasse es nicht.«

»Tja«, sagt mein Mann, »Coitus interruptus.«

Montag ruft die Dogge bei Katja an. Die Dogge sagt, seine Männern seien auf unserer Baustelle, könnten aber leider nicht arbeiten, sondern würden jetzt erst mal frühstücken, denn es gebe da ein großes Problem: Sie wüssten nicht, wie sie ins Haus kommen sollen.

»Das ist eigentlich recht einfach«, sagt Katja zur Dogge. »Sie gehen durch die Haustür. Vor der Öffnung hängt doch nur eine Abdeckplane, die müssen Sie dann wohl notfalls entfernen oder zerschneiden.«

»Ach so«, sagt die Dogge.

Baunebenkosten inkl. MwSt.:

Übertrag	55.675,09 €
4 x Schlüssel und Anhänger für Bauschloss à 6,50 €	26,00 €
Zwischensumme	55.701,09 €

Nachbarschaftshilfe

Im Laufe des Februars steigen allmählich die Temperaturen, statt Schnee fällt wieder Regen. Viel Regen. Sehr viel Regen. Holger und Andrea läuft der Keller voll. Dort, wo der Keller ihres neuen Anbaus auf den alten Keller stößt, sickert Wasser hindurch – der Übergang ist nicht richtig abgedichtet. Sie könnten das natürlich reklamieren bei dem Generalunternehmer, der ihren Anbau gebaut hat, erzählt mir Andrea, und es sei auch sicher, dass er diesen Mangel beheben müsse: Der Anbau ist noch keine fünf Jahre alt. Aber dazu müsse die gesamte Hochterrasse wieder abgerissen und das Fundament freigelegt werden. Außerdem müsse er erst mal die Treppe zur Haustür in Ordnung bringen, die überall Risse habe, aus denen der Putz bröckle.

Passend zum Wetter schreibt die *Süddeutsche Zeitung*: »Teure Fluten – Der Klimawandel erhöht die Gefahren durch extreme Niederschläge dramatisch.« Experten prophezeien, dass überdurchschnittlich heftige Regen- und Schneefälle bis zur Mitte des Jahrhunderts drastisch zunehmen würden, nur in den Alpen bliebe ihre Häufigkeit vermutlich konstant: »Zwar bleibt die Gesamtmenge an Regen und Schnee bis 2100 ungefähr gleich. Nur fällt er den Modellen zufolge seltener, aber dann umso heftiger.«

Sehr zufrieden stelle ich mir vor, wie im Jahr 2030 alle unsere Nachbarn mehrmals jährlich ihre Keller leer pumpen müssen. Nur wir, wir werden in unserem kellerlosen Haus über den Dingen schwimmen. Wie konnte ich jemals einen Keller wollen?

Es dauert nicht die angekündigten drei Tage, bis die Haustür kommt. Es wird zwei Wochen dauern. Die Tür muss nicht nur korrigiert, sondern völlig neu angefertigt werden. Mit dem Innenputz soll trotz fehlender Haustür schon begonnen werden, an einem Donnerstag Ende Februar.

Ich bin gegen Mittag ins Haus gekommen, um den Verputzern Hallo zu sagen. Im Haus habe ich entdeckt: 1. Einen Heizstrahler und zwei Campingstühle, die in der Küche aufgebaut wurden. 2. Einen Mann in weißer Arbeitskleidung, der irgendwelches Gerät und Material herumschleppt. 3. Einen Mann in blauer Arbeitskleidung, der irgendwelches Gerät und Material herumschleppt. Der weiße Mann gehört zur Verputzerfirma, der blaue zur Installateurfirma Gebr. Nadler. Beide Männer haben mich extrem mürrisch gegrüßt. Wann immer sie aneinander vorbeilaufen, werfen sie sich grimmige Blicke zu. Bevor ich mich erkundigen kann, was los ist, steht der weiße mürrische Mann vor mir, hält mir sein Handy sehr dicht vors Gesicht und sagt schlecht gelaunt: »Mein Chef will Sie sprechen.«

Der Chef? Was will der denn von mir? Nach der Fresse zu urteilen, die der weiße Mann, sein Mitarbeiter, zieht: nichts Gutes. Ich will nicht mit Handwerkerchefs über Probleme reden müssen, von denen ich keine Ahnung habe, das soll gefälligst Katja machen. Aber nun, mir bleibt wohl nichts anderes übrig, als das Telefon zu ergreifen und hineinzusprechen, wenn ich vermeiden möchte, dass der weiße Mann es mir ins rechte Nasenloch bohrt.

»Hallo?«, schreit eine männliche Stimme aus dem Telefon. Die Stimme schreit einen Namen, den ich noch nie gehört habe und der »Kobiashvili« geschrieben wird, wie Katja mir später erklärt. »Ich bin der Chef. Wir sollen bei Ihnen den Innenputz machen, aber wir haben kein Wasser, und ohne Wasser können wir nicht arbeiten.«

»Wieso haben Sie kein Wasser?«, frage ich. »Es gibt doch einen Bauwasseranschluss.«

»Der Bauwasseranschluss funktioniert nicht!«, brüllt Herr Kobiashvili. »Da fehlt der Zähler. Und Ihr Klempner weigert sich, ihn einzubauen. Dieser Herr Tiemann …«

»Tiedemann?«, korrigiere ich. Die Dogge schon wieder! Was hat er diesmal verzapft?

»Tiedemann!«, brüllt Herr Kobiashvili. »Ihr Herr Tiedemann sagt, dass es nachts zu kalt ist, um den Zähler draußen einzubauen, der erfriert sonst wieder, ist ihm letztens schon mal passiert, sagt er. Damit der Wasserzähler draußen eingebaut werden kann, muss er einen frostsicheren Kasten drumrumbauen, aber das will der Herr Tiedemann nicht, weil sich der Aufwand nicht lohnt, sagt er. Er sagt, er will lieber gleich den Hausanschluss einrichten und den Zähler dann drinnen montieren.«

»Und warum macht er das nicht?«, frage ich.

»Na, weil der Hausanschluss erst eingerichtet werden kann, wenn der Technikraum verputzt ist«, brüllt der Chef.

»Ich verstehe«, sage ich. »Der Hauswasseranschluss kann erst installiert werden, wenn der Technikraum verputzt ist, aber der Technikraum kann erst verputzt werden, wenn Sie Wasser haben, aber Wasser haben Sie erst, wenn der Hauswasseranschluss installiert worden ist, aber der Hausanschluss kann erst installiert werden, wenn der Technikraum verputzt ist?«

»Genau so isses!«, dröhnt Herr Kobiashvili ein bisschen weniger laut, offenbar etwas beschwichtigt durch die Tatsache, dass endlich jemand verstanden hat, was sein Problem ist. »Darum gehen Sie jetzt sofort zu den Nachbarn und fragen, ob die uns Wasser geben!«

»Kann ich machen«, sage ich. »Aber wenn die nicht wollen oder nicht da sind, dann muss ich unsere Bauleiterin anrufen, und die muss dann noch mal mit Herrn Tiedemann sprechen. Der ist manchmal ein bisschen langsam.«

»Na, das kann ich Ihnen sagen!«, raunzt der Chef. »Den Eindruck habe ich aber auch. Immer nur ›Geht nicht, geht nicht!‹ geht ja nun auch nicht. Meine Männer, die kommen jeden Morgen aus Wittenburg, die können nicht ständig umsonst antanzen. Ich sag Ihnen mal eins«, er fährt den Lautstärkepegel noch einmal hoch, um den Effekt seiner nun folgenden Drohung zu verstärken. »Wenn Montag kein Wasser da ist«, droht Herr Kobiashvili, »dann schwör ich, dann mach ich'n richtiges Ballett!«

Nachdem der Chef fertig gebrüllt hat, frage ich den weißen Mann, was er denn eigentlich hier auf der Baustelle mache, wo er doch gar nicht arbeiten könne. Er sagt: »Ich soll hier für Wasser sorgen, bis das geregelt ist, darf ich nicht nach Hause fahren, hat der Chef gesagt.«

Dass ich zufällig auf der Baustelle aufgetaucht bin, muss für den weißen Mann ein Geschenk Gottes gewesen sein. Was aber hätte er getan, wenn ich nicht aufgetaucht wäre? Das Wochenende hier verbracht? Auf die Idee, sich Katjas Nummer zu besorgen und sie anzurufen, ist er jedenfalls nicht gekommen.

Holger und Andrea sind nicht da. Ich klingele bei den anderen Nachbarn – bei denen, die uns die CD mit den Baustellenfotos geschenkt haben. Sie haben drei kleine Kinder, die Mutter ist zu Hause. Die Putzer dürfen Wasser abzapfen aus ihrem Außenwasserhahn, der zum Glück nicht eingefroren ist. Sie brauchen tausendzweihundert Liter für eine Tonne Putz, eine Tonne Putz reicht für circa achtzig Quadratmeter Wandfläche.

»Nur zwei, drei Tage«, sage ich. »Sobald der Technikraum verputzt und der Hauswasseranschluss installiert worden ist, brauchen wir euer Wasser nicht mehr. Und was die bis dahin verbraucht haben, bezahlen wir euch natürlich. Ihr seid echt unsere Rettung. Tausend Dank.«

Als wir Anfang März in den Urlaub fliegen, ist der Hauswasseranschluss immer noch nicht gebaut. Die Dogge sagt, um den Hausanschluss bauen zu können, benötige er irgendwelche Unterlagen von den Wasserwerken, die er angefragt, aber noch nicht erhalten habe. Wann die Wasserwerke die benötigten Unterlagen schicken würden, das könne er leider nicht sagen, das zu beeinflussen stehe nicht in seiner Macht. Ich denke: In deiner Macht hätte es aber gestanden, die Wasserwerke ein paar Wochen früher zu kontaktieren, um die nötigen Unterlagen zu besorgen, du Idiot. Schließlich weißt du doch nicht erst seit vorgestern, dass unser Haus einen Wasseranschluss braucht.

Ich gehe zur Nachbarin und beichte, dass erstens ihr Wasser vorerst weiter benötigt wird und dass wir zweitens für vierzehn Tage in die Sonne fliegen und nur sehr schlecht erreichbar sein werden. Ich gebe der Nachbarin die Nummer von Katja, damit sie jemanden hat, den sie anrufen und anschnauzen kann, falls ihr eines Morgens auffällt, dass es eine Zumutung ist, dass das Vorankommen unseres Neubaus an ihrem Außenwasserhahn hängt. Dann gehe ich nach Hause, packe Bikini, Taucherbrille und Schnorchel in einen Koffer, um mich am nächsten Tag mit meinem Mann und den Kindern in ein Taxi zu setzen, das uns zum Flughafen bringt.

Siebenundzwanzig Stunden später kommen wir an unserem Ziel an, in einem kleinen Hotel am anderen Ende der Welt. Zwischen dem Hotelpool und dem Außenwasserhahn der Nachbarn liegen über zehntausend Kilometer: Genau diesen Abstand habe ich gebraucht. Ich lege mich auf eine Sonnenliege, bestelle einen Mangoshake und vergesse für die nächsten zwei Wochen alle Handwerker dieser Welt.

Als wir aus dem Urlaub zurückkehren, sind wir rundum erholt, der Innenputz ist fast fertig – und der Hausanschluss erst seit drei Tagen installiert, wie die Nachbarin erzählt. Ich lasse mir von Herrn Kobiashvili schriftlich geben, wie viel Wasser seine Männer ungefähr verbraucht haben, rechne aus, wie viel Geld die Nachbarn von uns bekommen, verdopple die Summe, runde sie auf und drücke der Nachbarin zwanzig Euro in die Hand.

Als Nächstes, sagt Katja, sind der Außenputz und der Fußbodenaufbau dran: Auf den Betonboden kommt die Dämmung, auf der Dämmung wird – in allen Räumen außer den Schlafzimmern – die Fußbodenheizung verlegt, auf die Fußbodenheizung wird der Estrich gegossen. Wenn der Fußbodenaufbau fertig ist, wird die Heizungsanlage installiert, die Heizung wird hochgefahren und das Haus getrocknet.

Und dann, denke ich, müssen doch eigentlich nur noch die Bodenbeläge verlegt, die Wände gestrichen, die Türen und die Küche und die anderen Einbaumöbel eingebaut, die Steckdosen und Lichtschalter und Einbauleuchten montiert und die Bäder fertig gestellt werden. Dann ist das Haus so weit fertig, dass man darin wohnen kann.

»Meinst du nicht, wir können allmählich mal unsere Wohnung kündigen?«, frage ich Katja.

»Aber klar«, sagt Katja. »Habt ihr das etwa noch nicht gemacht? Spätestens Ende Mai könnt ihr einziehen.«

Es ist Ende März. Unsere Kündigungsfrist beträgt die üblichen drei Monate. Vor dem 30. Juni werden wir die Wohnung nicht los.

»Ach«, sagt mein Mann, »wer weiß, vielleicht ist es ja doch ganz gut, wenn wir zeitlich ein bisschen Luft haben.«

Baunebenkosten inkl. MwSt.:	
Übertrag	55.701,09 €
Wasserverbrauch Innenputz	20,00 €
Zwischensumme	55.721,09 €

Baueltern und Baukinder

Meine Tochter kommt nach der Schule nach Hause. Meine Tochter hat schlechte Laune, das sehe ich sofort. Meine Tochter schleudert den Schulranzen in den Flur und sagt: »Paulas Zimmer wird viel schöner als meines.«

Paula geht in die gleiche Schule wie meine Tochter, Paula ist in der sechsten, unsere Tochter in der fünften Klasse. Sie sind Freundinnen. Paulas Eltern bauen auch. Sie haben ein kleines Haus aus den Zwanzigern gekauft, das sie seit Monaten sanieren und um einen Anbau erweitern. Andere Fünft- und Sechstklässlerinnen unterhalten sich mit Gleichaltrigen über *Germany's Next Topmodel*, über Pferde oder Jungs; Paula und meine Tochter, die Bauherrenkinder, verbringen die Pausen damit, Baufachgespräche zu führen. Meine Tochter ist immer auf dem Laufenden darüber, wie es um Paulas Haus steht. Ich nehme an, das gilt auch umgekehrt. Letzten Herbst hatte sie besonders viel zu erzählen: »Paula hat's gut. Bei Paula sind jetzt schon die Wände verputzt, und der Fußboden ist fertig, in drei Monaten zieht sie ein.«

Eine Woche später: »Stell dir mal vor, Paulas Haus ist ganz vollgeregnet. Es hat doch so doll geregnet, und der doofe Dachdecker hat vergessen, das Dach mit Plastikplanen abzudecken. Das Wasser im Wohnzimmer reichte Paulas Eltern bis zu den Knöcheln. Die mussten Gummistiefel anziehen und das Wasser aus dem Haus pumpen.«

Drei Wochen später: »Paulas Haus ist ganz schwarz von innen. Weil Paulas Architektin, die hat einfach die Fenster eingebaut und die Fußbodenheizung angestellt, obwohl das

Haus noch gar nicht richtig trocken war, und jetzt wächst da überall Schimmel.«

»Um Gottes willen!«, sagte ich. Ich bin Protestantin und nur ein bisschen gläubig, trotzdem hätte ich mich fast bekreuzigt. »Das ist ja furchtbar! Die Armen!«

Ein paar Tage später: »Das dauert jetzt doch noch ganz lange, bis Paula einziehen kann. In Paulas Haus muss der ganze Putz und der ganze Fußboden rausgerissen und wieder neu gemacht werden, auch die Fußbodenheizung, weil wenn sie das nicht machen, dann kann es sein, dass da noch irgendwo Schimmel bleibt. Und dann muss so ein Mann kommen, der sich mit Schimmel auskennt, und alles sauber machen.«

Meine Tochter schaute betrübt: »Paula sagt, ihre Eltern sind *richtig* fertig!«

Zwei Monate später: »Paulas Eltern geht es wieder ganz gut. Der Schimmel ist weg, und die Wände und der Fußboden sind jetzt ganz neu, jetzt können sie endlich weitermachen.«

Wieder eine Woche später: »Gestern hat der Elektriker in den Fußboden gebohrt und hat die Fußbodenheizung getroffen, da ist jetzt ein Loch drin, und das müssen die jetzt suchen mit so einer Kamera, die kann sehen, wo das warme Wasser ausläuft.«

Ich wurde blass, meine Tochter fuhr fort: »Und dann müssen sich Paulas Eltern auch noch darüber streiten, wer das mit dem Schimmel und den neuen Wänden und dem neuen Boden bezahlen muss. Die Architektin sagt, der Dachdecker ist schuld, weil er das Dach nicht abgedeckt hat, und der Dachdecker sagt, die Architektin ist schuld, dass es geschimmelt hat, weil sie die Heizung aufgedreht hat. Mama, kann so was alles bei uns auch passieren, und dann weinst du auch ganz oft?«

»Ich hoffe nicht«, sagte ich und hörte mich flüstern: »Herr, steh uns bei!«

Wenn es ausnahmsweise einmal keine großen oder kleinen Katastrophen gibt, über die Paula und meine Tochter einander berichten können, dann tauschen sie sich über die gestalterischen Details ihrer zukünftigen Eigenheime aus. Ich weiß, dass Paulas Haus ein Giebeldach und einen Keller und überall Holzfußboden hat, dass Paulas Mutter lauter bunte Wände möchte, dass das Haus ein bisschen weniger Wohnfläche haben wird als unseres, dafür aber der Garten viel größer ist. Heute scheint es um die Kinderzimmer gegangen zu sein, und meine Tochter ist offenbar zu dem Schluss gekommen, dass sie in dieser Kategorie zu schlecht abschneidet.

»Paula bekommt das größte Zimmer im ganzen Haus, und wir bekommen nur ganz winzige Zimmer«, mault meine Tochter.

»Sag mal, geht's noch?«, frage ich. »Eure Zimmer sind überhaupt nicht winzig. Die sind siebzehn Quadratmeter groß, das ist weder sehr groß noch sehr klein, sondern ganz normal. Vergiss nicht, wir sind keine Millionäre.«

Die ganz korrekte Größenangabe lautet: 16,97 Quadratmeter. So steht es jedenfalls bei beiden Zimmern im Grundriss. Ob beide Kinderzimmer tatsächlich exakt 16,97 Quadratmeter groß sind, wissen wir nicht. Gleich zu Beginn der Bauplanungen haben wir die Architektinnen beschworen, unter gar keinen Umständen etwas anderes als zwei exakt gleiche Größenangaben in den Grundriss einzutragen. Die zukünftigen Bewohner dieser Zimmer sind so erbitterte Konkurrenten, wie es nur relativ schnell nacheinander geborene Geschwister sein können: Sollte den Kindern ein Grundriss in die Hände fallen, in dem steht, dass das eine Zimmer 0,2 Quadratmeter kleiner oder größer ist als das andere, so würde eines von beiden »Das ist total ungerecht!« brüllen und damit einen grausamen, endlosen Zimmerverteilungskampf entfesseln. Für so etwas haben wir keine Nerven.

»Aber unsere Zimmer sind kleiner als euer Schlafzimmer, das stimmt ja wohl«, mault meine Tochter.

Ich merke, wie meine Halsschlagader sich verengt, mein Puls sich erhöht und mein Solarplexus zu kribbeln beginnt. Ich denke: Immer wieder erstaunlich, wie durch und durch unsympathisch man sein eigen Fleisch und Blut gelegentlich finden kann.

»In unserem Schlafzimmer schlafen Papa und ich ja auch zu zweit. Und jetzt hol bitte deine Frühstücksdose aus dem Ranzen«, antworte ich in dem übertrieben freundlichen Tonfall, mit dem Eltern signalisieren: Kind, noch schaffe ich es dank meiner ausgeprägten elterlichen Charakterstärke, gesittet zu dir zu sprechen, obwohl du mir das wirklich sehr, sehr schwer machst. Aber noch ein blödes Wort von dir, und ich verliere auf der Stelle die Beherrschung!

Meine Tochter presst die Lippen aufeinander. Die schlechte Laune staut sich in ihren Gesichtszügen, bis sie es nicht mehr aushält und – koste es, was es wolle – das orale Überlaufventil erneut aktiviert werden muss: »Und dann hat Paula auch noch so alte Dachbalken im Zimmer, das sieht bestimmt viel gemütlicher aus als bei mir.« Dann brechen bei ihr alle Dämme: »Ich will auch lieber ein altes Haus, das ist viel schöner als so ein doofes modernes mit so einem pottenhässlichen grünen Linealumfußboden oder wie der heißt! Warum habt ihr uns eigentlich nicht gefragt, ob wir den auch haben wollen?«

Sie hat es nicht anders gewollt.

»Schluss jetzt!«, schreie ich. »Papa und ich bezahlen das Haus, also bestimmen wir, welchen Fußboden wir nehmen –

und zwar, ohne dich um Erlaubnis bitten zu müssen. Und ist dir eigentlich klar, dass es massenhaft Kinder gibt, die gar kein Zimmer für sich allein haben, geschweige denn ein eigenes Haus? In armen Ländern gibt es ganze Familien, die zu zehnt auf siebzehn Quadratmetern leben müssen. Und du jammerst rum, weil deine Freundin ein bisschen mehr Platz hat als du? Rate mal, wie ich das finde? Das finde ich ... das Hinterletzte, du verzogenes Kind!«

Das verzogene Kind rennt schluchzend in sein aktuelles, vierzehn Quadratmeter großes Zimmer und knallt die Tür hinter sich zu. Abends sitze ich mit meinem Mann zusammen, wir trinken ein Glas Rotwein, ich erzähle ihm von unserer Tochter und unserem Streit.

Ich sage: »Ich weiß gar nicht, was mit der los ist. Die war doch früher nicht so.«

Mein Mann sagt: »Du meinst früher, als unsere Kinder noch dachten, es gäbe Wichtigeres als die Frage, ob wir einen zwei- oder dreiseitig geöffneten Kamin nehmen und welche Form unsere Türgriffe haben?«

Ich denke an eine Szene vor vielen Jahren zurück. Unser Sohn war acht oder neun und zeigte irgendein ungebührliches Verhalten, das er trotz mehrmaliger Ermahnung nicht zu unterlassen bereit war. Ich war einerseits mit meinem mütterlichen Latein am Ende, andererseits war ich zu faul und müde, um mein Kind auf nachdrücklichere Weise zu maßregeln als durch Worte. In meiner Resignation flüchtete ich mich in eine Feststellung, die so zutreffend wie pädagogisch sinnlos war: »Weißt du was? Du benimmst dich wirklich fürchterlich.«

Daraufhin mein Sohn: »Dafür kann ich nichts. Du und Papa, ihr erzieht mich doch.«

Stimmt. Es sind immer die Eltern, die schuld daran sind, wenn die Kinder durchdrehen. Auch diesmal.

Seit wir das alte Haus gekauft haben, haben wir das Thema »Hausbau« zum Zentrum unserer Familienkommunikation gemacht. Nicht nur deshalb, weil es das Thema ist, das uns zurzeit am meisten beschäftigt. Nein, ich gestehe: Auch deshalb, weil wir uns nicht sattsehen konnten an vor Freude glänzenden Kinderaugen. Der sicherste und simpelste Weg, Kinderaugen zum Glänzen zu bringen, ist nun einmal der, etwas tolles Neues zu kaufen.

Die aufregendsten Neuanschaffungen, die meine eigenen Eltern tätigten, als ich Kind war, waren Ende der Siebziger unser erster Farbfernseher und ein malachitgrüner Audi 80 GL mit elektrischen Fensterhebern, Radio und Kassettendeck, in dem mein Vater an einem Frühlingstag im Jahr 1983 auf den Parkplatz vor unserer Reihenhausreihe rollte. Meine älteren Schwestern und ich wurden von unseren Eltern keineswegs materialistisch, sondern ausgesprochen werteorientiert erzogen. Trotzdem – oder gerade deshalb? – bildeten die Einführung des neuen Autos und des neuen Fernsehgerätes in unseren Haushalt feierliche Höhepunkte unseres Familienlebens, die einen festen Platz in meinen schönsten Kindheitserinnerungen haben. Das Gefühl, das ich empfand, als ich zusammen mit meinen Schwestern zum ersten Mal vor dem nagelneuen Grundig-Fernseher oder auf der Rückbank des fabrikneu riechenden Audis saß, kann ich bis heute abrufen: Stolz auf meine Mutter und meinen Vater, die uns so etwas ermöglichen konnten – aber auch Geborgenheit. Eltern, die so groß und stark waren, dass sie ein neues Auto kaufen konnten, waren bestimmt auch groß und stark genug, um sich unter ihrer Obhut vor jedweder Unbill sicher fühlen zu können. Ich war glücklich. Wie glücklich, hatte ich gedacht, müssen meine eigenen Kinder erst sein, wenn sie erfahren, dass ihre Eltern ein eigenes Haus anschaffen?

Tatsächlich waren unsere Kinder begeistert, als wir ihnen unseren Hauskaufplan mitteilten. Noch begeisterter waren sie, als aus dem Plan Wirklichkeit wurde. Wir waren es auch: Zum Preis von nur einem Haus konnten wir uns zwei Mal freuen – auf das neue Haus und über die Begeisterung der Kinder. Ein prima Geschäft, das wir fortan so oft wie irgend möglich zu wiederholen trachteten. Wann immer es eine gute Neuigkeit zum Hausprojekt zu berichten gab, wir investierten sie umgehend in die Kinder, unsere Vorfreudevervielfachungsautomaten.

Ich: »Wisst ihr was? Wir reißen das alte Haus ab und bauen ein ganz neues, viel schöneres.«

Die Kinder: Hurra!

Oder: »Das neue Haus wird einen Kamin haben. Stellt euch mal vor: Dann sitzen wir abends zusammen und spielen etwas, und im Kamin brennt ein gemütliches Feuer!«

Die Kinder: Das wird schön!

Oder: »Tut mir leid, Schatz, Joghurt ist schon wieder alle. Aber wenn wir erst im neuen Haus sind, dann haben wir einen richtig großen Kühlschrank, in den passen bestimmt zwanzig Joghurtbecher auf einmal rein.«

Die Kinder: Au ja!

Zunächst hatten wir die Begeisterung unserer Kinder gefüttert, um unsere eigene gute Laune zu verstärken. Später allerdings, als der Hausbau allmählich all unsere Energie zu fressen begann, gingen wir dazu über, ihnen Begeisterungsanlässe als Gegenmittel gegen – durch elterliche Vernachlässigung hervorgerufene – schlechte Laune zu verabreichen.

Die Kinder: »Können wir Samstag was zusammen machen?«

Ich: »Samstag geht echt nicht, leider. Papa und ich müssen ganz dringend noch mal nach Badewannen gucken.«

Die Kinder, enttäuscht: »Och Mann, schon wieder?«

Ich: »Ja, ich weiß, das nervt, aber dafür wird das Badezimmer bestimmt auch ganz, ganz schön. Habe ich euch eigentlich schon erzählt, dass wir eine offene Dusche bekommen mit so einem ganz großen Duschkopf?«

Die Kinder, nur mäßig begeistert, aber immerhin befriedet: »Und was sollen wir solange machen?«

Ich: »Kommt doch mit!«

Die Kinder: entsetzt.

Ich: »Hinterher gehen wir auch zu McDonald's, wenn ihr wollt.«

Die Kinder: »Na gut.«

Dass wir bei jeder sich bietenden Gelegenheit von unserem zukünftigen Leben im neuen Haus schwärmten, dass wir aus dem Einzug ins Eigenheim so etwas wie den Einzug ins Gelobte Land machten, dass wir die Erwartungen der Kinder allmählich ins Unermessliche schraubten, das ist sicher der erste große Fehler, den wir als Eltern gemacht haben. Der zweite, vielleicht noch größere Fehler: Wir haben so getan, als dürften sie mitreden bei diesem Thema.

Obwohl wir wissen, dass man Kinder nur mitreden lassen sollte bei Angelegenheiten, die zu überschauen und entscheiden sie alt und reif genug sind, haben wir alle Vernunft fahren lassen und zu den Kindern gesagt: »Und dann setzt euch doch mal hin und denkt darüber nach, wie eure Zimmer und das Kinderbad aussehen sollen.«

Ein paar Tage später präsentierten sie die Ergebnisse ihres Nachdenkens. Unsere Tochter teilte uns mit, dass sie eine rote, eine lila und eine gelbe Wand haben wolle, außerdem einen weiß lackierten Holzfußboden und eine niedrige, breite Fensterbank, auf die sie ihre vielen bunten Kissen legen und es sich zum Lesen gemütlich machen könne. Die Idee mit der Fensterbank fanden wir gut.

»Süße«, sagte ich so sanft wie möglich, »glaubst du nicht, dass das zu bunt wird? Drei verschiedenfarbige Wände, und dann auch noch in Lila, Rot und Gelb?«

»Nö«, sagte unsere Tochter.

»Und der Holzfußboden, den wir bekommen«, sagte mein Mann, »der sieht ganz toll aus, auch ohne weißen Lack.«

»Aber ihr habt gesagt, ich darf mir aussuchen, wie mein Zimmer aussieht!«, jaulte unsere Tochter.

»Das stimmt«, sagte ich und dachte: leider.

»Kann ich auch mal was sagen?«, fragte unser Sohn. »Ich will gar keinen Holzfußboden. Ich will hellgraues Linoleum und dunkelgraue Wände. Und eine Wand im Zimmer.«

Er befand sich eindeutig auf der Schwelle zur Pubertät. Ich schluckte.

»Was für eine Wand?«, fragte mein Mann.

»Na, eine Wand eben. So mitten im Zimmer«, sagte unser Sohn.

»Eine Wand mitten im Zimmer?«, fragte ich. »Wozu soll die denn gut sein?«

»Na ja«, sagte unser Sohn, »ich will halt was Ausgefallenes, und eine Wand mitten im Zimmer ist doch etwas Ausgefallenes, oder?«

»In der Tat, das ist eine sehr ausgefallene Idee«, sagte ich. »Aber glaub mir, da fällt uns bestimmt noch was anderes ein. Wir fragen mal Sarah. Habt ihr euch denn darauf geeinigt, was für Fliesen ins Kinderbad sollen?«

Unser Sohn: »Ja. Große schwarze.«

Unsere Tochter: »Nein. Kleine grüne.«

Ich seufzte schwer.

Mein Mann: »Na, das müssen wir ja zum Glück nicht sofort entscheiden. Darüber können wir ja noch mal reden.«

Seither haben wir nicht noch einmal mit den Kindern

über ihre Zimmer und ihr Bad geredet. Wahrscheinlich, weil wir sowieso wissen, was dabei herauskommen wird: nichts, was wir gut und bezahlbar finden.

Ich nehme einen Schluck Rotwein. Unsere eigentlich ganz normalen, unkomplizierten, manchmal nervigen, aber meist reizenden und vor allem eher maßvollen Kinder sind dabei, sich in kapriziöse, anspruchsvolle Miniaturbauherren zu verwandeln – und wir, wir müssen etwas dagegen unternehmen.

»Wir müssen aufhören, mit den Kindern so viel übers Haus zu sprechen«, sage ich zu meinem Mann.

»Das glaube ich aber auch«, sagt mein Mann. »Und übrigens, wie das Kinderbad und ihre Zimmer aussehen, das bestimmen wir. Erstens, weil sie völlig überfordert sind damit, und zweitens, weil sie sonst komplett überschnappen. Die kriegen beide Eichendielen natur und damit basta.«

»Na ja«, sage ich, »ich finde, eine bunte Wand pro Zimmer ist o.k., die dürfen sich jeder eine Farbe aussuchen.«

»Aber nicht Schwarz«, sagt mein Mann.

Ein paar Tage später schlagen uns Sarah und Katja vor, im Kinderbad vanillefarbene Wand- und dunkelblaue Bodenfliesen zu verlegen. Mein Mann und ich stimmen zu. Ohne die Kinder zu fragen, was sie davon halten.

Baunebenkosten inkl. MwSt.:

Übertrag	55.721,09 €
Kinder bestechen	
(1 Familienbesuch bei McDonald's)	23,96 €
Zwischensumme	55.745,05 €

Abgetaucht

Ich treffe mich an einem Donnerstag um halb zehn mit Sarah auf der Baustelle, um den Kamin zu begutachten, der inzwischen eingebaut wurde, und um zu besprechen, wie groß die in den Boden eingelassene Fußmatte im Eingangsbereich werden und wo genau sie liegen soll: Das muss geklärt sein, bevor der Estrich ab Montag gegossen wird. Ich lege fest, dass die Matte zwei Quadratmeter groß sein soll, damit zwei Kinder und ein Hund gleichzeitig darauf passen – ein schwarzer Teppich, über den alle Schmutzfinken schreiten müssen, bevor sie die Wohnräume betreten dürfen.

Die Gebr.-Nadler-Männer sind gerade dabei, Styroporklötze auf dem Betonboden des Hauses zu verlegen. Auf das Styropor kommt dann irgendeine Folie, auf die Folie kommt die Fußbodenheizung: Kunststoffschläuche, die in engen Schlaufen per Stecksystem auf der Dämmung befestigt und an den Heizkreislauf angeschlossen werden. Bis Montag, sagen die Männer zu Sarah, würden sie damit niemals fertig werden. Sarah, heute im schwarzen Mini, zückt das Handy aus ihrer kleinen schwarzen Handtasche, wählt, wartet und sagt dann: »Hallo, Herr Nadler. Wir haben hier ein kleines Problem. Ab Montag wird der Estrich gegossen, aber Ihre Leute sind noch nicht einmal fertig mit der Dämmung.«

Pause.

»Stimmt, das ist natürlich knapp. Aber wissen Sie, der Montag war ja schon länger geplant, wie Ihnen bekannt sein dürfte.«

Pause.

»Dann müssen Sie wohl ein paar mehr Leute hier auf die Baustelle schicken. Doch, ich bin ganz sicher, Sie bekommen das hin. Schön, dann muss ich mich ja nicht weiter darum kümmern, nicht wahr?«

Nachdem Sarah Herrn Nadler mit der ihr eigenen Taktik – charmant im Ton, knallhart in der Sache – auf Trab gebracht hat, wendet sie sich den Außenputzern zu, die in der Frühlingssonne im Garten herumstehen, rauchen und warten. Und zwar auf Materialnachschub. Seit gestern schon, wie Herr Meyer, der Vorarbeiter, erklärt. Komisch, denke ich, die haben doch erst vorgestern angefangen.

»Sehr, sehr schade«, sagt Sarah und blinzelt in den Himmel. »Die Wetterlage ist ja gerade absolut ideal zum Verputzen.«

Die Sonne scheint, es ist mild, kein Regen und kein Frost in Sicht. Sarah strahlt mit der Sonne um die Wette – und zwar Herrn Meyer ins Gesicht: »Dann hoffen wir mal, dass Sie hier nicht mehr allzu lange herumstehen müssen. Aber bitte tun Sie mir einen Gefallen, Herr Meyer. Wenn das Wetter und die Licht- und Sichtverhältnisse nicht mehr ganz so ideal sind, dann bleiben Sie doch einfach zu Hause. Der Putz soll ja so schön wie möglich werden, und wir sind da sehr empfindlich, wissen Sie. Mädchen eben.«

Herr Meyer lacht, Sarah lächelt: »Wir wollen ja nicht, dass Ihnen das Gleiche passiert wie Ihren Kollegen auf einer anderen Baustelle neulich. Da musste das Gerüst wieder aufgebaut und der ganze Außenputz noch einmal abgeschlagen und neu gemacht werden, weil er beim ersten Mal nicht ordentlich geworden war. Sie verstehen mich, Herr Meyer?«

Herr Meyer lacht nicht mehr.

Am Montagmorgen bin ich wieder auf der Baustelle, um zu schauen, ob Gebr. Nadler mit der Fußbodenheizung fertig geworden sind und der Estrich wie geplant gegossen wird. Er wird. Die Außenputzer sind auch wieder da. Sie haben auf sämtliche Außenwände eine weiße Schicht gespachtelt und eine Art Netz darauf geklebt, in das der Putz eingearbeitet werden wird – die Armierung, die die Bildung von Rissen verhindern soll. Nur die Hausseite, an der sich der Seiteneingang befindet, ist noch nicht fertig vorbereitet fürs endgültige Verputzen. Dort fehlt nämlich das Gerüst.

Dass das Gerüst fehlt, hat etwas damit zu tun, dass in den letzten Wochen die Hauszuführungen für die Gas-, Wasser- und Stromversorgung gebaut wurden. Als Hauszuführung bezeichnet man jenen Leitungsabschnitt, der von der Hauptversorgungsleitung auf öffentlichem Grund auf das Grundstück abzweigt und an der dafür vorgesehenen Stelle ins Hausinnere hineinführt, zum sogenannten Übergabepunkt.

Für den Bau der Hauszuführungen sind die jeweiligen Netzbetreiber zuständig. In Hamburg sind das E.ON Hanse, die Hamburger Wasserwerke und Vattenfall. Als ehemals staatliche, inzwischen privatisierte Versorgungsunternehmen müssen Vattenfall und E.ON Hanse auf dem Strom- und Gasmarkt mit anderen Anbietern konkurrieren. Für das Funktionieren, die Wartung, die Instandsetzung und den Ausbau des Leitungsnetzes sind sie jedoch weiterhin allein zuständig. Erst wenn die Netzbetreiber die Hauszuführungen gebaut haben, kommen der Elektriker und der Sanitärinstallateur wieder zum Einsatz: Sie installieren all jene Leitungen im Hausinneren, die vom Übergabepunkt im Technikraum zu den eigentlichen Verbrauchsstellen führen.

Vor fast einem Jahr, bevor das alte Haus abgerissen wurde, habe ich den Rückbau der Hauszuführungen beantragt. Vor ein paar Wochen nun musste ich den Aktenordner »Abriss« wieder aus dem Regal ziehen und die Liste mit den Ansprechpartnern bei den verschiedenen Netzbetreibern erneut durchtelefonieren, um die Wiederherstellung der Hauszuführungen in die Wege zu leiten. Die Netzbetreiber verlangen ungehinderten Zugang zu der Stelle, an der die Hauszuführung ins Haus hineinführt: Bei uns laufen die Hauszuführungen unterhalb des Seiteneinganges ins Haus hinein, also musste dort das Gerüst abgebaut werden. Vattenfall hat seine Rechnung schon geschickt.

»Gut, dass Sie da sind«, spricht mich Herr Meyer, der Außenputzer, an. »Ich hab da mal eine dringende Frage. Wann wird denn das Gerüst endlich wieder aufgebaut, wissen Sie das? Das sollte doch schon vorgestern passieren. Wir können ja gar nicht weitermachen, solange das nicht wieder steht.«

Ich rufe Katja an.

Katjas Nummer habe ich in meinem iPhone schon vor Monaten unter »Favoriten« abgespeichert. Das Haus ist noch längst nicht fertig, noch ist nicht absehbar, wie viele weitere Monate Katja unsere Bauleiterin bleiben wird, aber schon jetzt ist klar: Zeit meines Lebens habe ich mit keinem Menschen öfter telefoniert als mit ihr – bis zu vier- oder fünfmal täglich. Hinzu kommen die E-Mails, die wir einander schicken: Jede Entscheidung müssen wir schriftlich bestätigen. Zu jedem noch so kleinen Hausdetail – Wie breit werden die Fußleisten? Welchen Griff bekommt der Garderobenschrank? Wie wird der Schornstein verkleidet? Aus welchem Material besteht die Fußmatte? – entsteht ein elektronischer Schriftwechsel. Katja schickt Mails mit Angeboten, Vorschlägen, Aufgaben, Protokollen, Erklärungen, Informationen und Terminen, die wir freigeben, kommentieren, erledigen, lesen, verstehen, sichten oder bestätigen müssen. Wir schicken Mails mit Fragen, Bitten, Beschwerden, Sorgen und Ideen, die Katja beantworten, erfüllen, prüfen, beschwichtigen oder mit Sarah besprechen muss. Irgendwann, lange nach unserem Einzug, zähle ich spaßeshalber nach, wie viele

Mails wir einander im Laufe unserer Zusammenarbeit geschrieben haben. Ich habe sie fast alle aufbewahrt. Ich zähle: achthundertdreiundzwanzig.

Katja ist uns gegenüber immer freundlich. Selbst die x-te Nachfrage zu demselben Thema bringt sie nicht aus der Fassung. Sie bleibt gelassen, auch wenn ich mich aufrege. Nie vergehen mehr als ein paar Stunden, bis sie auf eine E-Mail reagiert. Nur wenn ich mich zu verquatschen drohe, weil ich gerade sehr gut oder sehr schlecht gelaunt bin, unterbricht sie mich. Seit wir bauen, bin ich eigentlich immer entweder sehr gut oder sehr schlecht gelaunt – je nachdem, ob es gerade gut oder schlecht läuft mit dem Haus. Darum verquatsche ich mich meistens, wenn ich mit Katja telefoniere.

»Julia, entschuldige bitte, ich rede sehr gerne mit dir, aber ich glaube, ich muss jetzt mal dringend weitermachen«, sagt Katja dann.

Genervt wirkt sie höchstens, wenn irgendein Handwerker Mist baut. Katja sagt: »Ich dachte, der Gerüstbauer ist längst da gewesen. Und wieso hat Herr Meyer mich deshalb denn nicht selbst angerufen, statt zu warten, bis du vorbeikommst? Der hat doch meine Nummer. Manchmal denke ich, ich werde wahnsinnig.«

Katja ruft Herrn Dammann an, der als Rohbauer den Gerüstbau veranlasst hat. Herr Dammann ruft den Gerüstbauer, mit dem er zusammenarbeitet, auf dem Handy an, erreicht aber nur dessen Mobilbox. Der Gerüstbauer habe noch nicht zurückgerufen, erzählt Katja mir, als wir spätnachmittags wieder telefonieren: »Wir bleiben dran«, sagt Katja. »Mehr kann ich leider gerade nicht tun. Ist manchmal so.«

»Ach ja, und noch etwas«, sage ich. »Ich glaube, Nadler hat den Anschluss für die Dusche im Kinderbad vergessen.«

»Schon notiert«, sagt Katja. »Ich kümmere mich. Bis morgen.«

Abends habe ich schlechte Laune. Ich denke an Gebr. Nadler, die ständig alles auf den letzten Drücker erledigen – und an den Gerüstbauer, der gar nicht erledigt hat, was zu tun ist. Ich kann nicht glauben, dass es das gibt: Menschen, die zusagen, einen Auftrag zu einem bestimmten Termin zu erledigen, und dann einfach nicht erscheinen. Menschen, die nicht ans Telefon gehen, wenn man sie deshalb zur Rede stellen und wissen will, wann sie ihre Aufgabe zu erledigen gedenken. Menschen, die nicht zurückrufen, obwohl man ihnen die Nachricht hinterlässt, dass man ihren umgehenden Rückruf, eine plausible Erklärung und die schnellstmögliche Erledigung ihrer Arbeit erwartet. Menschen, die abtauchen, obwohl man sie dafür bezahlt, dass sie auftauchen.

Ich rege mich entsetzlich auf. Anders als Katja habe ich noch nicht gelernt, nur so viel Energie wie unbedingt nötig auf diese Menschen und ihr Verhalten zu verschwenden. Ich habe immer noch nicht genug Erfahrung im Umgang mit Handwerkern.

Baunebenkosten inkl. MwSt.:	
Übertrag	55.745,05 €
Vattenfall, Herstellung Strom-Hausanschluss	2.247,43 €
Hamburger Wasserwerke, Herstellung Wasser-Hausanschluss	151,00 €
Zwischensumme	58.143,48 €

Die Küche, ein langes Kapitel

Den allerersten gemeinsamen Besuch eines Küchenstudios hatten mein Mann und ich, wenige Wochen nachdem wir mit der Hausplanung begonnen hatten, absolviert. Die Küchen dort waren eher günstig und lagen in einem Internet-Küchenhersteller-Ranking auf den oberen Qualitätsplätzen.

Der Küchenberater war ein drastisch übergewichtiger, gemütlich gelaunter Fünfzigjähriger. Ein Großteil der Zeit, die wir mit ihm verbrachten, ging dafür drauf, ihm den Einbau von Glasvitrinen, Kräuterborden und Lichtleisten auszureden: Wir wollen eine sehr schlichte Küche. Außerdem wollen wir eine Küche, die den vorhandenen Platz maximal ausnutzt, also so breit und so hoch ist, wie es die Breite und Höhe der Küchenwand ermöglicht. Erstens, weil wir finden, dass das besser aussieht. Zweitens, weil wir möglichst viel Stauraum in der Küche unterbringen wollen – schließlich haben wir keinen Keller. Das aber schien für den gemütlichen Küchenberater schwierig zu sein: Die Ober- und Unterschränke hatten Standardhöhen und -breiten. Egal, wie optimal man die angebotenen Modelle miteinander kombinierte, am Ende blieben immer zehn oder zwanzig Zentimeter Luft nach oben, rechts und links.

»Wir können Ihnen ein Passepartout bauen, das flächenbündig mit den Schränken abschließt«, sagte der gemütliche Küchenberater. »Das könnten Sie farbig streichen, ein ganz toller Effekt im Kontrast zur weißen Küche.«

Er will es einfach nicht begreifen, dachte ich: Ich will keine Küche in einem roten oder grünen Bilderrahmen. Nach drei Stunden verließen wir das Küchenstudio mit einem ersten Küchenentwurf.

»Mann, ich fasse es nicht, das hat ja ewig gedauert«, sagte mein Mann. »Bin ich froh, dass wir das hinter uns haben.«

»Was heißt hier ›Das haben wir hinter uns‹?«, sagte ich. »Das war erst der Anfang. Wir müssen noch einen Termin machen, um die Geräte auszusuchen, bevor er uns ein endgültiges Preisangebot machen kann. Und ein oder zwei andere Küchenmarken sollten wir zum Vergleich auch noch mal angucken. Wollen wir nicht eben noch mal bei Bulthaup vorbeifahren?«

»Bulthaup ist doch viel zu teuer für uns«, sagte mein Mann.

Stimmt. Außerdem ist Bulthaup eine dieser Luxusdesignmarken, die mir mit ihrer Omnipräsenz in den sogenannten besseren Kreisen so sehr auf den Zeiger gehen, dass ich sie nicht einmal dann würde haben wollen, wenn wir sie bezahlen könnten: Bulthaup legt man sich zu, wenn man wohlhabend, aber einfallslos ist – genauso wie Woolrich-Jacken, Tobias-Grau-Lampen und einen Oberklasse-SUV. Zu Bulthaup, erklärte ich meinem Mann, wolle ich nur, um mich noch einmal mit eigenen Augen davon zu überzeugen, dass die unfassbar teuren Bulthaup-Küchen gar nicht unfassbar schöner aussehen als die viel günstigere Küche, deren Entwurf wir in der Hand hielten. Zehn Minuten später schlichen wir stumm zwischen Bulthaup-Musterküchen herum.

»Wow«, sagte mein Mann und strich mit der Handfläche andächtig über eine sehr edle schlammfarbene Kunststeinarbeitsplatte, »die sieht aber schon ganz gut aus.«

»Sag's ruhig«, sagte ich. »Die sieht ungefähr tausendmal geiler aus als die Küchen eben. Verdammt.«

Der zweite Küchenberater, den mein Mann und ich gemeinsam aufsuchten, nannte sich »Küchendesigner« – ein Herr um die sechzig mit schwarzem Rollkragenpullover und verschmitztem Lächeln. Er handelte mit Designküchen einer Marke, die in dem Online-Hersteller-Ranking qualitativ weit vor Bulthaup lag, aber angeblich nicht ganz so teuer war. Ich hatte ihn zunächst allein besucht. Er empfing mich in einem zu einem Ausstellungsraum umgebauten Loft in einer alten Fabrik. In dem Loft standen mehrere ultramoderne, minimalistische Musterküchen, die ich allesamt großartig fand.

Ich blieb zwei Stunden, der Küchendesigner verstand mich, wir schwatzten und lachten viel und dachten uns meine Traumküche aus. Allerdings: Auch diese Küche brauchte ein Passepartout. Drei Tage später rief der Mann, der mich verstanden hatte, an und nannte mir eine ungefähre Summe, von der ich mir wünschte, sie wäre ein Missverständnis. War sie aber nicht.

»Den genauen Preis kann ich Ihnen natürlich erst nennen, wenn wir uns über jedes Detail geeinigt haben«, sagte der Küchendesigner.

»O.k.«, sagte ich. »Das bespreche ich mal mit meinem Mann, dann sehen wir weiter.« Was ich meinte, war: Au Backe, wie bringe ich dem das nur bei?

Ich gebe wenig Geld für Klamotten und Kosmetik aus. Ich trage keinen Schmuck, nicht einmal eine Armbanduhr. Wir schlafen in einem Ikea-Bett, unseren Esstisch haben wir gebraucht gekauft. Ich mache mir nichts aus teuren Autos und Urlauben. Markennamen sind mir völlig schnuppe. Aber: Ich liebe schöne Bilder, egal in welcher Form – jene Bilder, die man an die Wand hängt, von der Natur geschaffene Landschaftsbilder oder Bilder, die sich aus den Dingen ergeben, mit denen man sich umgibt. Ich liebe den Anblick von Blumen in einer Vase, ich liebe den warmen Schein einer Lampe oder einer Kerze, ich kann mich verlieben in den

Schatten, den eine Jalousie im Abendlicht auf eine Zimmerwand wirft, in die Silhouette eines Stuhls, in die Farben einer Decke, in den Griff einer Kommode, die Maserung eines Holzfußbodens, in die dicht an dicht gereihten Buchrücken in einem Bücherregal, in die ausgewogene Fassade eines Hauses.

Nun hatte ich mich leider unsterblich verliebt in die leicht angeraute, nach Fabrik aussehende Oberfläche einer nur fünf Millimeter dicken Arbeitsplatte aus warm gewalztem Edelstahl, die ich beim Küchendesigner gesehen hatte und die angeblich nur bei der von ihm vertriebenen Küchenmarke erhältlich war. Ich würde meinem Mann beibringen müssen: Die oder keine.

»Hör zu«, sagte ich zu meinem Mann, »wir haben noch einen Termin in einem anderen Küchenstudio. Die Küchen da sind ein bisschen teurer, aber dafür wirklich toll.«

»Was bedeutet ein bisschen teurer?«, wollte mein Mann wissen.

»Schau dir die Küchen doch erst mal an«, sagte ich. »Wenn du sie gesehen hast, wirst du sicher auch finden, dass der Preis angemessen ist.«

»Wie hoch ist er denn nun?«, fragte mein Mann.

»Man kann da ja vielleicht noch verhandeln«, sagte ich.

Der Küchendesigner beriet uns noch einmal zwei Stunden. Er sagte, er würde nun einen detaillierten Küchenentwurf zeichnen, den er uns beim nächsten Mal zeigen könne. Vorab schicken könne er uns den Küchenentwurf nicht, das sei bei ihm nicht anders als bei den meisten Küchenhändlern, dafür hätten wir sicher Verständnis: Es könne ja sonst passieren, dass ein Kunde nur deshalb zu ihm komme, um sich von ihm eine schöne Küche entwerfen zu lassen und dann, sobald er den Entwurf in der Hand halte, von Küchenstudio zu Küchenstudio zu rennen und zu gucken, ob es solch eine Küche woanders nicht billiger gebe.

»Und du meinst nicht, so eine Küche gibt es woanders auch noch billiger?«, fragte mein Mann, während wir wieder nach Hause fuhren.

»Nein«, sagte ich. »Ich habe nächtelang im Internet Küchen angeschaut und nicht eine einzige gefunden, die mir annähernd so gut gefiel. Komm schon, die Küche wird schließlich das Herz unseres Hauses!«

»Tja«, sagte mein Mann. »Die war schon schön. Mal abwarten, wie der Kostenplan aussieht.«

Der Kostenplan sah bekanntlich so aus, dass ich auf der Stelle alle Hoffnung auf die Edelstahlarbeitsplatte fahren ließ. Die Suche nach einer Küche ging weiter.

Ich traf mich mit dem Tischler, der sich nie wieder meldete. Ich besichtigte Küchenausstellungen in diversen Küchenstudios und Möbelhäusern. Ich recherchierte im Internet, ich klickte mich durch die Homepages aller in Deutschland erhältlichen Küchenmarken, ich studierte Küchendiskussionen in Küchenforen, ich landete auf der Internetseite des TV-Küchenexperten Heinz G. Günther, Autor des im Selbstverlag erscheinenden Buches *Clever Küchen kaufen. Wie man den Küchenkauf richtig anpackt und viel Geld spart*. Fast hätte ich es bestellt. Herr Günther machte mich auf seiner Homepage darauf aufmerksam, »wie schnell, wie erschreckend häufig und vor allem wie leicht« ich »als Verbraucher beim Kauf einer Küche regelrecht abgezockt« werde: Das erste Preisangebot, das ein Küchenberater mache, sei grundsätzlich viel zu hoch – und ein Idiot, wer es akzeptiere.

Den dritten und vierten gemeinsamen Küchentermin absolvierten mein Mann und ich in einem Küchenstudio, das

Sarah uns empfohlen hatte. Wir wurden beraten von einem kleinen, sehr leise und deutlich sprechenden, Anzug tragenden Herrn mit der Ausstrahlung eines kurz vor der Pensionierung stehenden Altphilologen. Er handelte mit einer Küchenmarke aus dem oberen und mit einer Marke aus dem unteren Preissegment. Beim ersten Termin blieben wir wieder drei Stunden, am Ende baten wir ihn, uns Angebote für beide Marken zu machen. Beim zweiten Termin nannte er konkrete Preise. Erstaunlicherweise sei die Billigküche nicht viel billiger als die Qualitätsküche, teilte der Altphilologe uns mit.

»Das – muss ich sagen – hat mich selbst sehr erstaunt«, wisperte er, so als lägen die Preise leider nicht in seiner, sondern in Gottes Hand. »Wobei es natürlich möglich war, Ihnen – als geschätzten Kunden einer gemeinsamen Bekannten – bei der hochwertigeren Küche einen Sonderrabatt einzuräumen. Bei der anderen Küche ging das leider nicht, deren Preis ist ja ohnehin viel schärfer kalkuliert. Verstehen Sie?«

»Ja ja«, sagte ich. Das war aber gelogen.

»Na, dann überlegen wir mal und melden uns wieder«, sagte mein Mann.

»Weißt du was?«, sagte ich zu meinem Mann. »Die Küche hier ist sehr schön, aber nicht ganz so schön und auch nicht viel billiger als die Traumküche vom Küchendesigner. Ich rufe den noch mal an und frage, ob er beim Preis nicht noch was machen kann.«

»Sie können nicht so viel ausgeben?«, rief der Küchendesigner ins Telefon. »Warum haben Sie das nicht gleich gesagt, gute Frau? Das kostet mich ein müdes Lächeln, den Preis zu senken. Nein, ein Scherz. Ich lasse mir ein paar kleine Änderungsideen einfallen, zum Beispiel die Hochschränke doch mit Griff statt mit Griffmulden, dann bekommen wir das schon hin zu dem Preis, den Sie sich vorstellen.«

Ich dachte: Ein paar Tausend Euro weniger kosten den nur ein müdes Lächeln? Ich spürte, wie das Misstrauen gedieh, das der TV-Küchenexperte Heinz G. Günther in mir gesät hatte: das Gefühl, dass, wer sich aufmacht zum Kauf einer Küche, sich in Wahrheit auf eine Art Duell einlässt, bei dem sich Küchenkäufer und Küchenverkäufer als natürliche Feinde gegenüberstehen.

Ich besuchte den Küchendesigner noch einmal in seinem Loft, er präsentierte einen neuen Entwurf, aber meine Begeisterung war dahin. Ich traute ihm, seinen Preisen, seinem verschmitzten Lächeln nicht mehr. Als er zu seinem Schreibtisch ging, um irgendwelche Unterlagen zu holen, holte ich das kleine, quadratische Muster meiner Sehnsuchtsküchenarbeitsplatte noch einmal aus der Musterschublade und sah es mir genauer an. Auf der Rückseite klebte ein Etikett: »Kindler Edelstahl«. Ich merkte mir den Namen.

Den fünften gemeinsamen Küchenstudiotermin absolvierten mein Mann und ich, weil ich fand, dass wir, bevor wir womöglich dem Altphilologen eine Küche abkauften, ein Küchenstudio besuchen müssten, das dieselbe Küchenmarke führt – Preise vergleichen als Vorbereitung für harte Verhandlungen. Wie schon beim Küchendesigner hatte ich mich zunächst alleine beraten lassen.

»Wissen Sie schon genau, was für Küchengeräte Sie wollen?«, hatte der Küchenberater gefragt, nachdem ich erklärt hatte, wie unsere Küche aussehen sollte. Der Küchenberater war ein gut aussehender, lauter, von sich selbst überzeugter Verkäufertyp Mitte dreißig, der genauso gut Autohändler hätte sein können. Als ich seine Frage verneinte, führte er mich mit federndem Schritt zu einem Miele-Backofen mit kabelloser Bratennadel, hundert Automatikprogrammen und Klimagarfunktion: »Und dann geben Sie hier ein, welches und wie viel Fleisch Sie zubereiten wollen, und dann sagt Ihnen der Backofen, wie viel Wasser Sie in den Wasserbehälter füllen müssen, um dieses Stück Fleisch optimal zu befeuchten, und errechnet von selbst, bei welcher Hitze und wie lange das Fleisch garen muss – und fertig ist der perfekte Braten.« Der Autohändler faltete die Hände vor der trainierten Brust und schaute mich erwartungsvoll an: »Toll was?«

»Ganz toll«, sagte ich. »Aber erstens: Der perfekte Schweinekrustenbraten wird doch mit Bier befeuchtet. Kann man in den Wasserbehälter auch Bier einfüllen?«

»Hahahahaha!«, lachte der Autohändler. »Kann man da auch Bier einfüllen? Den muss ich mir merken! Haha! Der ist gut!«

Ich dachte: Na ja, geht so.

»Und zweitens«, fuhr ich fort, »nehme ich an, dieses Ding ist so etwas wie der Aston Martin unter den Backöfen. Finden Sie nicht, das ist ein seltsamer Einstieg in die Beratung einer Kundin, die gesagt hat, dass sie eine solide, aber möglichst günstige Küche möchte?«

Der Küchenberater knipste das Begeisterungslachen aus: »Wenn ich Ihnen als erfahrener Küchenberater etwas mit auf den Weg geben darf«, sagte er mit feierlichem Ernst. »Billig ist nicht immer günstig.«

»Schon klar«, sagte ich. »Aber zwischen sauteuer und spottbillig gibt es ja wohl ein paar Alternativen? Und hundert Automatikprogramme brauche ich nicht, ich koche gerne selbst.«

»O.k., alles klar, ich habe kapiert, keinen Schnickschnack für die Dame!«, rief der Autohändler. »Aber einen Dampfgarer, glauben Sie mir, den müssen Sie haben!«

Als mein Mann und ich zusammen wiederkamen, präsentierte der Autohändler uns eine Küche – natürlich mit Passepartout –, deren Preis keinen Cent unter dem lag, was der Küchendesigner haben wollte.

»Und ich sag Ihnen gleich«, sagte der Küchenberater, sehr streng, geradezu aggressiv, »ein Rabatt ist nicht drin, das ist unsere Philosophie: Bei uns ist schon der allererste Preis, denn wir nennen, ein ganz faires Angebot, da gibt es keinen Verhandlungsspielraum. Wenn Sie eine günstigere Küche wollen, müssen Sie mir Ihren Maximalbetrag sagen, dann setze ich mich noch mal hin und überlege, was wir dafür hinbekommen.«

Ich dachte: Was ist das denn für eine neue, beknackte Verkaufstaktik? Ich fragte: »Diese Summe ist also Ihr allerletztes Wort?«

Der Küchenberater nickte.

»Dann kann ich Ihnen mitteilen«, sagte mein Mann und schob seinen Stuhl zurück, »wir haben keinen Maximalbetrag.« Das stimmte zwar nicht, klang aber gut. »Wir haben aber eine Schmerzgrenze. Und die ist eindeutig überschritten.«

Der Ton des Küchenberaters wurde schärfer: »Sie wollen Rabatt? Wie viel? Zehn Prozent, zwanzig, dreißig? Spielen Sie mit offenen Karten, damit ich weiß, woran ich bin. Verstehen Sie?«

»Nö«, sagte ich. »Ich verstehe gar nichts.«

»Also, dann mal Tacheles«, forderte der Küchenberater. »Wie viel wollen Sie zahlen? Sechstausend weniger, wäre das o.k.? Wenn ich noch einmal ganz scharf kalkuliere, dann schaffe ich das vielleicht, mal sehen.«

Mein Mann: »Ich dachte, es gibt keinen Spielraum.«

Der Küchenberater: »Kommt drauf an, wie schnell Sie sich entscheiden. Ich könnte sagen: Gehen Sie eine halbe

Stunde um den Block, ich aktualisiere das Angebot, und wenn Sie sofort unterschreiben, bekommen Sie die Küche für sechstausend weniger.«

Ich war geradezu beleidigt. Weniger deshalb, weil der Küchenberater uns über den Tisch ziehen wollte. Das konnte mich nicht mehr überraschen. Sondern weil er sich nicht die geringste Mühe gab, sich dabei geschickt anzustellen. Für wie blöd hielt der Typ uns?

»O.k.«, sagte mein Mann und stand auf. »Wir gehen. Aber nicht um den Block, sondern nach Hause.«

Der Autohändler ließ es sich nicht nehmen, uns bis auf den Parkplatz zu geleiten, wo der vier Jahre alte Volvo C3 meines Mannes stand. »Ein schönes Auto!«, rief der Küchenberater. »Ein ganz schönes Auto! Bin ich auch mal gefahren! Melden Sie sich, jederzeit, wenn Sie es sich anders überlegt haben.«

»Was für ein widerliches Arschloch«, sagte ich, als wir im Volvo saßen.

»Das war das allerletzte Küchenstudio, das ich in meinem Leben betreten habe«, antwortete mein Mann. »Diese Küchenberater sind alle Verbrecher. Wir suchen uns einen Tischler, das kann auch nicht viel teurer sein.«

Am nächsten Tag googelte ich »Kindler Edelstahl« im Internet, ich fand den Eintrag einer Firma in Nordrhein-Westfalen. Ich rief dort an, erzählte, dass wir uns eine Küche tischlern lassen und darin eine von dieser Firma produzierte Arbeitsplatte einbauen wollen.

»Wer ist denn Ihr Tischler?«, wollte der Herr am Telefon wissen.

»Haben wir noch nicht ausgesucht«, sagte ich.

»Wir arbeiten nur mit wenigen Tischlerbetrieben zusammen«, sagte der Herr. »Ich schau mal, wer das bei Ihnen in der Nähe ist.«

Er gab mir den Namen und die Nummer eines Tischlers bei Bremen. Mein Mann und ich besuchten ihn an einem Sonntag in seiner nach Holz duftenden Werkstatt – ein kluger, humorvoller, freundlicher Mann unseres Alters, der genau den gleichen Geschmack besaß wie wir.

»Und was für Geräte brauchen Sie?«, fragte der Tischler, als wir uns darauf geeinigt hatten, wie die Küche aussehen soll.

»Alles«, sagte ich. »Wir brauchen einen großen Kühlschrank, einen leisen Geschirrspüler, einen Induktionsherd, einen anständigen Backofen mit Pyrolyse. Alle Geräte, das ist uns wichtig, mit möglichst niedrigem Energieverbrauch.«

»Ich habe einen ganz guten Draht zu einem Bosch-Vertreter«, sagte der Tischler. »Den bitte ich mal, Ihnen was vorzuschlagen, was zu Ihren Bedürfnissen passt. Wenn Sie alles von Bosch nehmen, macht der Ihnen sicher einen richtig guten Preis.«

»Nehmen wir«, sagte ich.

Hätte der Tischler einen guten Draht zu einem Siemens-, AEG- oder Neff-Vertreter gehabt, dann hätten wir Siemens, AEG oder Neff genommen. Ich hatte die Schnauze gestrichen voll von dem ewigen Küchenberatergequatsche darüber, welcher Hersteller die besten Kühlschränke und welcher die haltbarsten Geschirrspüler und die bedienerfreundlichsten Kochfelder produziert.

Anfang April unterschreiben wir den Auftrag zum Bau einer selbst entworfenen, maßgeschneiderten, grifflosen, mattweiß lackierten Küche mit Vorratsschrank, Küchentresen und warm gewalzten Edelstahlarbeitsplatten, deren Schränke so hoch und breit werden, wie es die Küchenwand zulässt, und die trotzdem deutlich günstiger ist als alle Angebote, die der Küchendesigner, der Altphilologe und der Autohändler uns gemacht haben.

Baunebenkosten inkl. MwSt.:

Übertrag	58.143,48 €
Fahrten zu div. Küchenstudios per Pkw, insgesamt 417 km à 0,42 € Kilometerpauschale	175,14 €
Zwischensumme	58.318,62 €

Anschluss verpasst

Der Gerüstbauer ist nach ein paar Tagen aus der Versenkung aufgetaucht und das fehlende Gerüst wieder aufgebaut, als mein Mann und ich an einem Sonntag die aus dem alten Haus gerettete Heiztherme, die seit dem Abriss in unserem Keller lagerte, ins neue Haus schleppen. Morgen, am Montag, soll sie eingebaut werden, hat Herr Tiedemann von Gebr. Nadler versprochen: Die Fußbodenheizung muss langsam hochgefahren werden und mindestens vier Tage lang auf Hochtouren heizen, bevor der Innenausbau des Hauses weitergehen kann.

Am Montag kommt niemand, um die Heiztherme einzubauen. Am Dienstag kommt niemand, um die Heiztherme einzubauen. Am Mittwochmorgen ist niemand im Haus, um die Heiztherme einzubauen. Herr Tiedemann geht nicht ans Telefon. Katja schreibt ihm eine wütende Mail, Herr Tiedemann antwortet, seine Leute würden garantiert am Donnerstag kommen. Am Donnerstagmorgen ist niemand da, um die Heiztherme einzubauen. Am Donnerstagmittag bekomme ich eine Mail von Katja: Herr Tiedemann habe noch ein paar Fragen zu der Heiztherme, er würde sich deshalb bei mir melden. Er ruft zweimal an, während ich in Konferenzen sitze, ich rufe zurück und erreiche ihn nicht. Am Donnerstagnachmittag treffe ich im Haus zwei seiner Mitarbeiter, die Therme hängt schon an der Wand, halb angeschlossen. Gerade will ich mich freuen, da sagt einer der Installateure: »Nicht zu früh freuen, die müssen wir ja wieder ausbauen.«

»Wieso das denn?«, frage ich, da klingelt auch schon mein Handy. Die Dogge. Die Dogge sagt, dass man die alte

Heiztherme leider nicht einbauen könne in unser Haus, die sei viel zu klein für unseren Bedarf und funktioniere außerdem nicht mit unserer Solaranlage: »Ich empfehle Ihnen dringend den Kauf eines neuen Brennwertgeräts passend zur Solaranlage. Kostet ungefähr zweitausendfünfhundert mehr.«

Ich vergesse, Herrn Tiedemann zu fragen, warum ihm das erst jetzt einfällt, wo die alte Therme schon an der Wand hängt. Die Gerätebezeichnung kennt er seit dem Richtfest, die Therme samt Bedienungsanleitung steht seit vier Tagen im Haus. Ich vergesse es, diese Frage zu stellen, weil uns selbst die überzeugendste Antwort nicht weiterbringen würde. In zwei Monaten sollen wir einziehen, bis dahin hätte ich schon ganz gerne einen fertigen Fußboden, Zimmertüren und wenigstens ein funktionierendes Bad. Das Einzige, was uns jetzt weiterbringt, ist eine Fußbodenheizung, die läuft.

»Na gut«, sage ich. »Wenn Sie meinen, dann bleibt uns wohl nichts anderes übrig.«

Herr Tiedemann mailt wenig später sein Angebot. Er schreibt, dass er sich leider geirrt habe. Das neue Brennwertgerät verursache Mehrkosten von fünftausendachthundert Euro.

»Ich kotze, und zwar im Schwall«, sage ich zu meinem Mann.

»Was soll man machen?«, sagt mein Mann. »Es muss dringend weitergehen, und wir haben keine Zeit, Preise zu vergleichen. Sieh es mal so: Dann haben wir wenigstens eine ganz tolle, moderne, nagelneue Heizung.«

Am folgenden Dienstagabend werfen wir einen Blick auf die ganz tolle, moderne, nagelneue Heizung. Sie besteht aus dem kühlschrankgroßen Gasbrennwertgerät, das an der

Wand hängt, aus diversen Kästen mit Temperaturanzeigen, die ebenfalls an der Wand hängen, aus Kupferrohren, Überläufen, Drehventilen, Kabeln, Ausdehnungsgefäßen, die überall herumhängen – und aus einer etwas zu klein geratenen Litfaßsäule, die in der Ecke des Technikraumes steht: der mannshohe Sechshundert-Liter-Kombi-Heißwasserspeicher, den wir benötigen, weil wir eine Solaranlage mit Heizungsunterstützung haben werden. Die Litfaßsäule steht genau vor dem Sicherungskasten und dem Netzwerkverteilerschrank, die der Elektriker vor ein paar Tagen angebracht hat.

»An dieses Netzwerk-Dingsbums kann man ja gar nicht mehr richtig ran«, sagt mein Mann. »Da muss Katja mal nachfragen, ob das so in Ordnung ist.«

»Katja ist ab morgen bis nächste Woche nicht mehr da, Sarah auch nicht, das ganze Büro ist in Mailand, bei der Möbelmesse«, sage ich.

»Dann müssen wir uns wohl selbst darum kümmern«, sagt mein Mann.

»Nicht *wir* müssen«, sage ich, meine Stimme klingt schrill. »*Du* musst. Ich kann nicht mehr.«

Schon meine letzte Woche war die Hölle. Erst der Ärger mit Herrn Tiedemann, die Aufregung über das neue Brennwertgerät, unzählige Telefonate und E-Mails deshalb. Am Freitagnachmittag noch ein Termin bei Sarah. Hausaufgaben: Wir sollen Terrassenfliesen aussuchen und am besten auch mal selbst nach bezahlbaren Holzdielen schauen – die Angebote, die ihnen vorlägen, seien noch zu teuer. Schnappatmung meinerseits: Wann sollen wir das denn noch machen?

Gestern: Vor der Arbeit Wohnungsbegehung mit einem Umzugsfritzen, der uns ein Angebot für den Umzug machen soll. In der Mittagspause zu zwei Fachgeschäften für Holzdielen gefahren, ergebnislos, auch dort sind die Dielen, die wir wollen, zu teuer.

Diese Woche außerdem: drei weitere Wohnungsbesichtigungstermine mit Umzugsunternehmen, Grundstücksbesichtigungstermine mit zwei verschiedenen Landschaftsgärtnern, ein Vororttermin mit dem Küchentischler, damit er die exakten Maße nehmen kann – und am Wochenende der Geburtstag unseres Sohnes. Ach ja, und zwischendurch noch ein bisschen Artikel schreiben, da war doch irgendein Text, den ich morgen Vormittag abgeben muss. Ich habe da nämlich noch so einen kleinen Nebenjob als freie Journalistin.

»Nicht durchdrehen«, sagt mein Mann. »Ich rufe Herrn Lütjen morgen an.«

Herr Lütjen, der sympathische Elektriker, sagt, dass in der Ecke, in der die Litfaßsäule steht, gar nichts stehen darf, weil Vattenfall aus Sicherheitsgründen ein Meter zwanzig Rückenfreiheit vor dem Stromanschluss vorschreibt: »Wenn die nicht eingehalten werden, dann stellen die Ihnen den Strom gar nicht erst an, das habe ich dem Herrn Tiedemann aber auch schon ganz am Anfang gesagt.«

Mein Mann schreibt Herrn Tiedemann eine Mail und bestellt ihn für Donnerstagfrüh auf die Baustelle.

Mittwochnachmittag ruft mich die Redakteurin an, für die ich den Artikel schreiben musste. Sie sagt, dass der Text nicht gut geworden sei, ich müsse ihn noch einmal umschreiben. Das passiert mir nicht oft. Aber sie hat völlig recht, denke ich. Ich bringe zurzeit nur noch halbe Sachen zustande. Und das, obwohl ich, seit der Hausbau begonnen hat, deutlich weniger Aufträge annehme als früher: Wenn ich die Minuten und Stunden zusammenrechne, die ich über die Woche verteilt auf Hausbauangelegenheiten verwende, dann komme ich sicher auf mindestens einen Arbeitstag pro Woche, macht ungefähr vier Arbeitstage pro Monat. Zeit, die mir fehlt, um Geld zu verdienen. Andererseits: Immer noch besser, einen Haufen Geld zu verlieren als die Nerven. Gut, dass ich meine Arbeitszeiten und -belastung selbst regulieren kann, ansonsten wäre ich sicher längst zusammengeklappt.

Auf dem Heimweg vom Büro treffe ich mich mit meinem Mann im Haus, der Kessel steht jetzt nicht mehr in der Ecke, sondern in der Mitte des Technikraumes. Wir fahren nach Hause, wo unsere Tochter uns mit den Worten empfängt: »Wann soll Feline morgen bei uns sein, Papa? Wann fahren wir los?«

»Feline? Wohin soll die mit uns fahren?«, fragt mein Mann.

»Zu deiner Arbeit, morgen ist doch Girls' Day, und Feline und ich dürfen mit zu dir, hast du gesagt«, sagt unsere Tochter.

»Oh, Mist«, sagt mein Mann. »Das habe ich total vergessen.«

»Ich auch«, sage ich.

Girls' Day, das ist dieser Berufserkundungstag, der immer im April stattfindet und den ich jedes Jahr aufs Neue verfluche: Am Girls' Day, so die Ursprungsidee, sollen Mädchen zwischen zehn und fünfzehn Jahren einen Arbeitstag lang in einen typischen Männerberuf hineinschnuppern. Dann durften irgendwann auch die Jungen mitmachen und einen typischen Frauenberuf erkunden. Wer allerdings einen Platz in einem wirklich interessanten Betrieb mit gutem Betreuungsprogramm ergattern will, muss Eltern haben, die ihn daran erinnern, sich schon Monate vor dem Girls' Day darum zu bewerben. Die meisten Eltern, so auch wir, vergessen das. Diese Eltern müssen ihr Kind dann selbst mit zur Arbeit nehmen – oft zusammen mit einem Freund oder einer Freundin, denn mit Freund oder Freundin dabei ist es nicht ganz so langweilig, bei Papa oder Mama im Laden oder Büro herumzusitzen, und außerdem kann man sein Kind dann vielleicht nächstes Jahr den anderen Eltern aufs Auge drücken. Die Kinder könnten statt zum Girls' Day, der in Wirklichkeit Parents' Day heißen müsste, auch einfach zur Schule gehen. Das will aber kein normales Kind.

»Ich habe euch nicht angemeldet«, sagt mein Mann mit fester Stimme, von der er vermutlich hofft, dass sie jeden Protest im Keim ersticken wird. »Du musst morgen zur Schule. Dann eben nächstes Jahr.«

Die Hoffnung meines Mannes wird enttäuscht. Unsere Tochter fängt umgehend an, Rotz und Wasser zu heulen. Ich beschließe, ein bisschen mitzuheulen. Ich vergehe fast vor schlechtem Gewissen, vor Mitleid mit meiner Tochter – der armen, bedauernswerten Hausbauwaise. Ich bin nicht nur noch eine halbe Journalistin, ich bin auch höchstens noch eine halbe Mutter. Und das alles wegen dieses bescheuerten Scheißhauses.

Zwei heulende Frauen, das erträgt kein Mann länger als zehn Sekunden. Der Mann nimmt das Telefon, verzieht sich und kehrt zwanzig Minuten später mit der Nachricht zurück, unsere Tochter könne doch mitkommen, aber nur allein, ohne ihre Freundin. Unsere Tochter und ich schniefen noch ein wenig.

»Hey«, sagt mein Mann. »Bald haben wir's geschafft. Aber du weißt«, sagt er dann zu unserer Tochter, »dass du morgen ganz, ganz früh aufstehen musst? Ich muss vor der Arbeit noch zur Baustelle, mit Herrn Tiedemann sprechen wegen des Wasserspeichers.«

Mein Mann, unsere Tochter und Herr Tiedemann begutachten morgens um sieben Uhr dreißig gemeinsam den Litfaßsäulenstandort in der Mitte des Technikraumes. Herr Tiedemann befindet, der Platz sei nicht ideal, aber notfalls könne der Speicher so stehen bleiben.

»Gut, das wäre geklärt«, sagt mein Mann. »Dann kann ja nächste Woche die Heizung endlich anlaufen.«

»Na ja, theoretisch schon«, sagt Herr Tiedemann. »Ein kleines Problem gibt es da aber noch. Das Haus ist ja noch gar nicht ans Gasnetz angeschlossen.« Und das ginge natürlich erst, wenn das Gerüst vor dem Seiteneingang abgebaut sei.

Baunebenkosten inkl. MwSt.:	
Übertrag:	58.318,62 €
8 Monate Verdienstausfall, ca. 8 x 4 Tagessätze à 250 €	8.000,00 €
Zwischensumme	66.318,62 €

Die falsche Richtung

Man kann sich schwarzärgern über unzuverlässige Handwerker oder das unzuverlässige Wetter, über Fehler, Mängel oder böse Überraschungen. Man kann sich den ganzen Tag und die halbe Nacht aufregen. Man kann lauthals fluchen vor Wut oder sich still grämen vor Sorgen und Kummer. Oder hemmungslos anfangen zu weinen wie ein kleines Kind – und sich dabei ans andere Ende der Welt wünschen, irgendwohin, wo man keine gedämmten Häuser und funktionierende Heizungen braucht. Man kann das alles tun, wenn man baut, und sehr wahrscheinlich tut man das auch, schließlich ist man ein Mensch und keine Maschine. Man könnte es aber genauso gut sein lassen. Ein Problem verschwindet nicht, nur weil man ausflippt.

»Ist dir nicht manchmal danach, Typen wie Herrn Tiedemann anzuschreien?«, habe ich Katja irgendwann mal gefragt.

»Klar«, hat Katja geantwortet, »andauernd.«

Ich: »Und warum machst du das nicht?«

Katja: »Weil es nichts nützt.«

Ich: »Unser Freund Ingo hat gesagt, manchmal muss man schreien, sonst passiert nichts.«

Katja: »Man muss Druck machen und Tacheles reden, das ja. Aber dabei sollte man sachlich bleiben. Sich auf die emotionale Ebene zu begeben hilft normalerweise nicht weiter. Im Gegenteil, man riskiert, dass sich der Konflikt verschärft: Menschen, die man anschreit, werden bockig. Bockige Handwerker können wir uns nicht leisten. Es ist nun einmal so, dass wir auf ihre Arbeit angewiesen sind.«

Das Gute am Bauen sei, hat Sarah mal gesagt, dass es dabei für jedes Problem eine Lösung gebe. Manchmal fresse die Lösung des Problems mehr Zeit und Geld, als man es sich wünscht. Aber solange der Zeitdruck noch nicht dramatisch sei und die finanzielle Belastung tragbar, solange gebe es keinen Grund zu verzweifeln.

Wahrscheinlich, denke ich, ist der beste Tipp, den man angehenden Bauherren geben kann, dieser: Besuche vor Baubeginn einen Meditationskurs und lasse dich von einem Zenmeister darin unterweisen, wenigstens dreißig Minuten am Tag das Sorgenkarussell in deinem Kopf abzustellen. Von keiner Fähigkeit wirst du beim Bauen mehr profitieren als von der Kunst der Gelassenheit. Mir hat diesen Tipp leider niemand gegeben.

Ich weiß nicht, wie Sarah und Katja Herrn Tiedemann von Mailand aus sehr sachlich dazu gebracht haben, das Problem mit dem Gasanschluss umgehend zu lösen, aber irgendwie haben sie es geschafft, unseren besorgniserregenden Zeitdruck nicht zu einem »dramatischen« werden zu lassen.

Ich hatte Sarah sofort eine SMS geschickt und sie darüber informiert, dass das Haus noch nicht ans Gas angeschlossen ist.

Sie hatte geantwortet: »Nichts unternehmen! Wir kümmern uns.«

Eine Stunde später: »Gasanschluss Mittwoch, ohne dass Gerüst abgebaut werden muss.«

Ende April, mit fast drei Wochen Verspätung, wird die Heizung angestellt.

»Tja, dann ziehen wir eben erst Mitte Juni ein«, sagt mein Mann. »Kein Grund zum Verzweifeln.«

»Wir ziehen nicht Mitte Juni, wir ziehen Ende Juni ein, und zwar am Vierundzwanzigsten«, sage ich. »Das ist der Termin, den ich mit dem Umzugsunternehmen vereinbart habe. Ich dachte, je später, desto sicherer.«

Man wird klüger mit der Zeit.

Der Tag unseres Umzuges wird zugleich der letzte Schultag vor den Sommerferien sein. Wir werden nicht verreisen. Wir haben kein Geld und sicher alle Hände voll zu tun nach dem Umzug. Ich werde die ersten beiden Ferienwochen allein mit den Kindern zu Hause sein und das Haus einrichten. In der dritten und vierten Ferienwoche hat mein Mann Urlaub, dann werden wir zusammen das Haus einrichten – und vielleicht ein paar Ausflüge mit den Kindern machen. In der fünften und sechsten Ferienwoche werden die Kinder in ein Zeltlager fahren, dann werden mein Mann und ich uns vom Einrichten und von den Kindern erholen.

Gleichzeitig mit der Heizungsanlage im Technikraum wurden auch die Solarkollektoren auf dem Dach aufgestellt – insgesamt zehn Quadratmeter. Sarah rümpft die Nase, als sie die Kollektoren sieht.

»Ist ja ein ganz schönes Monster, das ihr da habt«, finden auch Holger und Andrea. »Habt ihr damit gerechnet, dass das so groß wird? Ohne sah das Haus besser aus, oder?«

Nein, das finde ich nicht. Ich finde, Solaranlagen und andere umweltschonende Technologien sind erhaben über herkömmliche ästhetische Prinzipien, beziehungsweise: Sie bilden eine eigene moderne ästhetische Kategorie. Ich bin stolz auf die Solaranlage, und es macht mir gar nichts aus, dass man sie bereits sieht, wenn man in unsere Straße einbiegt.

Anfang Mai spricht uns der nächste Nachbar an, ein Installateurmeister: »Ist euch eigentlich aufgefallen, dass die Kollektoren falsch aufgestellt sind? Die müssen exakt Richtung Süden ausgerichtet werden.«

Der Nachbar hat recht, die Kollektoren sind nach Südosten ausgerichtet. Warum eigentlich? Das Grundstück ist ein Nordsüdgrundstück, das Haus hat eine exakte Nordsüdausrichtung, der Hauseingang zeigt Richtung Norden, die Wohnküche mit Terrassen- und Gartenzugang liegt Richtung Süden. Man hätte nicht einmal einen Kompass benötigt, um die Kollektorenständer nach Süden auszurichten, man hätte sie einfach parallel statt schräg zum Dachrand aufstellen müssen.

Ich schreibe Herrn Tiedemann eine Mail. Er antwortet nicht. Ich spreche einen seiner Mitarbeiter an. Der Mitarbeiter sagt: »Herr Tiedemann hat gesagt, die können so stehen bleiben. In den Förderrichtlinien steht, Kollektoren dürfen auch nach Südosten oder Südwesten ausgerichtet sein.«

Der Bund fördert bei Neubauten keine Solaranlagen mehr. Die Stadt Hamburg dagegen gewährt freiwillig eine Zulage von fünfundsiebzig Euro pro Quadratmeter, in unserem Falle also siebenhundertfünfzig Euro. Ich höre, was der Installateur sagt, und überlege, ob ich darüber lachen oder weinen soll, dann atme ich einmal tief ein und aus, bevor ich dem Installateur antworte. Eine solche Argumentation muss man als halbwegs intelligenter Mensch erst mal verknusen.

»Klar«, sage ich. »Solaranlagen werden auch dann gefördert, wenn die Kollektoren nach Südwesten oder Südosten ausgerichtet sind – zum Beispiel weil sie auf einem Satteldach befestigt werden und nun mal keine der Satteldachseiten nach Süden zeigt. Die Förderrichtlinien ändern aber nichts daran, dass Solarkollektoren im Optimalfall nach Süden ausgerichtet sind.«

Ich habe extra noch einmal im SolarZentrum Hamburg – einer öffentlichen Beratungsstelle – angerufen, um mir das bestätigen zu lassen.

»Da man auf einem Flachdach die Kollektoren ausrichten kann, wie man will, spricht nichts dagegen, sie möglichst nach Süden statt nach Südosten auszurichten. Diese Anlage kostet uns viele Tausend Euro, dafür möchten wir Solarkollektoren, die einen optimalen Ertrag bringen.«

»Da muss ich noch mal nachfragen«, sagt der Installateur.

»Tun Sie das«, sage ich. Irgendwann, sage ich mir, werden die Kollektoren richtig stehen. Wenn nicht morgen, dann nächste Woche. Wenn nicht nächste Woche, dann nächsten Monat.

Mein Mann und ich müssen nur noch ein paar letzte Entscheidungen treffen. Am Anfang machte das Aussuchen noch richtig Spaß, inzwischen müssen wir uns fast dazu zwingen. Wir sind des Geldausgebens plötzlich überdrüssig. Nicht deshalb, weil wir pleite sind. Wir liegen mit unseren Ausgaben im Kostenplan, hat uns Katja mitgeteilt. Sondern: Der Konsum schöner Dinge ist zu einem schalen Vergnügen geworden. Nachdem wir über ein Jahr lang vier- und fünfstellige Aufträge in Serie erteilt haben, bis uns jeder Betrag unter tausend Euro wie Peanuts vorkam, nachdem ich einen beträchtlichen Teil meiner Lebenszeit mit der Suche nach der perfekten Küche verbracht habe, sehne ich mich nach Askese. Vielleicht habe ich sogar das Gefühl, Buße tun zu müssen.

Wir entscheiden uns für die billigsten Terrassenfliesen, die es gibt: für Betonplatten, dreizehn Euro brutto pro Quadratmeter. Gegen einen in die Wand integrierten Klopapierrollenhalter. Wir kaufen Türbeschläge im Baumarkt. Wir ersteigern die beiden Barhocker, die wir für den Küchentresen brauchen, bei E-Bay.

Ich stehe schweigend daneben, als Katja mit dem Tischler eine Viertelstunde lang über die richtige Form einer Türzarge diskutiert – so wie sie und Sarah sich auch sehr lange über die richtige Farbe einer Silikonfuge oder das richtige Fliesenmuster den Kopf zerbrechen können. Ich höre zu und denke: Wie großartig, dass ihr Elan hinsichtlich solcher Details ungebrochen ist. Sind es nicht gerade solche Details, die ein Haus zu etwas Besonderem machen? Bestimmt werde ich eines Tages in meinem Haus stehen, mein Blick wird auf eine Tür fallen, ich werde denken: Was für eine elegante Türzarge!

Ich werde den Architektinnen dankbar sein. Die machen wirklich einen tollen Job. Zum Glück ist es nicht meiner.

Baunebenkosten inkl. MwSt.:
Übertrag	66.318,62 €
Hamburg Netz GmbH, Herstellung Gas-Hausanschluss	1.435,88 €
Zwischensumme	67.754,50 €

Pro Haus eine Ehe

Ende Mai ist das Haus verputzt und weiß gestrichen. Das Dach hat eine Attika bekommen, das bedeutet, die Dachbrüstung wurde mit Zink verkleidet. Das Gerüst wurde nicht mehr gebraucht und ist vollständig abgebaut worden. Das abgerüstete Haus steht da wie ein ausgepacktes Geschenk – ein Anblick, für den Sarah extra vorbeigekommen ist und der auch mir endlich mal wieder richtig große Hausbaufreude bereitete. Wir sitzen zusammen auf dem Balkon in der Sonne und sprechen über Wandfarben und darüber, wie der Garten aussehen soll, dazu leeren wir wieder ein paar Fläschchen Jägermeister.

Das Haus ist mittlerweile auch ans Telefonnetz und ans Kabelfernsehen angeschlossen: Ich habe zu spät bemerkt, dass wir uns einen dieser beiden Anschlüsse hätten sparen können, da man heutzutage auch Fernsehen über die Deutsche Telekom und Telefon und Internet über Kabel Deutschland beziehen kann. Der Tischler hat die Fensterbänke eingebaut, der Trockenbauer hat die Rohre in Trockenbauschächte verpackt und die Trockenbauwände in den Bädern und im Elternschlafzimmer gebaut – die sogenannten Vorsatzschalen, hinter denen WC-Kästen und Rohre verschwinden. Die Maler sind da und haben das ganze Haus von innen ein erstes Mal gestrichen, nachdem sie Unebenheiten in den Wänden und die Übergänge zwischen Massiv- und Trockenbauwänden glatt gespachtelt haben.

Wir haben einen sehr günstigen Bodenleger gefunden, empfohlen vom Mann einer Kollegin, der nächste Woche das Linoleum im Erdgeschoss, die Eichendielen im Obergeschoss und die Bangkiraidielen auf dem Balkon verlegen soll. Bald soll der Fliesenleger kommen und die Bäder fliesen. Wird ja auch allmählich Zeit.

Ich habe damit begonnen, unseren Haushalt zu durchforsten und alles auszumisten, was wir eigentlich schon lange nicht mehr brauchen, schließlich werden wir bald keinen Keller mehr haben. Die Zeit wird allmählich knapp, aber immerhin läuft gerade alles ganz rund. Trotzdem wache ich an einem Samstag frühmorgens um Viertel vor sechs mit Herzrasen auf. Ich kann nicht wieder einschlafen. Um acht Uhr stehe ich auf, müde, schlapp und deprimiert. Ich gehe eine Runde mit dem Hund, kaufe Brötchen und decke den Frühstückstisch. Mein Mann hat übermorgen Geburtstag, beim Frühstück sprechen wir darüber, wie der Tag aussehen soll, da sagt unser Sohn: »Ich habe kein Geschenk für dich!«

Unsere Tochter: »Ich auch nicht.«

Normalerweise läuft es bei uns so: Wenn mein Mann oder ich Geburtstag haben, dann hilft derjenige, der nicht Geburtstag hat, den Kindern bei der Auswahl und Besorgung eines Geschenkes. Bei uns läuft seit Monaten nichts normal. Ich habe mehrmals gehört, wie die Kinder meinen Mann fragten, worüber er sich freuen würde. Ich hatte gehofft, sie seien alt genug, um alleine etwas zu besorgen. Nein, gelogen: Ich hatte den Gedanken an diese Angelegenheit verdrängt, weil es genug andere Dinge gab, an die ich denken musste, mehr als genug.

»Tja«, sagt mein Mann und verzieht weinerlich das Gesicht, »dann habt ihr eben kein Geschenk für mich.« Er tut so, als müsste er sich beherrschen, um nicht loszuweinen. »Das wird dann wohl der traurigste Geburtstag meines Lebens.«

Unsere Tochter ist zehn, sie glaubt noch daran, dass der Mensch nur deshalb geboren wird, um Geburtstag zu haben und Geburtstagsgeschenke zu bekommen. Sie hat keinen Sinn für Scherze, wie sie mein Mann gerade macht.

»Es tut mir so leid, Papa«, flüstert unsere Tochter, »dass wir dir deinen Geburtstag verderben.«

Ich warte darauf, dass mein Mann sie trösten wird, indem er »Nicht so schlimm« sagt. Oder: »Aber Schätzchen, Geschenke sind doch nicht das Wichtigste. Hauptsache, ihr seid bei mir.«

»Aber Schätzchen«, tröstet mein Mann unsere Tochter, »das ist doch nicht deine, das ist eindeutig Mamas Schuld. Aber heute ist ja auch noch ein Tag. Dann muss Mama eben nachher noch mal mit euch losgehen.«

Mama versteinert, heute geht auch ihr jeder Sinn für den Humor ihres Mannes ab. Sie steht vom Frühstückstisch auf und geht sofort los, allerdings nicht mit den Kindern in die Stadt, sondern allein zum Auto. Sie steigt ein und fährt Richtung Supermarkt, um den Wochenendgroßeinkauf zu erledigen – bloß weg von dem Mann mit den schlechten Scherzen. Während sie fährt, fängt sie an zu weinen, sie fährt auf den Supermarktparkplatz, parkt und lässt die Stirn schluchzend auf das Lenkrad sinken. Sie tut sich sehr, sehr leid, weil ihr gerade eben klar geworden ist: Sie ist am Ende. Und, was noch schlimmer ist, auch die Ehe mit dem Mann, mit dem sie in einem Monat ins gemeinsame Haus ziehen will, ist am Ende. Oder kurz davor.

Paare, die beschließen zu bauen, müssen nicht lange warten, bis der erste Mitmensch ihnen die Geschichte eines anderen, meist entfernt bekannten Paares aufdrängt, das seit zwanzig Jahren zusammen oder seit zehn Jahren verheiratet war, dann ein Haus kaufte oder baute, nur um drei Monate nach dem Einzug das Ende ihrer Beziehung bekannt zu geben. Diese Geschichte schließt üblicherweise mit dem Satz: »Na, hoffentlich übersteht ihr beide das.«

Es gibt das Sprichwort: Pro Kind ein Zahn. Das kenne ich, seit mir nach der Geburt unseres Sohnes ein Zahn gezogen werden musste. Seit wir bauen, ist mir auch dieses Sprichwort bekannt: Pro Haus eine Ehe.

»Und?«, erkundigen sich Freunde und Bekannte regelmäßig bei mir. »Wie geht es mit dem Haus und so? Habt ihr schon die Scheidung eingereicht?«

»Nein«, habe ich bisher geantwortet. »Wieso sollten wir? Ganz schön anstrengend, ja. Aber sonst, alles gut.«

Seit ich weiß, was Bauen bedeutet, bin ich sicher, dass es Paare gibt, die es sich sehr gut überlegen sollten, ob ein Hausbau das Richtige für sie ist.

Man stelle sich nur ein Paar vor, bei dem ein Partner zu einem eher lockeren Umgang mit Geld neigt, der andere hingegen zu übergroßer Sparsamkeit. Bei jeder Ausgabe streiten beide darüber, ob sie notwenig oder überflüssig ist. Ein Hausbau wird ihnen Gelegenheit geben, sich monatelang täglich der Verschwendungssucht beziehungsweise des Knickertums zu bezichtigen. Eine harte Probe für die Liebe.

Man stelle sich ein Paar vor, bei dem der Mann einen völlig anderen Geschmack hat als die Frau. Schon bei der Einrichtung ihrer derzeitigen Wohnung haben sie drei Tage lang erbittert darüber gestritten, ob im Wohnungsflur ihre antike Bauernkommode oder seine Marcel-Breuer-Chiffonnier-Kommode zur Aufbewahrung von Handschuhen und Schals genutzt werden soll. Wie soll dieses Paar sich über die äußere und innere Gestaltung eines ganzen Hauses einigen, ohne einander hassen zu lernen?

Man stelle sich ein Paar vor, bei dem der Mann oder die

Frau oder gar beide stets sehr lange brauchen, um sich zu entscheiden. Der Mann kauft keine Waschmaschine, bevor er nicht in zehn Geschäften die Preise verglichen, im Internet sämtliche verfügbaren Waschmaschinen-Testberichte studiert und alle ihm bekannten Waschmaschinennutzer im privaten Umfeld nach ihrer Waschmaschinenempfehlung befragt hat. Die Frau gehört zu jener Sorte Konsumentinnen, die acht von zehn gekauften Kleidungsstücken wieder ins Geschäft zurückträgt und um Erstattung des Kaufbetrages bittet, weil sie sich nicht mehr ganz sicher ist, ob sie ihr wirklich gefallen. Eigentlich wollten die beiden schon vor einem Jahr ein neues Auto kaufen, aber leider fragt, sobald sie sich für ein Modell entschieden haben, immer einer von beiden: »Ist denn das jetzt wirklich der Kleinwagen mit dem niedrigsten Verbrauch?« Ein solches Paar würde durch einen Hausbau in den Wahnsinn getrieben werden.

Man stelle sich ein Paar vor, das einen ähnlichen Geschmack hat und ähnliche Vorstellungen davon, wofür man wie viel Geld ausgeben sollte, und bei dem wenigstens einer von beiden das Leben eher leicht nimmt und den anderen mitzureißen vermag. Allerdings haben die beiden andere Probleme: Er findet, dass sie zu viel Aufhebens um das Kind macht. Sie findet, dass er sich selbst und seinen Job zu wichtig nimmt. Sie grollen einander oft, haben es aber aufgegeben, miteinander über ihren Groll zu reden. Jeder derartige Versuch endete in gegenseitigen Vorwürfen und heftigem Streit. Als sich die Gelegenheit ergibt, ein Haus zu bauen, denken beide, dass ihnen diese Aufgabe guttun wird: Endlich ein Gemeinschaftsprojekt, das sie einander wieder näherbringen wird. Doch die stille Wut aufeinander, das gegenseitige Misstrauen, die einander zugefügten Verletzungen bauen mit. Eines Abends – er hat sich ihr gegenüber wieder einmal sehr kränkend benommen, wie sie findet – rächt sie sich an ihm, indem sie ihm mitteilt, dass sie es sich anders überlegt habe: Die Backsteine, auf die sie sich geeinigt haben, kämen für sie doch nicht infrage. Ihr wäre wieder eingefallen, dass sie verputze Häuser viel lieber mag, und sie sähe gar nicht ein, warum alles immer nach seiner Nase gehen solle. Er wendet ein: Er habe es satt, ihre Launen ertragen zu müssen, wenn er seine Backsteine nicht bekäme, dann könne sie sich die Echtholzküche abschminken, der er nur ihr zuliebe zugestimmt habe.

Im Laufe dieses Abends machen beide die Entdeckung, dass eine Baustelle ein ideales Schlachtfeld zum Austragen ungelöster, unterschwelliger Konflikte ist. Ein Hausbau bietet tausend Themen, bei denen man, wann immer einem danach ist, sich stur stellen, einander saudoof, verantwortungslos, großkotzig oder kleinlich finden, einen Machtkampf anzetteln, den anderen mit Pingeligkeit, Gleichgültigkeit oder einer aus Prinzip konträren Meinung piesacken kann. Ein Hausbau – ebenso wie ein Kind – kann eine stabile Beziehung extrem bereichern. Eine angeschlagene Beziehung kitten, das kann ein Hausbau nicht – ebenso wenig wie ein Kind. Im Gegenteil. Er gibt ihr höchstwahrscheinlich den Rest.

Man stelle sich ein Paar vor, dessen Hausbau aus welchen Gründen auch immer zum finanziellen Desaster wird. Ernsthafte Geldsorgen vergiften die häusliche Atmosphäre selbst in den allerbesten Beziehungen. In nicht ganz so guten Beziehungen erst recht.

Auf meinen Mann und mich trifft nichts davon zu, weshalb ich uns bisher für das fast perfekte Bauherrenpaar gehalten habe.

Meine Verarmungsangst habe ich zum Glück im Griff,

weil Katja die Einhaltung des Kostenplans im Griff zu haben scheint. Manches ist sogar billiger geworden als einkalkuliert, darum haben uns unerwartete Mehrkosten wie die für die neue Heiztherme zwar nicht gerade glücklich gemacht, aber auch nicht völlig aus den Latschen gehauen.

Wie alle Paare haben wir dann und wann Beziehungsprobleme, aber keine, über die wir nicht reden können. Mein Mann sagt nur selten, dass es heute spät werden könne.

Wir haben einen sehr ähnlichen Humor. Wir versuchen, in jeder Situation auch das Komische zu sehen, einem von uns fällt eigentlich immer ein Witz ein. Nur selten vergeht uns beiden gleichzeitig das Lachen. Meist bleibt einer von uns optimistisch genug, um den anderen aufzubauen.

Wir streiten uns nie über Geld. Wenn wir Geld haben, geben wir es aus.

Wir streiten nie ernsthaft über Geschmack. Meist sind wir uns darüber einig, was wir wollen. Manchmal sind wir uns nicht ganz einig. Dann gibt entweder der eine nach. Oder wir suchen weiter, bis wir uns einig sind. Sind wir uns einig, entscheiden wir gerne schnell.

Wir streiten uns immer noch ab und zu über die gerechte Verteilung von Aufgaben. In den letzten Monaten hat sich gezeigt: Über die Verteilung der Hausbauaufgaben gibt es in unserem Fall nicht viel zu streiten. Quasi alles, was montags bis freitags zwischen sieben und siebzehn Uhr erledigt werden muss, muss ich machen. Mein Mann kann seinen Arbeitsplatz nur in Ausnahmefällen verlassen. Was abends und am Wochenende erledigt werden kann, teilen wir uns. Oder wir machen es gemeinsam.

Die gemeinsame Arbeit an einem großen Ziel habe ich lange als beglückend empfunden. Es hat mir Spaß gemacht, gemeinsam mit meinem Mann nachzudenken, Pläne zu schmieden, Ideen zu entwickeln, Entscheidungen zu fällen. Ich hatte das Gefühl, dass uns das Haus zusammenschweißt. Dann wurde es allmählich anstrengend. Jetzt und hier, auf dem Supermarktparkplatz, kommt es mir plötzlich vor, als sei all unser Interesse aneinander, all die Liebe, Freude und Aufmerksamkeit, die wir mal füreinander empfanden, nach und nach in das Haus geflossen. Das Haus wird ein sehr, sehr schönes Haus – die perfekte Fassade für das Leben zweier Menschen, die einander über den Bau dieses Hauses fremd geworden sind.

Mein Mann weiß nicht, wie ausgelaugt und dünnhäutig ich mittlerweile bin, sonst hätte er gewusst, dass ich Witze über fehlende Geburtstagsgeschenke gerade gar nicht komisch finden kann. Er weiß nicht, dass ich noch zwei, drei andere Sorgen habe als die, wann endlich der Fußboden verlegt wird. Er weiß das alles nicht, weil ich mich nicht mehr traue, es ihm zu erzählen. Ich traue mich nicht, weil ich fürchte, dass er ebenso ausgelaugt und dünnhäutig ist wie ich. Ich will ihn nicht zusätzlich mit meinem Gejammer belasten. Wir stehen morgens auf und reden als Erstes darüber, was heute in Sachen Haus getan werden muss. Das Letzte, worüber wir reden, bevor wir abends ins Bett fallen, ist, ob das, was heute getan werden musste, getan wurde und was morgen zu tun ist. Wir sind immer müde, wir gehen kaum noch aus, wir laden keine Freunde mehr ein, wir sitzen nie einfach auf dem Sofa rum, immer machen oder besprechen wir irgendetwas, wir reden nur noch über das Haus, nicht mehr über uns.

Nachdem ich mich beruhigt habe und vom Einkaufen zurückgekehrt bin, schicke ich meine Kinder nach draußen und sage zu meinem Mann: »Wir müssen dringend miteinander reden.«

»Worüber denn nun schon wieder?«, fragt mein Mann.

»Ich dachte, wir wären erst mal durch. Und die Hecke kann doch sowieso erst im Herbst gepflanzt werden, sagt Katja. Das müssen wir ja wohl nicht jetzt entscheiden, ob wir Buche oder Thuja nehmen. Wobei ich übrigens auf jeden Fall Buche will.«

»Über uns«, sage ich. »Wir müssen über uns reden.«

»Oha«, sagt mein Mann. »Das ist ja mal ein originelles Thema.«

»Es ist schrecklich, ich weiß vor lauter Hausbauen gar nicht mehr, was in dir vorgeht«, sage ich. »Wie es dir wirklich geht, meine ich.«

»In mir geht vor sich: der Gedanke, dass ich heute mal einen gemütlichen Mittagsschlaf machen möchte«, sagt mein Mann. »Und: Ich bin ziemlich müde, aber sonst geht es mir eigentlich wirklich gut.«

»Aber mir nicht«, sage ich.

Eine Stunde später liege ich im Arm meines Mannes auf dem Sofa. Es geht mir wieder viel besser. Vielleicht, denke ich, ist unsere Ehe doch nicht am Ende.

»Man muss aber schon aufpassen, was aus einem wird, was das Leben so aus einem macht«, nuschele ich mit geschlossenen Augen. »Damals, als wir viel weniger Geld und viel weniger zu tun hatten, da haben wir noch nicht solche Gespräche geführt.«

»Da haben wir auch noch in der Küche Kette geraucht und dreimal am Tag Sex gehabt und es am Wochenende nicht geschafft, vor zwölf Uhr mittags aufzustehen, und das Klo nur einmal im Jahr geputzt«, sagt mein Mann und küsst mich auf die Schläfe. »Nur noch ein Monat, dann haben wir ein ganz schönes Zuhause und wieder viel mehr Zeit füreinander. Ich freue mich riesig darauf, auf dich und auf das Haus.«

»Ich mich auch«, sage ich. Dann schlafen wir ein, gemeinsam.

Baunebenkosten inkl. MwSt.:

Übertrag	67.754,50 €
Telekom, Herstellung einer Hauszuführung	353,17 €
Kabel Deutschland, Bau eines Übergabepunktes	199,99 €
Zwischensumme	68.307,66 €

Countdown

Solange ein Haus nicht bezogen sei, hat Sarah festgestellt, nennen die meisten Bauherren es »das« Haus: »Ich muss heute noch mal zum Haus.« – »Im Haus läuft es gerade nicht so gut.« – »Also dann, um halb vier vor dem Haus.« Oder: »Das Haus ist fast fertig.«

Erst nach dem Einzug fangen die Bauherren an, es »unser« Haus zu nennen: »Unser Haus ist noch nicht ganz fertig, aber man kann schon drin wohnen.« – »Willst du uns nicht mal in unserem neuen Haus besuchen?« Oder: »Unser Haus ist wirklich schön geworden.«

An einem Donnerstagvormittag Ende Juni fahre ich ein letztes Mal zum Haus. Ab morgen wird das Haus unser Haus sein.

Seit wir begonnen hatten, das Haus zu bauen, hatte ich mir oft ausgemalt, wie es sein wird, endlich dort einzuziehen: Ich hatte mir ausgemalt, wie wir in der Küche das graue Sofa in die Ecke vor dem Kamin schieben, wie ich das schwarze Bücherregal im oberen Flur mit Büchern fülle und das erste Mal in der offenen Dusche des Elternbades mit Blick auf den Balkon stehe. Das waren die konkreten Bilder, die ich vor Augen hatte, wenn ich mir unseren Einzug ausmalte. Ein sehr viel weniger konkretes Bild, eher ein Gefühl, das ich mit dem Einzug in das neue Haus verband, trug die Überschrift: Perfektion.

Ich gehöre leider zu jener Sorte Menschen, die insgeheim daran glauben, dass Perfektion die beste Voraussetzung für Glück ist. Mein psychologisch geschulter Verstand weiß, dass das Quatsch ist – ein gesundheitsgefährdender protestantisch-preußischer Aberglaube. Darum habe ich mir angewöhnt, mich vor den Fernseher zu setzen, auch wenn in der Waschmaschine noch eine Ladung gewaschener Wäsche liegt. Ich zwinge mich dazu, zu einer bestimmten Uhrzeit Schluss zu machen mit der Arbeit am Schreibtisch, selbst wenn ich mein Tagespensum nicht geschafft habe. Und manchmal gelingt es mir sogar, abends das dreckige Geschirr in der Küche stehen zu lassen. Aber ein klitzekleines bisschen nagt es fast immer an mir, dass niemals alles fertig, erledigt, geregelt, aufgeräumt, eben perfekt ist.

Die Aussicht, einen Neubau zu beziehen, ließ mich hoffen, ein einziges Mal in meinem Leben jene häusliche Perfektion erleben zu dürfen, auf die ich alltags mittlerweile zu verzichten bereit bin – ein Haus, in dem alles nagelneu, unbenutzt, sauber, frei von jeder Unordnung wäre. Vor dem Umzug, so hatte ich es mir vorgestellt, würde ich das leere, ganz und gar saubere Haus besuchen. Ich würde andächtig durch die Räume schreiten und mich an ihrer Makellosigkeit berauschen, bevor sie durch unseren Einzug entweiht werden würden. Vermutlich würde es keine zehn Minuten dauern, bis das erste Kind mit dreckigen Fingern an eine der schneeweißen Wände gefasst haben würde.

Drei Wochen vor dem Umzug hat mich Katja daran erinnert, dass wir uns dringend eine Gebäudereinigungsfirma suchen müssen, die die sogenannte Bauendreinigung übernimmt.

»Das Haus muss ja noch mal richtig sauber gemacht werden, bevor ihr einzieht«, sagt Katja.

»Klar, aber kann das nicht unsere Reinemachefrau übernehmen?«, will ich wissen.

Katja kichert, mal wieder.

»Nee«, sagt sie, »ich glaube kaum, dass eure Putzfrau das

übernehmen kann. Bauendreinigung bedeutet ja nicht, dass ein bisschen gesaugt und gewischt wird. Bei der Bauendreinigung werden alle Spuren beseitigt, die die verschiedenen Gewerke im Haus hinterlassen haben: feinster Baustaub vom Fliesenschneiden oder Wände schleifen, Farbkleckse auf den Fensterrahmen oder dem Fußboden, Silikonspritzer auf Fenstern oder Waschbecken, Klebereste von irgendwelchen Klebebändern. Da sollte man schon Profis beauftragen. Die wissen, mit welchen Mitteln man was wegbekommt, ohne dass Oberflächen beschädigt werden.«

»Ach so«, antworte ich. Drei Tage später habe ich eine Gebäudereinigungsfirma gefunden.

Den Termin, an dem die Gebäudereiniger kommen und das Haus reinigen sollen, muss ich in den nächsten Tagen immer wieder verschieben, bis nur noch ein möglicher Termin bleibt: der Tag vor unserem Einzug. Dass ich den Termin immer wieder verschieben muss, liegt daran, dass sich der Zeitplan immer wieder verschiebt – selbstverständlich immer mehr Richtung Einzugstermin.

Der Fußboden wird eine Woche später verlegt als ursprünglich geplant, weil der Bodenleger Zweifel daran hat, dass der Estrich trocken genug, also »belegreif« ist, so der Fachausdruck. Für jeden Fußbodenbelag gibt es einen bestimmten Feuchtigkeitswert, der nicht überschritten werden darf, weil sonst die Gefahr besteht, dass der Belag im Laufe der Zeit Schaden nimmt. Verlegt der Bodenleger einen Bodenbelag auf einem Estrich, der keine Belegreife erreicht hat, haftet er für eventuelle Schäden: Erst nachdem der Estrichbauer einen Feuchtigkeitsexperten organisiert hat, der anhand einer chemischen Analyse – der sogenannten CM-Messung – nachweisen kann, dass unser Estrich die vorgeschriebenen Feuchtigkeitswerte einhält, ist der Bodenleger bereit, sich an die Arbeit zu machen.

Weil die Küche, die Türzargen und Türen, die Bücherregale und die Einbauschränke erst eingebaut werden können, wenn der Fußboden verlegt worden ist, verschieben sich auch diese Arbeiten. Außerdem erkrankt der Malergeselle, der unser Haus fertig streichen soll, an Ehec. Es dauert ein paar Tage, bis sein Chef Ersatz für ihn organisiert hat.

»Fürs Wetter und für Viren kann keiner was«, sagt mein Mann.

Das größte Problem ist der Fliesenleger, der bereits mit dem Fliesen des Elternbades angefangen hat und Anfang Juni wiederkommen soll, um beide Bäder fertig zu fliesen. Er kommt aber nicht. Der Fliesenleger, Herr Jacobs, ist uns von dem Fliesenhändler empfohlen worden, bei dem wir die Fliesen gekauft haben. Es ist das erste Mal, dass Sarah und Katja mit ihm zusammenarbeiten – und das allerletzte Mal, wie Katja mir gut zwei Wochen vor unserem Umzug, an einem Donnerstag, am Telefon mitteilt: »Es tut mir total leid, aber ich weiß nicht mehr, was ich noch tun soll. Ich versuche seit Montag, Herrn Jacobs zu erreichen und zu fragen, wann der endlich kommt. Ich habe ihn mehrmals angerufen und auf seine Mobilbox gesprochen, ich habe ihm E-Mails geschickt, ich habe ihm eine SMS geschrieben. Er meldet sich nicht. Hoffentlich ist er nicht im Krankenhaus oder so.«

»Wer weiß, vielleicht ist er tot«, sage ich und denke: Na, warte, Burschen wie dich durchschaue ich allmählich. »Gib mir mal seine Nummer, bitte.«

Am liebsten würde ich Herrn Jacobs sofort zur Hölle jagen. Leider jedoch wird er noch dringend auf Erden gebraucht, und zwar von uns, weil auf die Schnelle kein Ersatz für ihn zu finden wäre und ich spätestens in vierzehn Tagen gerne wenigstens eine benutzbare Dusche im Haus hätte. Ich rufe ihn von meinem Handy aus an. Die Nummer kennt er noch nicht. Herr Jacobs geht sofort ans Telefon. Er klingt, als er seinen Namen nennt, gar nicht krank, sondern sehr munter.

»Hallo Herr Jacobs«, sage ich. »Da bin ich aber froh, Ihre Stimme zu hören. Geht es Ihnen gut? Mein Gott, wir dachten schon, Ihnen ist etwas ganz Schlimmes passiert. Frau Sendler versucht seit Tagen, Sie zu erreichen.«

»Die wollte ich eben anrufen, ich war gerade dabei, ihre Nummer rauszusuchen«, sagt Herr Jacobs. Ja ja, denke ich, und ich bin die Kaiserin von China.

»Und wer sind jetzt Sie?«, will Herr Jacobs wissen. Er klingt wenig begeistert. »Wieso rufen *Sie* mich an?«

»Ich bin Ihre Auftraggeberin, die Bauherrin«, sage ich. »Ich dachte, ich kümmere mich mal selbst um Sie. Es eilt nämlich ein bisschen. Wir ziehen in zwei Wochen ein, falls Ihnen das entgangen sein sollte. Also rufen Sie bitte bei Frau Sendler an und sagen ihr, wann Sie kommen werden, um Ihre Arbeit zu machen.«

Fünf Minuten später meldet Herr Jacobs sich bei Katja. Er beschwert sich darüber, dass sie, nachdem sie ihn ganz unnötigerweise mit Anrufen und E-Mails bombardiert habe, ihm nun auch noch die Bauherren auf den Hals hetze.

»Herr Jacobs«, antwortet Katja, »korrigieren Sie mich, wenn ich falschliege, aber ich glaube, die Bauherren sind jene Menschen, von denen Sie eine Menge Geld bekommen, sobald die Bäder fertig gefliest sind. Die werden sich doch mal ein bisschen Sorgen machen und Sie anrufen dürfen, wenn Sie tagelang unentschuldigt nicht zur Arbeit erscheinen.«

Am gleichen Tag verschickt Katja einen letzten, aktualisierten Zeitplan an alle Gewerke, die noch im Haus zu tun haben: In dem Zeitplan steht, dass die Fliesenarbeiten eine Woche vor unserem Einzug abgeschlossen sein müssen, damit am Montag und Dienstag vor dem Einzug die »Endmontage Sanitär« stattfinden kann – die Montage aller Waschbecken, Toiletten und Armaturen. Am Mittwoch soll auch der allerletzte Handwerker raus sein aus dem Haus.

»Das schreibe ich da einfach mal rein, um Druck zu machen«, sagt Katja. »Dann haben wir notfalls noch einen Tag Reserve für kleinere Arbeiten.« Am Donnerstag werden die Gebäudereiniger kommen. Der letzte Punkt des Zeitplans ist in gefetteten Buchstaben aufgeführt: »**Umzug Bauherren Freitag, 24. 06.**«

»Ganz schön Arsch auf Eimer«, sagt mein Mann.

Eine Woche vor dem Einzug: Nachdem der Boden im Haus verlegt worden war, hat es dort ein wahres Feuerwerk an Fortschritten gegeben. All die vielen Entscheidungen, die wir in den letzten Monaten auf dem Papier fällen mussten, sind binnen weniger Tage Wirklichkeit geworden. Es fühlt sich an wie eine Belohnung. Die Küche ist montiert und sieht fantastisch aus. Die Bücherregale und Einbauschränke sind eingebaut, ebenfalls wunderschön. Ein Regal muss allerdings später noch lackiert werden. Wir haben jetzt Zimmertüren, auch die Schiebetür zwischen Elternbad und Schlafzimmer ist da. Herr Lütjen, der sympathische Elektriker, hat die »Endmontage Elektro« abgeschlossen, alle Lampen, Lichtschalter, Strom- und Netzwerksteckdosen funktionieren, nur die Türklingel fehlt noch. Die Maler sind später als geplant, aber rechtzeitig mit dem Streichen der Wände und Fußleisten fertig geworden.

Unzählige Kleinigkeiten – die Balkonbrüstung, die Außenleuchten, die Feuerschutzvorlage für den Kamin, die Schornsteinverkleidung, alle möglichen Fugen – fehlen allerdings noch. Außerdem fehlen noch ein paar große Sachen: Für die Abdichtung des Fundamentsockels, für sämtliche Außenanlagen inklusive Schuppen, Zaun und Gartentor, für Planung und Ausführung all dieser Arbeiten hat die Zeit nicht gereicht. Das Haus steht in einer fünfhundertsiebenundfünfzig Quadratmeter großen, mit Bausand gefüllten Sandkiste. Aber egal. Das Haus ist eine Woche vor unserem Umzug ausgestattet mit allem, was man als Familie zum Leben braucht. Nun, mit fast allem. Das Kinderbad ist immer noch nicht fertig gefliest. Es gibt weder Toiletten noch Waschbecken, keine Wasserhähne und Duscharmaturen. Mit den Worten meines Mannes: »Ich muss schon sagen, Hut ab vor Tiedemann und Jacobs. Das muss man erst mal schaffen, so konstant unzuverlässig zu sein.«

Die Heizkörper in den Schlafzimmern fehlen ebenfalls, das aber beunruhigt mich nicht weiter. Erstens ist Sommer. Zweitens habe ich meine Ansprüche an den Zustand des Hauses bei Einzug extrem heruntergeschraubt. Binnen zwei Wochen hat sich mein Perfektionismus in Pragmatismus verwandelt.

»Das Haus ist toll geworden, noch toller wäre es, wenn wir bis zum Einzug am Freitag ein Klo und ein Waschbecken hätten. Duschen können wir ja bis zum 30. Juni noch in der alten Wohnung«, poste ich vier Tage vor dem Einzug auf Facebook. Ich habe erstaunlicherweise sehr gute Laune, als ich dies schreibe. Ob mit oder ohne Dusche, wir werden es uns im neuen Haus schon gemütlich machen. Hauptsache, wir sind endlich drin. Hauptsache, ich hab's endlich hinter mir.

Zwei Tage vor dem Einzug, der Tag, an dem kein Handwerker mehr im Haus sein sollte: Herrn Tiedemanns Leute sind im Elternbad zugange, immerhin gibt es dort inzwischen ein Waschbecken, und sämtliche Toiletten im Haus sind befestigt. Die Dogge spricht mich an: »Haben Sie einen Augenblick Zeit? Wir müssten da mal etwas besprechen. Die WC-

Drücker, die Sie sich ausgesucht haben, die passen gar nicht auf die WC-Spülkästen, die eingebaut wurden.«

»Wieso das nicht?«, frage ich.

»Na ja, weil die WC-Drücker, die Sie sich ausgesucht haben, von einer anderen Firma stammen als die WC-Spülkästen. Auf diese Spülkästen können keine WC-Drücker von einer anderen Firma montiert werden«, erklärt mir die Dogge. »Sie müssten sich bitte WC-Drücker von der gleichen Firma aussuchen, von der die WC-Spülkästen stammen, die haben ja auch sehr schöne. Ich maile Ihnen mal den Katalog, und bis Sie sich entschieden haben, montieren wir Ihnen vorläufig ein möglichst ähnliches Modell, damit Sie die Toiletten benutzen können. Das ist ja erst mal das Wichtigste.«

»In der Tat«, sage ich. »Und wer hat die WC-Spülkästen eingebaut, die nicht zu den WC-Drückern passen, die wir bestellt haben?«

»Na ja, wir«, sagt die Dogge.

»Was Sie mir sagen wollen«, sage ich, »ist also: Sie haben die falschen WC-Spülkästen eingebaut, und deshalb müssen wir jetzt andere WC-Drücker nehmen, als wir eigentlich wollten?«

»Ja, also ...«, sagt Herr Tiedemann, ausnahmsweise sichtbar verlegen, »so könnte man das ausdrücken, ja.«

»Und wenn wir darauf bestehen, dass Sie die WC-Drücker einbauen, die wir schriftlich bestellt haben?«, frage ich. »Was dann?«

»Dann müssen die Trockenbauwände in den Bädern und im Gäste-WC aufgehauen werden, damit man die Spülkästen austauschen kann, und danach müssen die Wände repariert und neu verputzt und neu gestrichen werden«, sagt Herr Tiedemann. »Aber das schaffen wir nicht bis übermorgen.«

Ich denke: Der Typ ist so absurd, das ist fast schon wieder

komisch. Na ja, es sind erstens nur WC-Drücker. Zweitens: Ausflippen nützt nichts mehr. Und drittens, wie gesagt, mein neues Motto heißt: Pragmatismus statt Perfektion.

»Na, dann mailen Sie mir mal die Drückermodelle, die passen«, sage ich.

Ein Tag vor dem Umzug: Ich bin mittags mit Katja im Haus verabredet, das ab morgen unser Haus sein wird. In unserer Wohnung, die ab morgen die alte Wohnung sein wird, sind die Umzugsleute gerade dabei, Kisten zu packen und den Möbelwagen zu beladen. Die Gebäudereiniger sind zu dritt da und reinigen das Haus, soweit dies möglich ist. Es ist so gut wie unmöglich, das Haus zu reinigen, weil Herr Jacobs und die Leute von Gebr. Nadler ebenfalls da sind. Herr Jacobs und ein Kollege schneiden Fliesen. Die Gebr.-Nadler-Leute sägen Rohre, irgendeiner ist dabei, die Heizkörper zu installieren. Überall fliegt Staub umher, überall liegt Werkzeug herum. Die Fliesenleger und die Installateure rennen aus dem Haus, um irgendetwas zu holen oder eine zu rauchen, wenn sie wieder reinkommen, schleppen sie jedes Mal einen halben Zentner Sand ins Haus. Zum Glück liegt noch überall auf dem Fußboden Malerflies. Katja ist auch da. Das erste Mal, seit ich sie kenne, sieht sie verstört aus.

»Ich bin gerade gekommen«, sagt Katja. »Ich bin total ausgeflippt, als ich Jacobs und die Leute von Gebr. Nadler hier gesehen habe. Die hatten mir versprochen, gestern fertig zu werden. Mann, habe ich die angeschrien, wir haben uns richtig heftig gestritten.«

Der Obergebäudereiniger kommt zu mir und sagt, dass er und seine Leute jetzt gehen werden. Es lohne sich nicht, weiter sauber zu machen, solange die Handwerker noch im Haus seien. Ich solle mich nach dem Einzug melden, dann kämen sie noch einmal.

»Heute werden die fertig, dafür sorge ich«, sagt Katja. »Und wenn die die ganze Nacht hier schuften. Aber eine Sache noch, die ich dir zeigen muss, bitte nicht erschrecken, ist bestimmt nichts Dramatisches.«

Es tropft aus der Lampe über dem Küchentresen.

Baunebenkosten inkl. MwSt.:	
Übertrag	68.307,66 €
Bauendreinigung	696,15 €
Zwischensumme	69.003,81 €

Teil 5

Im neuen Haus

Der Einzug

Am Abend unseres Umzuges sitzen wir zu zehnt um den Esstisch in unserer neuen Küche herum. Meine Eltern, meine Schwiegermutter, meine zwei Schwestern und meine Nichte sind gekommen. Das haben mein Mann und ich uns gewünscht: Dass abends alle kommen, jeder etwas zu essen mitbringt und wir in großer Familienrunde den Einzug feiern. Um uns herum stehen: unausgepackte Umzugskartons. Auf dem Tisch stehen: ein Topf Szegediner Gulasch, Salzkartoffeln, selbstgemachte Pizza, ein asiatischer Glasnudelsalat, eine Schüssel rote Grütze und viele halb leere Bierflaschen. Genau in der Mitte des Tisches steht: ein blauer Fünf-Liter-Plastikeimer mit einer Handbreit Wasser darin. In den Plastikeimer fällt alle dreißig Sekunden ein Wassertropfen.

Es tropft jetzt nicht nur aus dem Loch in der Rohbetondecke, aus dem das Lampenkabel über dem Küchentresen ragt. Es tropft auch aus der Kabeldurchführung über dem Esstisch. Die Stimmung in der Runde ist prächtig, der Hunger ist groß.

Ich bin, Gott sei Dank, in meinem bisherigen Leben von echten Schicksalsschlägen verschont worden. Ein paar richtig beschissene Erfahrungen habe auch ich allerdings schon machen müssen. Ich weiß, wie es sich anfühlt, eine schlimme Nachricht zu erhalten: Das Herz zieht sich zusammen. In den Ohren fängt es an zu rauschen. In der Magengegend bildet sich ein Klumpen. Es wird einem abwechselnd heiß und kalt. Im Hirn ist Platz für nur einen einzigen Gedanken: Oh nein, das darf nicht wahr sein!

Ich weiß nicht, ob das bei anderen auch so ist, aber bei mir ist es so: Wenn die ganze Wahrheit zu schlimm ist, um sie binnen zehn oder zwanzig Minuten halbwegs zu verdauen, dann weigert sich meine Psyche zunächst, ihr vollständiges Ausmaß anzuerkennen. Meine Psyche verschränkt dann die Arme und beschließt, die Wahrheit nur häppchenweise schlucken zu wollen. Damit diese Taktik aufgeht, muss die Psyche ignorieren, was der Verstand zu sagen hat.

Der Verstand sagt zum Beispiel: »Wenn es erst aus der einen, dann auch noch aus der anderen Lampe tropft und an der Zimmerdecke ein feuchter Flecken erscheint, dann sollte man keinesfalls sehr gut gelaunt im Kreis seiner Verwandten am Tisch sitzen und das extrem leckere Szegediner Gulasch seiner Schwiegermutter in sich hineinstopfen. Man sollte stattdessen jeden Appetit verlieren, extrem beunruhigt sein und auf der Stelle alle Hebel in Bewegung setzen, damit schnellstmöglich jemand kommt, der dieses Problem behebt.«

Meine Psyche aber antwortet: »Pah. Ich lasse mir den Einzug ins neue Haus, diesen großen Tag, auf den ich mich fast eineinhalb Jahre gefreut habe, doch nicht von ein paar blöden Wassertropfen verderben. O.k., da stimmt was nicht, das sehe ich ein. Aber Morgen ist auch noch ein Tag. Und immerhin, haha, tropft es aus der Lampe über dem Küchentresen genau in die Spüle. Praktisch, oder?«

Gestern Mittag standen wir zu viert in der Küche herum und starrten auf die tropfende Küchentresenlampe – Katja, der Fliesenleger Herr Jacobs, ein Gebr.-Nadler-Installateur und ich.

»Ach du Scheiße«, sagte ich und starrte. »Was ist das denn?«

»Oh, oh«, sagte der Fliesenleger und starrte.

»Reg dich nicht auf, Julia, es gibt für alles eine Erklärung, und die müssen wir jetzt finden«, sagte Katja und starrte. »Das ist wie Detektivarbeit. Gestern, am Mittwoch, war noch alles trocken. Was ist seitdem passiert, dass es heute plötzlich tropft?«

Ich dachte nach. Gestern Abend waren wir mit den Kindern im Haus.

»Gestern Abend sind wir das allererste Mal aufs Klo gegangen«, sagte ich. »Auf das Klo im Kinderbad. Das weiß ich genau, weil es ein sehr feierlicher Augenblick war. Vielleicht hängt es damit zusammen?«

Der Installateur von Gebr. Nadler starrte auf die tropfende Küchenlampe und sagte: »Nee, am Klo kann's nicht liegen, auf keinen Fall, da ist alles in Ordnung.«

»Ich war's auch nicht«, sagte Herr Jacobs. »Ich habe nichts kaputt gemacht. Aber es hat geregnet.«

Stimmt, während wir im Haus waren, hat es das erste Mal seit Langem geregnet. Besser gesagt: Es hat aus allen Kübeln geschüttet, inklusive Blitz und Donner – ein heftiges Sommergewitter.

»Also, gestern hat es geregnet. Und vorgestern wurden die Dielen auf dem Balkon verlegt, oder?«, kombinierte Katja. »Vielleicht wurde dabei versehentlich die Abdichtung auf dem Balkon beschädigt, sodass gestern Regenwasser ins Haus eingedrungen ist. Ich rufe sofort den Bodenleger und den Dachklempner an, die müssen beide heute noch kommen, um die Dielen wieder abzunehmen und die Abdichtung zu prüfen. Und Herr Lütjen muss kommen und die Lampe abbauen.«

Unser Balkon ist eigentlich gar kein richtiger Balkon, sondern eher eine Dachterrasse. Er ist dem Haus nicht vorgelagert, sondern in den Baukörper integriert, und wird von drei Hauswänden und einer gemauerten Brüstung begrenzt. Die Dachterrasse ist wie das Dach mit Abdichtungsfolie verkleidet, denn unter der Dachterrasse befinden sich der Wirtschaftsraum und ein Teil der Küche. Das Wasser fließt über einen Bodenablauf in der Mitte ab. Falls der versagt und das Wasser einen bestimmten Pegel überschreitet, kommt der Notablauf an der Seite zum Einsatz.

»Ich fürchte, ich muss jetzt mal nach Hause und gucken, wie weit die Umzugsfritzen sind«, sagte ich und fügte hinzu: »Ich habe ein bisschen Angst. ›Es tropft aus der Küchenlampe‹ gehört eindeutig in die Top Ten jener Sätze, die man als Bauherr auf keinen Fall hören möchte.«

»Man darf nicht immer gleich vom Schlimmsten ausgehen«, sagte Katja.

Am frühen Nachmittag rief sie mich an: »Gute Nachrichten! Der Notablauf war zugeschäumt! Der Bodenlegerchef und der Dachklempner waren beide gerade eben da. Die haben angefangen, die Dielen abzunehmen, und als die ersten beiden Dielen weg waren, haben sie entdeckt, dass einer von den Bodenlegern den ganzen Notablauf mit Bauschaum zugesprüht hat.«

»Um Himmels willen«, sagte ich, »was hat der Idiot sich denn dabei gedacht?«

»Das konnte sein Chef mir auch nicht sagen, war ihm echt total peinlich«, sagte Katja. »Aber nun, Hauptsache, wir haben die Ursache für das Tropfen gefunden. Puh, bin ich froh. Nächste Woche muss natürlich geguckt werden, wie groß der Schaden ist, ob und welche Trockenmaßnahmen eingeleitet werden müssen. Aber jetzt zieht ihr erst mal in Ruhe um, und dann sehen wir weiter.«

Kurz darauf meldete mein Mann sich von der Arbeit aus, um zu fragen, wie die heutigen Umzugsvorbereitungen gelaufen waren.

»Gut. Die haben nicht nur alle Kisten gepackt, die haben schon fast alles im Umzugswagen verstaut«, berichtete ich.

»Und es gab noch einen kleinen Schrecken zwischendurch. Es tropfte plötzlich aus der Lampe über dem Küchentresen.«

»Um Gottes willen«, flüsterte er, »ich glaube, ich falle in Ohnmacht.«

»Nee, lass mal«, sagte ich. »Das Problem ist schon behoben. Die Bodenleger hatten den Notablauf auf dem Balkon zugeschäumt. Na, erzähle ich dir später.«

»Den Notablauf zugeschäumt? Wie kommt man denn auf so eine bescheuerte Idee?«, wollte mein Mann wissen.

Manch große Frage im Leben muss für immer unbeantwortet bleiben.

Am Abend vor dem Umzug, nachdem der Gebäudereiniger es aufgegeben hatte, das Haus reinigen zu wollen, gingen mein Mann und ich ins Haus, um wenigstens den Fußboden einigermaßen zu säubern. Der Fliesenleger und sein Kollege waren immer noch da und arbeiteten im immer noch nicht fertig gefliesten Kinderbad. Die Leute von Gebr. Nadler waren verschwunden, und zwar ohne die Duscharmaturen in den Bädern befestigt zu haben: Es fehlten irgendwelche Verlängerungsteile.

Mein Mann und ich rollten zweihundert Quadratmeter Malervlies zusammen und schmissen es aufs Grundstück – zu dem restlichen Baustellenmüll, den irgendwelche Handwerker dort hatten liegen lassen, obwohl Handwerker eigentlich dazu verpflichtet sind, ihren Müll zu entsorgen. Das ganze Haus war voll Sand. Wir saugten und fegten und wischten stundenlang. Die Fliesenleger gingen gegen zehn. Mein Mann und ich saugten und fegten und wischten bis Mitternacht. Bevor wir todmüde in unsere Wohnung gingen, um dort zwischen gepackten Umzugskartons die letzte Nacht zu verbringen, starrten wir noch einmal zusammen auf die Wassertropfen, die immer noch aus dem Küchendeckenloch in die Spüle fielen. Die Lampe hatte Herr Lütjen inzwischen abgebaut.

»Hm«, brummte mein Mann. »Ich weiß nicht. Richtig gut sieht das nicht aus.«

»Aber es wird schon weniger«, sagte ich. »Kommt mir jedenfalls so vor.«

Als wir am Freitagvormittag mit den Umzugsleuten ins Haus kommen, tropft es auch aus der Küchendecke über dem Esstisch. An der Decke über dem Sanitärschacht hat sich ein feuchter Fleck gebildet, der Schacht selbst ist auch schon feucht, und zwar bis zum Boden, das Linoleum vor dem Schacht beginnt sich abzulösen.

Die Umzugsleute stehen zu fünft in unserer Küche und starren.

»Heilige Maria und Josef!«, ruft der Oberumzugsfritze osteuropäischer Herkunft und schüttelt den Kopf. »So ein schönes Haus und dann so was. Tut mir sehr leid für Sie!«

Wir rufen Katja an. Katja kommt am frühen Nachmittag. Sie ruft bei Gebr. Nadler an. Herr Krummwinkel ist der Installateur, der gestern mit uns auf die tropfende Küchenlampe gestarrt hat. Er kommt und montiert den WC-Drücker und die Kloschüssel im Kinderbad ab.

Er fasst in die Löcher in der Vorsatzschale und sagt: »Hab ich doch gesagt, alles trocken.«

Er prüft den Druck in der Fußbodenheizung und sagt: »Kein Druckabfall.«

Er klettert aufs Dach, begutachtet die Dachauslässe und sagt: »Alles dicht. Es muss doch der Balkon sein.«

Dann geht Herr Krummwinkel wieder. Schließlich ist es Freitagnachmittag. Katja, mein Mann und ich starren weiter auf die tropfende Küchendecke.

»Komisch«, sagt mein Mann, »der Notablauf war zwar zugeschäumt, aber der normale Ablauf funktioniert ja. Das Regenwasser hätte über den Bangkiraidielen stehen müssen, um hinter die Abdichtung laufen zu können. Die ist ja noch ein Stück an den Wänden hochgezogen – das hätten wir doch gemerkt. Und außerdem hat es seitdem nicht wieder geregnet, und es tropft immer mehr und nicht weniger.«

»Bestimmt ist es doch das Klo«, sage ich. »Das wäre wenigstens mal eine richtig gute Story, die könnten wir noch unseren Enkeln erzählen. Wie wir damals durch unsere Red-Dot-Design-Award-Deckenstrahler hindurch direkt in die nagelneue Blanco-Spüle unserer arschteuren Tischlerküche gepullert haben.«

Katja ruft den Bodenleger und den Dachklempner an und sagt ihnen, dass sie morgen wiederkommen, alle Dielen entfernen und die komplette Abdichtung noch einmal gründlich prüfen müssen. Dann ruft sie Sarah an und sagt, sie habe Zweifel daran, dass das Tropfen tatsächlich etwas mit dem Balkon zu tun habe. Sarah versucht, Herrn Tiedemann zu erreichen. Herr Tiedemann hat sein Handy ausgestellt. Sarah ruft Herrn Nadler an, den Chef.

Der Chef schreit ins Telefon: »Hören Sie mal zu, es ist Freitagnachmittag, Wochenende, ich bin schon an der Ostsee, und ich habe auch mal meine Ruhe verdient!«

Irgendwann steht unsere Familie vor der Tür. Sie tritt ein und bewundert unser neues, schönes Haus. Meine Psyche verschränkt die Arme und sagt: »So soll es sein! Und wenn hier jetzt jemand seine Ruhe verdient hat, dann bin ja wohl ich das!«

Meine Psyche befiehlt mir, mich mit meiner Familie an den Esstisch zu setzen und Szegediner Gulasch zu essen. Sie lässt mich ein paar Witze über die tropfende Küchendecke reißen und gibt sich ansonsten große Mühe, so zu tun, als wäre alles nur halb so schlimm. Bis Sonntagmittag wird sie es schaffen, Haltung zu bewahren.

Baunebenkosten inkl. MwSt.:

Übertrag	69.003,81 €
Umzug inkl. Packen	1.830,00 €
Zwischensumme	70.833,81 €

Die ganze Wahrheit

Am Samstagvormittag entdecke ich an einigen Wänden im Eingangsflur, unmittelbar über dem Fußboden, seltsame Ränder. Im ersten Augenblick hoffe ich, dass dort die Wände nicht sorgfältig gestrichen worden sind. Katja aber meint, es seien Wasserränder.

»Und wie soll das Wasser aus der Küche hier nach vorne zum Hauseingang gelangt sein?«, frage ich.

»Vielleicht ist das Fundament nicht ganz eben, und das Wasser rinnt vom Sanitärschacht unter dem Linoleum hierher und zieht die Wand hoch«, rätselt Katja.

Wasser ist der größte Feind des Architekten, lautet ein Sprichwort. Es fließt, wohin es will, aber es ist oft schwer herauszufinden, woher es kommt.

In der Küche tropft es immer schneller, inzwischen ist auch an der Decke über dem Kamin ein dunkler Fleck erschienen, beide Wasserflecken werden immer größer. Katja ruft Herrn Krummwinkel an. Als er um drei Uhr nachmittags erscheint, ist Katja schon weg. Ich habe sie nach Hause geschickt, sie hat auch mal ihre Ruhe verdient. Mein Mann ist in der alten Wohnung und streicht dort Wände. Herr Krummwinkel ist nur widerwillig gekommen. Er hat schließlich eine Frau, zwei Kinder und Wochenende. Aber immerhin ist er gekommen. Nach seinem Meister hat inzwischen auch sein Chef das Handy ausgestellt. Herr Krummwinkel verzieht sich in das vor nicht einmal achtundvierzig Stunden fertig gefliese Kinderbad und beginnt, rund um den Duschablauf die Bodenfliesen zu entfernen. Nach einer halben Stunde ruft er mich ins Bad.

»Hier ist irgendwo was«, sagt Herr Krummwinkel und

patscht mit der flachen Hand auf den frei gelegten Estrich um den Duschablauf Richtung Toilette. »Feucht, und in Richtung Klo immer feuchter.«

Herr Krummwinkel ist zwar immerhin gekommen, aber offensichtlich möchte er so schnell wie möglich wieder gehen: »Also, da muss ich wohl mal die Vorsatzschale aufstemmen, aber da habe ich jetzt nicht das richtige Gerät mit dabei, und das schaffe ich auch gar nicht, so allein. Das mache ich Montag.«

Dann packt er seine Sachen zusammen und geht, und das Schlimmste ist: Ich lasse ihn gehen und packe weiter Kartons aus. Ich weiß bis heute nicht genau, warum ich mich nicht vor ihm in die Tür geschmissen und geschrien habe: »Halt! Nur über meine Leiche! Sie bleiben gefälligst, bis Sie das Leck gefunden haben, und wenn das bis morgen früh um sechs dauert!«

Ich nehme an, es war meine Psyche, die mich davon abhielt, weil sie immer noch nicht bereit war, der ganzen Wahrheit ins Auge zu blicken. Meine Psyche, die Verdrängungsmeisterin, flüsterte: »Nun werd bloß nicht albern, der Mann ist vom Fach, der wird schon wissen, was er tut.«

Am Sonntagvormittag – mein Mann will gerade wieder aufbrechen in die alte Wohnung und weiterstreichen – entdecke ich, dass die Wasserränder an den Wänden viel breiter sind als am Vortag. Mir wird schwindelig, ich muss mich auf die Treppe setzen und die Augen schließen. Ich sehe hinter verschlossenen Lidern: ein Haus, in dem das Wasser höher und höher steigt. Überall ist Wasser im Haus, plötzlich auch um das Haus herum, das Haus ist umgeben von einem Meer. Das Haus beginnt zu schwimmen, es schwimmt weg von dort, wo es zu stehen hat. Ich fange an zu schreien. Ich schreie den Namen meines Mannes. Ich schreie: »Das Wasser, es wird immer mehr und mehr, wir müssen etwas unternehmen! Tu was, mach, dass das mit dem Wasser aufhört!«

Mein Mann sagt: »Ich muss jetzt erst mal streichen, ich rufe nachher Herrn Krummwinkel an!«

Ich schreie, und während ich schreie, heule ich: »Nachher ist es zu spät! Das Haus schwimmt weg, merkst du das nicht! Alles geht kaputt, der Boden, die Wände, die Möbel, unser ganzes nagelneues Haus, unser ganzes Leben geht kaputt, alles umsonst, alle Mühe, die ganzen letzten Monate! Wenn du nichts tust, drehe ich durch!«

»Du bist doch schon dabei durchzudrehen«, sagt mein Mann und nimmt mich in den Arm. »Nun hör erst mal auf zu schreien!«

»Ich kann nicht aufhören!«, schreie ich. »Ich war die ganze Zeit ruhig, ich habe mich bis eben zusammengerissen, aber jetzt muss ich schreien. Ich kann erst wieder aufhören zu schreien, wenn das Wasser weg ist.«

»O.k., o.k., schon gut«, sagt mein Mann. »Ich rufe Herrn Krummwinkel an, jetzt sofort.«

Herr Krummwinkel sagt zu meinem Mann: »Es hat ja auch wieder geregnet.«

Da wird auch mein Mann etwas lauter.

Herr Krummwinkel sagt: »Na gut, Montag um sechs stehe ich auf der Matte, Ehrenwort.«

Da fängt auch mein Mann an zu schreien.

Ein paar Stunden später ist Herr Krummwinkel da. Als Erstes dreht er den Hauptwasserhahn ab: Das Tropfen wird weniger. Warum hat der Sanitärinstallateur Herr Krummwinkel den Hauptwasserhahn nicht schon am Donnerstag zugedreht? Warum ist nicht wenigstens einer von uns auf diese Idee gekommen? Manch große Frage im Leben muss für immer unbeantwortet bleiben. Dann sägt Herr Krummwinkel die frisch gefliese Trockenbauwand im Kinderbad auf. Spätnachmittags um sechs kommt er zu uns und verkündet mit einem hörbaren Anflug von Stolz: »Ich hab's. Ein undichtes Frischwasserrohr. Jetzt isses aber dicht, das garantiere ich Ihnen persönlich.«

Um acht Uhr abends hört es in der Küche auf zu tropfen. Mein Mann sagt: »Halleluja. Und übrigens: So laut wie vorhin habe ich dich in zwanzig Jahren noch nicht schreien hören. Das einzig Gute daran: Endlich war ich mal nicht schuld.«

Ich kann schon wieder ein bisschen lachen. Ich gehe nach oben und nehme ein heißes Bad. Duschen geht ja nicht: Im Elternbad gibt es noch keine Duscharmatur, das Kinderbad ist sowieso unbenutzbar. Dann falle ich ins Bett. Am Montagmorgen stehe ich wieder auf, mein Mann ist schon zur Arbeit gefahren. Irgendwann nach dem Aufstehen gehe ich ins Gäste-WC, das – wie es sich gehört – gleich hinter dem Hauseingang liegt. An der Wand unter dem Waschbecken im Gäste-WC verlaufen Wasserspuren bis zum Fußboden. Auf dem Fußboden steht eine große Pfütze. Ich wische sie auf.

Um zehn erscheint wie angekündigt Herr Tiedemann, einen schnauzbärtigen Herrn im Anzug an seiner Seite. Der Herr im Anzug ist Schadensachverständiger. Er arbeitet in dem Versicherungsmaklerbüro, über das Gebr. Nadler seine Betriebshaftpflichtversicherung abgeschlossen hat. Katja ist auch da. Die beiden Männer lassen sich von Katja und mir durchs Haus führen und alle bereits sichtbaren Wasserschäden zeigen. Der Versicherungsmann kündigt an, dass morgen der Mitarbeiter einer Trockentechnikfirma kommen, das Haus untersuchen und die nötigen Trocknungsmaßnahmen einleiten wird. Herr Tiedemann stammelt eine Entschuldigung.

Normalerweise bin ich ein gutwilliger Mensch, ein wenig aufbrausend manchmal, aber alles in allem leicht zu besänftigen mit ein paar freundlichen Worten. Herr Tiedemann jedoch besänftigt mich gar nicht, sein Anblick und sein Gestammel machen mich so wütend, dass ich ihn am liebsten ohrfeigen möchte.

»Wissen Sie was?«, sage ich. »Es hilft mir leider gar nichts, dass Ihnen auf einmal leidtut, was Sie in den letzten Monaten vermasselt haben. Klar, ein Fehler kann jedem unterlaufen. Aber das hier ist nur einer von unzähligen Fehlern, die Sie ständig gemacht haben – kein Wunder, dass jetzt auch noch so was passiert ist. Wissen Sie eigentlich, wie sich das anfühlt, wenn das Haus, das man gebaut hat, nicht mal einen Tag lang in Ordnung ist?«

Während ich rede, fängt meine Stimme an zu zittern, meine Augen werden feucht, Katja legt die Hand auf meine Schulter, die Dogge guckt auf ihre Schuhspitzen, der Versicherungsmann setzt eine professionell-mitfühlende Miene auf: Ich bin natürlich nicht die erste, sondern mindestens die tausendste Hausbesitzerin am Rande des Nervenzusammenbruchs, mit der er zu tun hat. Dann fasse ich mich wieder.

»Eins noch, bevor Sie gehen«, sage ich zu Herrn Tiedemann und führe ihn ins Gäste-WC. »Heute Morgen stand hier eine große Pfütze, und da waren Wasserstreifen vom Becken bis zum Boden. Wissen Sie, woher die kommen könnten?«

»Da fehlt ja auch noch die Silikonfuge am Waschbecken«, sagt die Dogge.

»Aber die Pfütze war riesig«, sage ich, »und außerdem war sie gestern Abend noch nicht da, die hat sich über Nacht gebildet. Nachts wäscht sich hier keiner die Hände. Ich habe gestern Abend gebadet, ich hoffe, das hat nichts damit zu tun.«

»Nee, kann ich mir nicht vorstellen. Ich habe jetzt kein Werkzeug mit«, sagt Herr Tiedemann. »Ich schicke Herrn Krummwinkel morgen, der guckt sich das mal an.«

Den Rest des Tages verbringe ich in der alten Wohnung, die ich gemeinsam mit unserer Haushaltshilfe putze. In vier Tagen ist Wohnungsübergabe, bis dahin muss alles sauber und geräumt sein. Das Gartenhaus und der Keller stehen noch voller Dinge, die entsorgt oder in den kleinen Lagerraum gebracht werden müssen, den ich angemietet habe. Schließlich hat unser Haus keinen Keller, und der große Schuppen im Vorgarten, der uns den Keller ersetzen soll, der ist leider noch nicht einmal beauftragt. Ich putze bis zum Umfallen, dann gehe ich in die Apotheke und kaufe ein Fläschchen Baldriantropfen. Zu Hause packe ich noch ein paar Kartons aus und koche etwas – die Kinder gibt es ja leider auch noch, und die wollen essen. Abends nehme ich wieder ein Bad, bevor ich schlafen gehe. Am nächsten Morgen steht erneut eine Pfütze im Gäste-WC. Herr Krummwinkel kommt kurz nach dem Trockentechniker. Während der Trockentechniker mit irgendeinem Messgerät durchs Haus rennt und die Feuchtigkeit in den verschiedenen Räumen misst, macht sich Herr Krummwinkel im Gäste-WC zu schaffen. Nach einer halben Stunde kommt er zu mir und sagt, diesmal nicht stolz, sondern betreten: »Ich hab's. Tja, ein angebohrtes Heißwasserrohr.«

Im Gäste-WC ist die Wand unter dem Waschbecken aufgemeißelt. In dem Loch sieht man ein Kupferrohr mit einer kleinen Beule. Kupfer, so erklärt mir der Trockentechniker später, reagiert auf geringste Temperaturunterschiede. Dieses Rohr hat außer der Beule, die ein abgerutschter Bohrer verursacht haben muss, wahrscheinlich nur einen Haarriss davongetragen. Das heiße Wasser, das ich an den zwei vorhergehenden Abenden aus der Badewanne abgelassen habe, ist durch ein Abwasserrohr im Gäste-WC geflossen. Seine Wärme könnte auf die umliegenden Wände abgestrahlt und ihre Temperatur minimal erhöht haben, sodass sich das Kupfer ausdehnen, der Haarriss vergrößern und Wasser über Nacht entweichen konnte.

Die feuchten Wände im Eingangsflur und im Wirtschaftsraum stammen gar nicht vom Wasserschaden im Kinderbad, berichte ich meinem Mann: Sie stammen von einem zweiten Wasserschaden im Gäste-WC.

»Zwei Wasserschäden. Das glaubt uns keiner«, sage ich.

»Ich kann's ja selbst kaum glauben«, sagt mein Mann. »Aber eins glaube ich, und zwar ganz fest: Bald bringe ich jemanden um.«

Es ist später Abend, wir sitzen auf dem Balkon, es ist warm draußen. Die Kinder schlafen schon, und zwar auf den Matratzen, die wir aus ihren Zimmern in unser Schlafzimmer getragen und um das Ehebett herum auf den Boden gelegt haben. Im Schlafzimmer sieht es jetzt aus wie in einem Flüchtlingslager.

Neben dem Elternschlafzimmer und dem Elternbad ist der Balkon der einzige Platz, an dem man sich einigermaßen unterhalten kann. Im restlichen Haus stehen überall Trockengeräte, die sehr laut ihre Aufgabe verrichten. Wenn sie rund um die Uhr laufen, schätzt der Trockentechniker, könnte das Haus nach zwei bis drei Wochen trocken sein. Wenn wir sie zwischendurch ausschalten, wird es länger dauern. Wenn wir sie während der Nächte ausschalten, wird es fast doppelt so lange dauern. Fast der gesamte Estrich und zahlreiche Wände im Haus sind feucht, die Kinderzimmer, das kleine Fernsehzimmer, die Küche und der Hausflur sind am schlimmsten betroffen.

Zwischen den Trockengeräten liegen Schläuche, manche

führen von einem Zimmer ins nächste, sodass man die Zimmertüren nicht mehr schließen kann. Durch die Schläuche wird heiße Luft in den Boden gepustet. Um die Eichendielen im Obergeschoss zu schonen, hat der Trockentechniker versucht, die heiße Luft an möglichst vielen Stellen durch die Ritze zwischen Dielen und Wand in den Estrich zu leiten. Dafür musste er einen Teil der Fußbodenleisten entfernen. Im Zimmer unseres Sohnes, das gleich neben dem Kinderbad liegt und dessen Boden besonders feucht ist, musste er allerdings ein Loch mitten in den Holzboden bohren und dort einen Schlauch einführen. Im Erdgeschoss dagegen sind überall Löcher im Estrich, in denen Schläuche stecken. Um sie bohren zu können, musste das Linoleum zerschnitten werden – in der Küche vor dem Sanitärschacht fehlt ein sehr großes Stück, weil dort das Wasser unter dem Linoleum stand. Als der Trockentechniker das Tapeziermesser ansetzte, bekam ich schon wieder einen Kloß im Hals und feuchte Augen.

Ich hatte mich vor dem Umzug an den Gedanken gewöhnt, dass es das perfekte Haus nicht gibt. Ich war willens dazuzulernen. Aber diese Lektion, denke ich, ist doch ein bisschen happig. Unser neues Haus ist keine vier Tage alt, und schon sieht es aus wie ein Patient auf der Intensivstation.

Ich nehme noch einmal Baldrian, bevor ich schlafen gehe.

Baunebenkosten inkl. MwSt.:

Übertrag	70.833,81 €
100 ml Baldriantropfen	4,29 €
Zwischensumme	70.838,10 €

Auf der Flucht

Ich stehe an der Bar des Hotels, in dem die Kinder, der Hund und ich vor zwei Stunden angekommen sind. Wir sind mit dem Auto gefahren: von Hamburg ins Altmühltal, wo wir übernachtet haben, von dort auf den Ritten in Südtirol. Soeben haben wir zu Abend gegessen. Jetzt trinke ich einen Espresso, bevor ich noch eine Runde Gassi gehen und dann ins Bett fallen werde. Die Wahrscheinlichkeit ist groß, dass ich erst in einer Woche wieder aufwache.

Die anderen, schon länger anwesenden Gäste in dem kleinen Familienhotel mustern mich, so wie man Neuankömmlinge eben mustert. Ihre Neugierde wird sicherlich befördert durch die Tatsache, dass ich aussehe wie eine lebende Leiche. Immerhin aber sind wir heil angekommen in diesem Hotel, das schien mir bei der Abfahrt nicht selbstverständlich zu sein, schließlich war es eine lebende Leiche, die das Auto die gut tausend Kilometer von Hamburg nach Norditalien lenken musste. Ich, die Halbgläubige, habe ernsthaft gebetet, bevor ich am Samstagmorgen den Zündschlüssel ins Schloss gesteckt und den Motor angeworfen habe: »Lieber Gott, bitte, bitte pass auf, dass ich nicht einschlafe und die Kinder gegen eine Leitplanke fahre. Jetzt auch noch ein Autounfall, das überlebe ich nicht.«

Der liebe Gott hat netterweise aufgepasst. Ich nippe an meinem Espresso, als ein fremder Junge in die Bar läuft und ruft: »Da steht ein Hund auf dem Dach!«

Ich sage: »Das ist unserer. Wahrscheinlich guckt er vom Balkon.«

Im Restaurant des Hotels sind keine Hunde erwünscht, ich habe ihn auf meinem Zimmer gelassen und die Tür zum

Balkon geöffnet, der über dem Dach des Restaurants liegt – mit Blick auf die Hotelterrasse, einen kleinen See und die Berge am Horizont. Der Hund sollte nach der langen Autofahrt frische Luft schnuppern können, während wir aßen.

»Nein«, sagt der Junge. »Der Hund steht auf dem Dach!«

Ich renne auf die Terrasse, auf der Terrasse stehen Hotelgäste und gucken nach oben. Oben steht der Hund auf dem Dach des Restaurants, er steht ganz am Rand. Er muss vom Balkon auf das Dach gesprungen sein. Der Hund wedelt freudig mit dem Schwanz, als er mich sieht, die anderen Hotelgäste schütteln den Kopf, sie gucken vom Hund zu mir zum Hund, sie gucken sehr streng.

Ich überlege, ob ich mich schämen soll. Weil mich alle anstarren. Für mein leichenhaftes Aussehen und meinen schlecht erzogenen Hund. Für unseren misslungenen Einstand in die übersichtliche Gemeinschaft der Hotelgäste, der wir für die nächsten zwölf Tage angehören werden. Aber mir fehlt die Kraft, mich zu schämen. Ich denke: Auch egal. Mein Leben ist sowieso gerade ein Irrenhaus.

Wir, die Kinder, der Hund und ich, sind geflüchtet aus jenem Irrenhaus in Massivbauweise, das zu nass ist, um darin zu leben – hierher nach Südtirol. Eine Nacht nachdem die Trockengeräte aufgestellt worden waren, wusste ich, dass ich entweder aus unserem Haus ausziehen oder mich demnächst in eine Klinik einweisen lassen muss. Die Trockner machen nicht nur einen Heidenkrach, sie heizen das Haus auf wie einen Backofen, das Raumklima entspricht ungefähr dem in der Sahara: Damit von außen keine feuchte Luft eindringt, dürfen wir die Fenster nicht öffnen, denn draußen ist es zwar sommerlich heiß, aber es regnet viel.

Mein Mann geht tagsüber zur Arbeit, die Kinder aber haben Ferien, wir drei sind dazu verdammt, mehr oder minder den ganzen Tag zu Hause zu verbringen. Schon vor dem Umzug habe ich behauptet: Ich kann nicht mehr. Das war eine Fehleinschätzung. Man kann immer mehr, als man glaubt. Aber jetzt, jetzt kann ich wirklich nicht mehr. Ich bin total erschöpft, am Ende meiner Kräfte, kurz vor dem endgültigen Zusammenbruch.

Am Mittwochmorgen, während ich Wäsche aufhängte, war mir klar geworden: Ich halte es nicht aus hier. Ich halte es nicht aus hier. Ich halte es nicht aus hier. Ich muss die Kinder einpacken und weg. Die Trockner röhrten, um mich herum stapelten sich immer noch nicht ausgepackte Umzugskartons, die Kinder langweilten und stritten sich andauernd, ich schrie sie an, gleichzeitig taten sie mir leid. Mit dem Haus hatte auch ihre Mutter einen Wasserschaden erlitten. So sehr ich versuchte, mich zusammenzureißen: Mehrmals am Tag tropfte es für ein paar Minuten aus mir heraus. Unter meinen Füßen knirschte der Sand, der in dem Chaos einfach nicht aus dem Haus zu bekommen war, mir lief der Schweiß von der Stirn, in meinem Herzen brannte Hass. Hass, wie man ihn nur demjenigen gegenüber empfindet, der einen zutiefst verletzt hat. Hass auf Herrn Tiedemann und seinen Chef, Herrn Nadler.

Herr Tiedemann, dachte ich, während ich Wäscheklammern in die Unterhosen auf dem Wäscheständer rammte, hatte durch seinen Pfusch unsere Familie in eine Situation gebracht, die unsere Tochter rückblickend als »die allerallerschlimmste Zeit in meinem Leben« bezeichnen wird. Wir hatten, als wir die Firma Gebr. Nadler beauftragten, an diese Firma, an die Sorgfalt und Kompetenz ihrer Mitarbeiter geglaubt, wir hatten dem Chef der Firma, Herrn Nadler, unser Vertrauen geschenkt. Selbst als offensichtlich war, dass der Schaden, den seine Mitarbeiter angerichtet hatten, ein sehr großer war, hatte er sich geweigert, Verantwortung dafür zu übernehmen. Bis heute war er nicht persönlich vorbeigekommen, nicht einmal angerufen hatte er, weder bei uns noch bei den Architektinnen. Er hatte unser Vertrauen missbraucht. In diesem Augenblick, im Flur vor dem Wäscheständer stehend, hasste ich ihn und die Dogge dafür.

Ich hängte die nächsten Wäschestücke auf, die inmitten des staubtrockenen Hauses blitzschnell trocknen würden. Ich überlegte, wie ich mich rächen könnte. Ich könnte der Firma Gebr. Nadler in einer dunklen Nacht »Dieser Installateur hat unser Leben ruiniert!« an die Hauswand sprühen. Schon öfter hatte ich einen der dunkelgrünen Firmentransporter auf den Straßen der Stadt fahren sehen: Sollte ich, wann immer ich einen dieser Wagen vor einem Haus parkend entdeckte, heimlich die Reifen zerstechen? Oder wäre es das Beste, unsere Erfahrungen in sämtlichen existierenden Dienstleistungsbewertungsportalen zu veröffentlichen? Während ich Rachepläne ersann, sah ich durch die Fensterfront unseres Arbeitszimmers ein Auto auf dem Gehweg vor unserem Haus parken. Ein kleiner, dicker, älterer Mann stieg aus. Es war Herr Nadler.

In den wenigen Sekunden, die der kleine, dicke Mann brauchte, um vom Auto durch unseren aus Sand und Baumüll bestehenden Vorgarten zu unserer Haustür zu gehen, malte ich mir aus, was passieren würde, nachdem ich ihn eingelassen hätte: Weil ich ein zur Höflichkeit erzogener Mensch bin, würde ich mich, sobald er unser Haus betreten haben würde, genötigt fühlen, den kleinen, dicken Mann in die Küche zu bitten und ihm einen Kaffee anzubieten. Ich würde ihm dabei zusehen müssen, wie er seinen Gesichtsausdruck ins absichtsvoll Kummervolle zwingen und mir wortreich erklären würde, wie sehr er das alles bedaure und warum er nicht früher dazu gekommen sei, sich zu melden und uns das persönlich zu sagen. Ich würde etwas darauf entgegnen müssen.

Ich würde mich entweder verstellen und ihn entlasten müssen, um ihn möglichst schnell wieder loszuwerden: »Schon gut, halb so wild, jeder macht mal einen Fehler!« Das kam gar nicht infrage.

Oder ich würde, um ihm das wahre Ausmaß der von ihm und seinen Leuten angerichteten Katastrophe vor Augen zu führen, mit zitternder Stimme über meine Gefühle reden müssen und dabei garantiert in Tränen ausbrechen. Ich wäre eine Frau, die Schwäche zeigt, woraufhin er die Gelegenheit nutzen und sich als starker Mann aufführen würde: Er würde von seiner prima Haftpflichtversicherung erzählen und mir dabei womöglich seine fleischige Hand onkelhaft tröstend auf die Schulter legen. Das kam noch viel weniger infrage.

Bevor der kleine, dicke Mann die Haustür erreichte, öffnete ich die Tür in der Fensterfront des Arbeitszimmers. Der kleine, dicke Mann steuerte auf mich zu. Ich dachte: Nicht einmal einen Blumenstrauß hat er dabei.

»Guten Tag«, sagte Herr Nadler. »Ich bin Herr Nadler.«
»Ich weiß«, sagte ich.
»Darf ich hereinkommen?«, fragte Herr Nadler.
»Nein«, sagte ich. »Ich habe Sie fünf Tage früher erwartet, Sie kommen leider zu spät.«
Dann schlug ich die Tür wieder zu.

Ich nahm den Laptop und schrieb eine Mail an Gebr. Nadler, in der ich Herrn Tiedemann und Herrn Nadler Hausverbot erteilte. Nur Herr Krummwinkel, schrieb ich, dürfe unser Grundstück und Haus zukünftig noch betreten, denn der sei der Einzige, der sich wegen der tropfenden Küchenlampe gekümmert habe – wenn auch leider zu spät und zu zögerlich. Dann rief ich Katja an und erzählte ihr, was vorgefallen war.

»Hm«, sagte Katja, »o.k. Übrigens, Herr Nadler hat auch gerade angerufen, bei Sarah. Er hat sich über deine schlechten Umgangsformen beschwert.«

»Ich weiß nicht, ob das so geschickt war von dir«, sagte mein Mann abends. »Wir sind die doch noch lange nicht los, und Herr Krummwinkel ist ja nun auch nicht gerade der Einstein unter den Klempnern.«

»Vielleicht nicht«, sagte ich. »Vielleicht war es ungeschickt. Aber es fühlte sich gut an. Außerdem habe ich heute einen Anwalt engagiert.«

Nachdem ich die Mail geschrieben hatte, hatte ich unseren Anwaltsfreund Ingo angerufen. Ich hatte ihn gebeten, mir einen Kollegen zu empfehlen, der uns in Sachen Wasserschaden beistehen könne. Wir haben keine Rechtsschutzversicherung, aber wenn ich etwas gelernt habe in den Jahren meines Erwachsenseins, dann dies: Manchen Streit sollte man noch nicht einmal versuchsweise auf eigene Faust austragen. Zwei Stunden später hatte ich mit einem Fachanwalt für Versicherungsrecht telefoniert und ihn beauftragt, uns gegenüber der Haftpflichtversicherung der Firma Gebr. Nadler zu vertreten. Der Anwalt machte mir die erfreuliche Mitteilung, dass wir als Geschädigte ein Anrecht auf Rechtsbeistand hätten, sein Anwaltshonorar also von der Haftpflichtversicherung übernommen werden müsse.

»Und muss die Haftpflichtversicherung uns auch eine Ersatzunterkunft zahlen?«, fragte ich.

»Natürlich«, sagte der Anwalt. »Wenn das Haus aufgrund des Schadens unbewohnbar geworden ist, steht Ihnen ein angemessener Ersatz zu.«

»Und was heißt angemessen?«, wollte ich wissen.

»Angemessen bedeutet: ein Haus in vergleichbarer Größe, Lage und Ausstattung wie das Ihre«, sagte der Anwalt.

Leider, sagte ich, gebe es in der Nachbarschaft gerade keinen leer stehenden, vergleichbaren Neubau, der wochenweise an Familien mit Hund vermietet werde. Ob wir auch in eine Ferienwohnung oder ein Hotel außerhalb von Hamburg ziehen dürften? Ja, wir durften.

Nachdem ich die Tür zugeschlagen, das Hausverbot erteilt und den Anwalt engagiert hatte, hatte ich mich erstmals seit Tagen etwas besser gefühlt – nicht mehr völlig hilflos und ausgeliefert. Schluss mit Heulen, hatte ich gedacht: Auf in den Kampf!

Danach war ich zu meiner ältesten Schwester gefahren, um mich dort an den Schreibtisch zu setzen und im Internet nach einer Unterkunft in der Nähe von Hamburg zu suchen. Unser Internet funktionierte noch nicht. Ich wollte so schnell wie möglich mit den Kindern und dem Hund flüchten. Mein Mann könnte nachkommen, sobald sein Urlaub begann.

Sich am zweiten Hamburger Sommerferientag auf die Suche nach einer Ferienwohnung oder Hotelzimmern in Norddeutschland zu machen, in denen zwei Wochen am Stück Platz ist für vier Erwachsene und einen Hund, ist kein sehr aussichtsreiches Unterfangen. Noch zu haben waren Unterkünfte, die sich kein normaler Mensch leisten kann: Acht-Zimmer-Luxus-Reetdachhäuser mit Sauna und Pool auf Sylt für fünftausend Euro pro Woche. Oder, am anderen Ende der Preisskala, Unterkünfte, in denen kein normaler Mensch seinen Urlaub verbringen möchte: Siebenunddreißig-Quadratmeter-Ferienwohnungen mit dunkelbraunem Teppich und Cordschlafcouch im Wohnzimmer im achten Stock eines Siebzigerjahre-Appartementhochhauses im Harz.

All meinen – kurz zuvor gefassten – guten Vorsätzen zum

Trotz endete die Suche im Internet mit der dritten Heulattacke des Tages, der ich mich auf dem Sofa meiner Schwester sitzend hingab: »Es gibt einfach nichts, wo wir hinkönnen«, heulte ich. »Und selbst wenn es irgendwo noch etwas gäbe: Eigentlich will ich ja gar nicht weg. Was soll ich denn alleine mit den Kindern in irgendeiner Scheißferienwohnung in der niedersächsischen Tiefebene, die langweilen sich da doch zu Tode, und dann muss ich da auch den ganzen Tag weinen. Ich brauche etwas, wo die Kinder, die Armen, gerne sind und sich auch mal einen halben Tag allein beschäftigen können, und dann muss es dort auch noch einen Internetzugang geben, ich habe doch gar keinen Urlaub, ich muss bis Ende nächster Woche noch zwei Kolumnen schreiben. Ich weiß nicht mehr weiter.«

»Notfalls«, bot meine Schwester an, »könnt ihr ja bei uns wohnen.«

Ich bin selbst Mutter. Ich weiß, wie der Familienalltag in den Ferien aussieht. Ich konnte mir vorstellen, wie scharf meine Schwester, ihr Mann und ihre Kinder darauf waren, für zwei oder gar drei Wochen zu acht plus Hund unter einem Dach leben zu müssen.

»Das ist ganz lieb von dir«, schluchzte ich. »Danke. Ich überlege noch mal, vielleicht fällt mir doch noch eine andere Lösung ein. Mal was anderes: Kannst du uns vielleicht helfen, morgen Nachmittag den Keller in der alten Wohnung auszuräumen, das Zeug muss in das Lager, das ich angemietet habe, wir haben ja noch keinen Schuppen, und dein Auto ist so schön groß.«

»Aber klar, mach ich«, sagte meine große Schwester.

Wieder zu Hause fiel mir ein, dass es einen einzigen Ort mit Internetzugang und Hundeerlaubnis gab, an dem ich fast so gerne wäre wie zu Hause und auf den sich auch die Kinder riesig freuen würden. Schon lange verlangten sie regelmäßig: »Da wollen wir mal wieder hin!«, woraufhin wir gebetsmühlenartig zu antworten pflegten: »Zu teuer.«

Vor Jahren hatten wir ein paar Tage in einem kleinen Viersternehotel auf dem Ritten in Südtirol verbracht. Zum Hotel gehören ein Wellnessbereich mit Schwimmbad und Sauna, ein Bergsee mit Liegewiese und Tretboot und eine Halbpension mit köstlichem Frühstücksbuffet und allabendlichem Vier-Gänge-Menü. Den Aufenthalt dort hatten wir uns nur deshalb leisten können, weil wir uns in der Nebensaison zu viert in eines der großen Hotelzimmer gequetscht hatten. Je gründlicher ich darüber nachdachte, desto überzeugter war ich, dass dieses Hotel der einzig angemessene Ersatz für unser nagelneues, aber unbewohnbares Traumhaus wäre. Vielleicht könnte ich dem Wasserschaden sogar noch etwas Gutes abgewinnen, wenn er unserer Familie zu einem unverhofften, von einem Versicherungskonzern finanzierten Traumurlaub verhelfen würde – und zwar in zwei Doppelzimmern. Ich baue doch kein Haus mit zwei Kinderzimmern, eigenem Kinderflur und Kinderbad, um dann in einem Raum mit meinem dreizehnjährigen Sohn zu schlafen, dachte ich. Ich rief in dem Hotel an und hatte Glück: Ab dem kommenden Wochenende gab es noch zwei freie Doppelzimmer, die wir für immerhin zwölf Tage beziehen könnten. Ich rief den Anwalt an, nannte ihm den sehr stolzen, geradezu hochmütigen Preis dieser Ersatzunterkunft und fragte, ob die Versicherung eine solche Summe erstatten würde.

»Das kann ich nicht garantieren«, sagte der Anwalt. »Einen Großteil wird die Versicherung sicher übernehmen, aber man kann sich natürlich darüber streiten, ob es unbedingt ein Viersternehotel sein muss. Und die Frage ist, ob Sie Lust haben, sich darüber vor Gericht zu streiten.«

»Aber unser Haus ist viel schöner als jedes Achtsternehotel!«, rief ich.

»Wissen Sie was?«, sagte der Anwalt. »Freuen Sie sich, dass Sie so kurzfristig etwas Schönes gefunden haben, fahren Sie dorthin, erholen Sie sich, denn das haben Sie offensichtlich bitter nötig, so mein Eindruck. Ich denke, das ist das einzig Richtige, was Sie in dieser Situation tun können – selbst wenn Sie am Ende auf einem Teil der Kosten sitzen bleiben.«

Ich buchte die Hotelzimmer. Mein Mann, meine Schwester und ich räumten den Keller leer. Handwerker und Sachverständige pilgerten durch unser Haus, um die Folgen des Wasserschadens zu begutachten. Ich räumte das schwarze Bücherregal ein. Unsere Tochter zog für zwei Tage zu ihrer Freundin Paula, Paulas Eltern konnten nachfühlen, wie es uns ging, und nahmen sie auf. Mein Mann übergab die alte Wohnung an die Vermieter.

Ich ging nicht mit. Ich war zu schwach. Die Vermieter hätten mich nur einmal böse anschauen müssen, und ich hätte mich vor ihren bösen Augen in Wasser aufgelöst.

»Wie war's?«, fragte ich meinen Mann, als er wieder da war.

»Es war gut, dass du nicht dabei warst«, sagte mein Mann. »Begeistert waren sie nicht gerade. Aber sie haben uns trotzdem gleich die ganze Kaution wiedergegeben.«

»Wie nett von ihnen«, sagte ich. »Und wie angenehm, dass es auch schöne Überraschungen gibt.«

Ich raffte mich auf und packte Sachen. Die Wanderschuhe und die Badesachen fand ich nach langem Suchen in einem Umzugskarton. Am Samstagmorgen, acht Tage nach dem Umzug, packte ich die Kinder und den Hund ins Auto und fuhr los, mein Mann stand in der Sandkiste und winkte uns hinterher. Er würde uns eine Woche später mit dem Zug nachreisen. Als wir am Sonntagmittag über den Brenner Richtung Italien fuhren, wusste ich: Jetzt bin ich über den Berg.

Baunebenkosten inkl. MwSt.:

Übertrag	70.838,10 €
12 Tage Hotel, nicht erstatteter Anteil	1.873,00 €
Zwischensumme	72.711,10 €

Handwerkerbetreuung

Als wir aus dem unfreiwilligen, dennoch herrlichen Urlaub zurückkehren, sind die Trockengeräte abgebaut. Katja hat erste Zeitpläne zur Sanierung des Hauses entworfen: Das komplette Linoleum im Erdgeschoss muss ausgetauscht werden. Die Sanierungsarbeiten werden von ihr koordiniert und beaufsichtigt. Dieser Arbeitsaufwand ist nicht in dem mit uns vereinbarten Architektenhonorar für den Entwurf und Neubau eines Einfamilienhauses enthalten, er wird wie das Anwaltshonorar von der Haftpflichtversicherung bezahlt.

Die Kinder fahren ins Zeltlager. Ich putze das Haus, ich packe die letzten Kartons aus, wir pflanzen Kirschlorbeer in die großen Kübel auf der Brüstung unseres Balkons, ich kaufe Blumen und stelle sie in einer Vase auf den Tisch, wir laden Freunde ein und feiern meinen Geburtstag. Ich werde richtig krank. Ich fange an, in unserem Haus zu leben. Es ist, als würde ich mich nach einem völlig verkorksten Beziehungsanfang ein zweites Mal verlieben. Ich denke: Immerhin ist niemand gestorben.

Die Löcher im Boden, die fehlenden Stücke im Linoleum, die fehlenden Fußbodenleisten, ich nehme sie bald kaum noch wahr.

Was ich weder zu übersehen noch zu überhören vermag, sind die Handwerker. Nach unserer Rückkehr kommt irgendjemand und dichtet den Fundamentsockel ab. Der Elektriker kommt und installiert die Türklingel und die Außenleuchten. Der Maler kommt und streicht das unfertige Bücherregal, während ich mit Keuchhusten im Bett liege.

Der Fliesenleger kommt und reißt alle Fliesen im Kinderbad wieder raus, auch die Vorsatzschale wird abgerissen, das Bad muss komplett neu gemacht werden. Der Dachklempner kommt und stellt die Balkonbrüstung fertig. Der Zaunbauer kommt und baut den Zaun. Der Fensterbauer kommt, um die provisorischen gegen die endgültigen Fensterbeschläge auszutauschen. Der Schornsteinfeger kommt, um die Heizung abzunehmen. Den Kamin kann er noch nicht abnehmen, weil der Schornstein noch nicht abgedichtet ist und die Feuerschutzvorlage fehlt, weshalb auch der Maler und ein Schlosser noch einmal werden kommen müssen. Der Verputzer kommt und schließt die Löcher im Putz, in denen die Befestigungen für das Gerüst steckten. Der Gebäudereiniger kommt und putzt die Fenster zu Ende.

Ich öffne den Handwerkern die Tür, ich schaue ihnen auf die Finger, putze ihnen hinterher und koche literweise deutschen Bohnenkaffee. Kaffee bekommt bei mir jeder Handwerker. Kekse bekommen nur die, die ich mag. Ob ich jemanden mag, entscheide ich nach objektiven Kriterien. Ich analysiere das Profil des Handwerkers anhand eines von mir entwickelten Psychotests, der Fragen wie diese enthält: 1. Bevor der Handwerker das Haus betritt, zieht er a) Schuhüberzieher an, b) die Schuhe aus, c) noch einmal an seiner Zigarette. 2. Zwischen der Ankunft des Handwerkers und der ersten Frühstückspause liegen im Schnitt a) hundertachtzig, b) dreißig, c) null Minuten. 3. Der Handwerker kommt meist a) pünktlich, b) verspätet, c) gar nicht. 4. Auf die Bitte, sich mit dem Kollegen eines anderen Gewerkes abzustimmen, sagt der Handwerker: a) »Haben Sie die Nummer zur Hand? Dann kann ich gleich anrufen.« b) »Kümmere ich mich nächste Woche drum.« c) »Das ist aber eigentlich nicht meine Aufgabe.« 5. Der Handwerker a) macht, was man von ihm will, b) macht, was er will, c) macht manchmal etwas anderes als das, was man von ihm wollte, weil er nämlich mitdenkt.

Mitdenken ist nicht jedermanns Stärke. Die Dogge zum Beispiel hat uns nicht darauf aufmerksam gemacht, dass wir vergessen haben, im Wirtschaftsraum einen extra Wasseranschluss für die Waschmaschine einzuplanen, obwohl in den Grundrissen stets verzeichnet war, dass in diesem Raum die Waschmaschine stehen soll. Erstens: Eindeutig unsere Schuld. Zweitens: Halb so wild, die Waschmaschine wird jetzt über den Wasserhahn vom Ausgussbecken mit Wasser versorgt. Drittens: Noch etwas schöner wäre es gewesen, wenn dieser Fehler demjenigen, der den ganzen Tag nichts anderes macht, als Häuser und Wohnungen mit den nötigen Wasseranschlüssen auszustatten, aufgefallen wäre.

Es gibt viel drastischere Fälle. So weiß ich von einem Neubau, in dem die Rohbauer die Türstürze zehn Zentimeter zu hoch gemauert hatten, was niemand bemerkte – bis zu dem Tag, an dem die Tischler kamen, die die Türzargen und die Türen einbauen sollten. Die Türen hatten die richtige Größe, sie waren also zu kurz für die zu hoch gemauerten Türstürze. Das störte die Tischler nicht weiter, sodass der Bauherr am Ende des Tages ein Haus betrat, in dem sämtliche Türen zehn Zentimeter über dem Fußboden endeten.

Der Bauherr, fassungslos: »Aber wie sieht denn das aus? Wieso haben Sie mich denn nicht angerufen, als Sie gemerkt haben, die Türen passen nicht? Was haben Sie sich dabei gedacht, einfach weiterzumachen mit dem Einbau?«

Die Tischler: »Gar nichts. Ich meine, Sie haben die Türen doch so bestellt. Wir haben nur getan, was wir tun sollten.«

Dem sympathischen Elektriker, Herrn Lütjen, dagegen sende ich jedes Mal, wenn ich abends den Fernseher ausmache und das Fernsehwohnzimmer verlasse, einen stillen Dank: Er hat die Steckdose, an der der Fernseher, der DVD-Rekorder und die Spielekonsole hängen, mit einem Wandschalter verbunden. So kann man sämtliche Geräte mit einem Fingerdruck von der Stromversorgung trennen, statt sie nacheinander ausstellen oder im Stand-by-Modus belassen zu müssen. Er hat an dieses praktische Detail gedacht, ohne von uns dazu beauftragt worden zu sein. Wir wären nicht darauf gekommen.

Es soll allerdings auch vorkommen, dass man sich wünscht, der Handwerker hätte nicht mitgedacht. Eine Bekannte erzählte mir die Geschichte einer Freundin, die einen Dachboden ausbaute. Im ausgebauten Dachboden sollte unter anderem ein komplett neues Bad entstehen. Eines Abends entdeckte die Bauherrin, dass der Installateur den WC-Anschluss woanders installiert hatte, als von ihr gewünscht. Sie wollte das WC an einer Außenwand unter einer Dachschräge. Der Installateur hatte den WC-Anschluss an eine innere Wand mit mehr Kopffreiheit verlegt.

Die Bauherrin, fassungslos:»Aber da soll das Klo gar nicht hin! In den Plänen steht doch, das Klo soll hier gebaut werden!«

Der Installateur:»Aber ich hab mir gedacht, das geht doch gar nicht, ein Klo unter so einer Dachschräge. Da kann man doch gar nicht im Stehen pinkeln.«

Nachdem ich mich früher laut geärgert habe über unzuverlässige Handwerker, fange ich an, ein bisschen erleichtert zu sein, wenn einer von ihnen absagt oder einfach nicht kommt. Die einzigen, die mich gar nicht nerven, sind die Landschaftsgärtner. Erstens arbeiten sie draußen. Zweitens erlösen sie uns von unserer vermüllten, staubigen Sandkiste, die ich inzwischen fast so sehr hasse wie die Firma Gebr. Nadler. Jeder, der unser Haus betritt, trägt Sand hinein, meine rechte Hand ist kurz davor, mit dem Staubsaugerrohr zu verwachsen. Die Landschaftsgärtner säubern das Grundstück, sie pflastern die Terrasse, die Zufahrt und den Boden des zukünftigen Schuppens mit den Betonplatten, die wir ausgesucht haben, anschließend werden sie den Garten vorbereiten und den Rollrasen verlegen.

Der Gärtner, der den Bau unseres Gartens leitet, ist ein Mann mit einem altertümlichen Gesicht, wie es nur Menschen haben, die seit Jahrzehnten bei Wind und Wetter draußen arbeiten. Seine braun gebrannte Halbglatze wird umrahmt von einem Haarkranz im gleichen schmutzig-blonden Ton wie sein drahtiger Schnauzer. Die Haut in Gesicht und Nacken sieht aus wie gegerbtes Leder. Er kann eine im Mundwinkel steckende Zigarette rauchen, ohne dabei die Hände zu benutzen. Er ist wortkarg, aber höflich und strahlt etwas aus, zu dem mir als Erstes der Begriff »Arbeiterstolz« einfällt. Er vergisst es nie, mich mit Handschlag zu begrüßen, sobald ich das erste Mal am Tag vor das Haus trete. Manchmal, wenn ich im Haus am Schreibtisch sitze, gucke ich zu ihm raus und überlege, wie alt er wohl ist. Er sieht aus wie sechzig, aber womöglich, denke ich, ist er noch keine fünfzig.

Der Tag, an dem er unsere Terrasse fliest, ist ein sehr heißer Tag. Es ist Mittag, die Sonne brennt in unseren Garten. Ich stehe in der Küche und koche Kaffee, als der stolze Gärtner sein Hemd auszieht. Eigentlich finde ich kluge Männerköpfe deutlich faszinierender als attraktive Männerkörper. Eigentlich ist es gar nicht meine Art, Männer anzustarren. Jetzt aber starre ich wie gebannt durch das Fenster zum halb nackten Gärtner. Zwischen seinem Gesicht und seinem Oberköper besteht ein Altersunterschied von mindestens dreißig Jahren. Das Gesicht ist das eines älteren Mannes, um den Oberkörper würde ihn manch Zwanzigjähriger beneiden: kein Gramm Fett zu viel, muskulöse Schultern und Arme, ein flacher Bauch mit einem makellosen, aber unaufdringlichen Sixpack.

Während der Kaffee in die Kaffeekanne tropft, beobachte ich den halb nackten Gärtner, wie er Betonfliesen schleppt, verlegt und festklopft, ich verfolge das Spiel, das seine Muskeln unter schweißglänzender Haut dabei treiben, ich überlege, was es wohl ist, das diesen Oberkörper so besonders attraktiv macht. Ich finde eine Erklärung: Dieser Körper ist von einer beiläufigen Perfektion, er wirkt kein bisschen unnatürlich. Man sieht ihm an, dass er nicht nach Feierabend im Fitnessstudio geformt wurde, sondern durch harte, körperliche Arbeit. So was sieht man als Frau nicht häufig, wenn sämtliche Männer im Freundes- und Bekanntenkreis während der Arbeitszeit höchstens mal ein oder zwei dicke Aktenordner tragen.

Ich bringe dem Gärtner eine Tasse heißen Kaffe in die heiße Sonne und versuche, ihn dabei nicht allzu auffällig zu mustern. Ich glaube, das gelingt mir nicht. Der Gärtner, der gerade auf dem Boden kniet, richtet sich auf, nimmt die Tasse, zündet sich mit langsamen Bewegungen eine Zigarette an, er nimmt einen Zug, schaut mich ein bisschen zu lange an, in seinen faltenumringten Augen blitzt der Anflug eines spöttischen Lächelns. Er haucht genüsslich den Zigarettenrauch aus und sagt, auf seine sehr bedächtige Weise: »Darf ich Sie mal was fragen? Aber ... was ganz Privates.«

Ich denke: Oh, nein.

»Ja«, sage ich, »natürlich.«

»Warum«, sagt der halb nackte Gärtner und zeigt auf einen

Stapel noch nicht verlegter Betonplatten, »haben Sie sich eigentlich so einen Schrott ausgesucht? Es gibt doch so schöne Natursteine.«

Baunebenkosten inkl. MwSt.:	
Übertrag	72.711,10 €
Baumarkt, 10 Kirschlorbeer 70 cm, Drainagekugeln, Erde	195,62 €
Zwischensumme	72.906,72 €

Das Stockholm-Syndrom

Wer von allen Handwerkern am häufigsten da ist, ist der Klempnergeselle Herr Krummwinkel. Nachdem er quasi mit uns zusammen ins Haus eingezogen ist, dort erst den einen, dann den anderen Wasserschaden entdeckt hat und ich ihm schließlich das Exklusivrecht zum Betreten unseres Grundstückes eingeräumt habe, werde ich ihn nicht mehr los. Herr Krummwinkel ist vermutlich Mitte vierzig, sein Norddeutsch ist so breit wie seine Schultern, er ist ein sehr großer Mann von erstaunlicher Gemütsruhe. Sein Lebensmotto hatte er mir offenbart, als er am Samstag nach unserem Einzug zu uns kam, um nach der Ursache für die tropfende Küche zu suchen.

»Das ist für Sie ja auch nicht gerade lustig«, hatte ich gesagt. »Ihr Chef und Ihr Meister untergetaucht, und Sie sind der, der hier immer allein antanzen und entscheiden muss.«

»Nu«, sagte Herr Krummwinkel. »Hilft ja nix, watt mutt, datt mutt, und mein Motto nach fünfundzwanzig Jahren Arbeiten: Mich bringt nix mehr aus der Ruhe.«

»Na ja«, sagte ich, »ich fände es ganz gut, wenn die tropfende Küchenlampe Sie ein bisschen nervös machen würde.«

Tat sie aber nicht. Es war der Samstag, an dem er trotz feuchtem Kinderbad wieder nach Hause ging, ohne das lecke Rohr gefunden zu haben. Am nächsten Tag war er wieder da.

»Kaffee?«, fragte ich.

»Jau«, sagte Herr Krummwinkel. »Erst mal eine schmöken, ist ja Sonntag, da will man sich nicht hetzen lassen. Apropos Wochenende, wissen Sie, was mir neulich passiert ist? Da bin ich Freitagnachmittag ins Krankenhaus, Schmerzen im Bein, unerträglich. Ich also ab in die Notaufnahme, und wissen Sie was? Die wollten mich nach Hause schicken! Da hab ich denen vielleicht was gehustet! Ich mein, wozu zahlt man diese irren Krankenkassenbeiträge, wenn nicht dafür, dass die einem helfen, wenn man sie braucht.«

Ich sagte nichts. Ich war sprachlos.

Nur ein einziges Mal habe ich Herrn Krummwinkel verunsichert erlebt, nämlich als er mir die Nachricht vom angebohrten Heißwasserrohr im Gäste-WC überbringen musste. Da stotterte er ein bisschen, was ich ihm hoch anrechnete. Seitdem aber hat er nie wieder die Ruhe verloren. Es scheint ihm niemals auch nur ein bisschen unangenehm zu sein, zu uns kommen zu müssen. Er muss sehr oft kommen.

Herr Krummwinkel muss kommen, um die fehlende Duscharmatur im Elternbad anzubringen, um die nicht funktionierende Handbrause an der Badewanne zu reparieren und um die Zu- und Abläufe an den Heizkörpern im Elternschlafzimmer und im Zimmer unseres Sohnes fachmännisch zu korrigieren: Der Abstand der Heizkörperanschlüsse in der Wand passte nicht ganz zum Abstand der Anschlüsse an den Heizkörpern, irgendwer hatte die Rohre einfach passend gebogen, sodass sie völlig schief aus der Wand herausstanden.

»Nun sagen Sie mal ehrlich, das kann doch nicht angehen«, sage ich zu ihm, »dass Ihre Kollegen ein Drittel kaputt, das andere Drittel falsch und das letzte Drittel gar nicht gemacht haben.«

»Tja«, sagt Herr Krummwinkel gedehnt, »ich sag mal so: Ich hab schon für viele Architekten gearbeitet, auf ganz großen Baustellen, ganze Hochhäuser, und deshalb weiß ich: Es gibt solche und solche – Architekten, meine ich jetzt. Es gibt die Stars, und das hat seinen Grund, dass die Stars sind. Und es gibt – na, wie drücke ich das mal freundlich aus? –

die mittelguten, so wie Ihre. Bei den Stars, das sag ich Ihnen, da steht aber acht Stunden am Tag ein Bauleiter auf der Baustelle.«

»Aber Herr Krummwinkel«, sage ich, »erstens finden wir unsere Architektinnen super. Zweitens bekommen die weniger Geld von uns als Ihr Chef. Und drittens brauchen Sie doch wohl hoffentlich keine Bauleiterin, die Ihnen erklärt, wie man eine Duscharmatur anbringt.«

Herr Krummwinkel muss kommen, weil die Drehknöpfe an der von ihm angebrachten Duscharmatur abfallen, sobald man daran dreht, und weil die Handbrause immer noch nicht funktioniert. Das Wasser plätschert nur ein bisschen aus ihr heraus, heiß und kalt lassen sich nicht richtig mischen.

»Ich schätz mal, das ist so bei dem Modell«, sagt Herr Krummwinkel. »Das geht nicht anders, das gehört so.«

»Glaub ich nicht«, sage ich.

»O.k., ich versuch's noch mal«, sagt Herr Krummwinkel. Als er wieder geht, funktioniert die Handbrause immer noch nicht, dafür ist eine der Fliesen gebrochen, auf die die Badewannenarmatur montiert ist. Wenigstens die Duscharmatur hat Herr Krummwinkel in Ordnung gebracht, die Drehknöpfe sitzen bombenfest. Wenn man genau hinsieht, sieht man die Abdrücke einer Rohrzange, kleine Dellen im Edelstahl. Ich beschließe, nicht genau hinzugucken.

Herr Krummwinkel muss kommen, um das Wasch- und das WC-Becken und den Wasserhahn im Kinderbad zu entfernen, bevor der Fliesenleger die Fliesen rausreißt. Herr Krummwinkel sagt: »Die Becken sind so schwer zu schleppen, kann ich die auf den Balkon stellen? Da können die ja gut lagern, bis das Bad neu gemacht ist.«

»Ich finde nicht, dass unser Balkon ein gutes Klobeckenlager ist«, sage ich. »Die nehmen Sie mal schön mit.«

Herr Krummwinkel muss kommen, um endlich die Solarkollektorenständer auf dem Dach zu befestigen, die dort seit Monaten unbefestigt stehen, wie wir seinem Chef mehrmals mitgeteilt haben. Sein Chef hat ihn erst geschickt, nachdem wir ihn schriftlich darauf hingewiesen haben, dass er dafür haften wird, falls die Solarkollektoren bei einem Sturm vom Dach geweht werden und jemandem auf den Kopf fallen. Wahrscheinlich hat er eingesehen, dass er seine Haftpflichtversicherung nicht noch mehr beanspruchen sollte als bereits nötig.

»Moinsen!«, sagt Herr Krummwinkel. »Da bin ich wieder!«

»Moin!«, sage ich. »Aber lassen Sie bitte das Dach heil.«

»Wird gemacht, gute Frau!«, sagt Herr Krummwinkel.

Herr Krummwinkel muss kommen, um die Solarkollektoren noch einmal völlig neu aufzustellen und zu befestigen, denn sie waren unfachmännisch aufgestellt und befestigt. Er muss die Rohre im Technikraum neu verziehen. Sie verlaufen so dicht beieinander, dass der Schornsteinfeger, der zur Abnahme der Heizung gekommen ist, die Abgasleitung nicht einsehen konnte. Herr Krummwinkel muss im Heizkreis, über den die Heizkörper betrieben werden, eine Pumpe und einen Mischer einbauen, die jemand vergessen hat einzubauen. Er muss die Zirkulationspumpe zur regelmäßigen Umwälzung des Warmwassers anschließen, die jemand nicht angeschlossen hat. Er muss die Kondensatabläufe am Brennwertgerät montieren, die jemand zu montieren versäumt hat. Er muss die Mängelliste abarbeiten, die wir Herrn Nadler geschickt haben.

Es war der Immobilienonkel Rolf, der zu uns gesagt hat: »Den Gesellen würde ich aber noch mal ganz genau auf die Finger gucken. Passt auf, ich komme mal mit Manni vorbei, der Manni und ich, wir spielen zusammen Golf, der ist Klempnermeister, der guckt sich das mal alles an, was die da so gemacht haben – auf Freundschaftsbasis, meine ich.«

Nachdem Manni gekommen war, sich alles angeguckt und die Handbrause erfolgreich repariert hatte, setzte er sich mit mir an den Terrassentisch und diktierte mir eine dreiseitige Mängelliste.

»Und jetzt bloß nicht den Kopf verlieren deshalb, nicht anfangen, die zu beschimpfen und sich mit denen zu streiten«, sagte Manni. »Schickt denen einfach diese Liste mit der Aufforderung, die Mängel zu beheben. Das ist unangenehm genug für sie. Wenn sie ihr Geld haben wollen, dann müssen sie kommen. Wenn sie nicht kommen, bekommen sie kein Geld, und ihr lasst die Mängel von jemand anderem beheben.«

Gebr. Nadler hatte seit dem Wasserschaden keine Rechnung mehr geschickt – immer noch offen war ein fünfstelliger Betrag. Wir schickten die Mängelliste an Herrn Nadler mit dem Vorschlag, die angesprochenen Mängel gemeinsam mit Herrn Tiedemann zu besichtigen. Damit war das von mir erteilte Hausverbot offiziell aufgehoben, ebenso wie mein Hass auf die Herren Nadler und Tiedemann längst verflogen war. Ich wollte mich nicht mehr mit ihnen streiten. Alles, was ich wollte, war, dass sie unser Haus in Ordnung brachten. Das Gefühl, das blieb, war eine Art chronisches inneres Kopfschütteln darüber, wie eine einzige Firma so viel Mist auf einmal verzapfen kann – gepaart mit Verachtung für jene, die ganz sicher wie selbstverständlich von ihren Ärzten, den Erziehern und Lehrern ihrer Kinder, ihren Bankberatern, Putzfrauen, Bundestagsabgeordneten und Sekretärinnen erwarten, dass sie allzeit ihr Bestes geben, die aber in ihrem eigenen Job nicht einmal das Allernötigste leisten.

Herr Nadler und Herr Tiedemann kamen, ich bot ihnen

Kaffee an, sie wollten keinen, sie besichtigten die Heizung und die Solarkollektoren; bevor sie wieder gingen, blieb der kleine, dicke Herr Nadler neben dem großen, stummen Herrn Tiedemann im Flur stehen, er faltete die Hände über dem Bauch und hielt eine Rede: »Ich bin erschüttert«, sagte Herr Nadler feierlich. »Wir sind ein Traditionsunternehmen, unser guter Ruf hat uns groß gemacht, so etwas habe ich noch nie sehen müssen auf einer unserer Baustellen. Ich weiß nicht, wie das alles passieren konnte.«

Mein Mann sagte: »Das weiß ich auch nicht.«

Ich dachte: Fragen Sie mal Katja, die Ihnen tausend Mails geschickt hat mit der Bitte, sich zu kümmern. Oder den Mann, der neben Ihnen steht, vielleicht kann der es Ihnen erklären.

»Ich muss jetzt gehen und die Organisation und die Abläufe in meiner Firma völlig neu überdenken«, sagte Herr Nadler. »Sie können sich vielleicht vorstellen, wie es mir geht – angesichts dieser Schande.«

An dieser Stelle fing Herr Nadlers Stimme an, leicht zu schlingern; fast schien es mir, als würden seine Augen hinter der Brille feucht schimmern.

»Ich jedenfalls kann mich gut in Sie hineinversetzten, und ich möchte Sie hiermit vielmals um Entschuldigung bitten für das, was geschehen ist«, sagte Herr Nadler und streckte uns seine Hand entgegen.

»Hm«, sagte mein Mann und ergriff die Hand. »Na gut.«

»O.k.«, sagte ich. »Wir können also davon ausgehen, dass Sie alle Mängel beheben?«

»Selbstverständlich«, sagte Herr Nadler, Herr Tiedemann nickte dazu, dann gingen beide.

Als die Haustür hinter ihnen ins Schloss gefallen war, sagte ich: »Meinst du, der meinte das ernst?«

»Der hat doch fast geweint«, sagte mein Mann. »Und ich

war kurz davor mitzuweinen. Ich musste mir vorstellen, wie es mir ginge, wenn mein ganzes berufliches Lebenswerk den Bach runtergeht. Der scheint seinen Laden nicht mehr im Griff zu haben, der arme alte Mann.«

Nachdem Herr Krummwinkel die Mängelliste abgearbeitet hat, kommt er mit einem Vertreter der Heizungsherstellerfirma und programmiert die Heizung. Ich frage den Heizungsfachmann, wie er seinen Kaffee möchte, Herrn Krummwinkel frage ich nicht. Ich weiß längst, dass er Kaffee schwarz trinkt, notfalls auch abgestanden und lauwarm – daran hat er sich damals bei der Bundeswehr gewöhnt, da gab's immer nur kalten Kaffee. Seine Frau arbeitet als Friseurin und leidet unter einer Erdnussallergie, die beiden haben zwei Töchter, sechs und zwölf Jahre alt, die ältere Tochter spielt Fußball, die jüngere hat Übergewicht. Zur Familie gehören außerdem zwei Dobermänner, obwohl seine Frau lieber Pudel hätte, aber Pudel kommen Herrn Krummwinkel nicht ins Haus. Sein Haus hat er eigenhändig gebaut, nach Feierabend.

»Na, da arbeitet man bestimmt sehr sorgfältig, wenn es das eigene Haus ist«, habe ich gesagt, als er mir davon erzählte – vergeblich hoffend, dass er den bissigen Unterton in meiner Stimme bemerken würde.

»Aber Hallo!«, hat Herr Krummwinkel gesagt. »Davon können Sie ausgehen. Da habe ich Sachen möglich gemacht, die sind eigentlich unmöglich. Das ging aber dann auch an die Substanz, jeden Abend nach der Arbeit und jedes Wochenende auf die eigene Baustelle. Und jede Rohrnaht eigenhändig verschweißt, das hält die nächsten tausend Jahre.«

Die Rohre in unserem Haus wurden, so ist es heutzutage absolut üblich, nicht mehr verschweißt, sondern ineinandergepresst. Das hält dann vielleicht noch die Druckprobe aus, aber danach, wenn man Pech hat, nicht einmal bis zum Einzug. Eine fehlerhaft gepresste Rohrverbindung falle meist schon in den ersten Monaten nach dem Bau auf, hat der Trockenexperte gesagt. Seit diese Methode sich durchgesetzt habe, käme es in Neubauten viel häufiger zum Wasserschaden als früher.

»Schön«, habe ich zu Herrn Krummwinkel gesagt. »Dann betrachten Sie doch bitte mein Haus als das Ihre.«

Ich kenne Herrn Krummwinkels Familienverhältnisse, weil er und ich schon viele Becher Kaffee zusammen getrunken und manche Zigarette dazu geraucht und dabei das eine oder andere Wort gewechselt haben. Ich leide – was Herrn Krummwinkel angeht – unter einer handwerkerspezifischen Form des Stockholm-Syndroms. Das Stockholm-Syndrom beschreibt laut Wikipedia »ein psychologisches Phänomen, bei dem Opfer von Geiselnahmen ein positives emotionales Verhältnis zu ihren Entführern aufbauen. Dies kann dazu führen, dass das Opfer mit den Tätern sympathisiert und kooperiert.«

Ich fühle mich eindeutig als Opfer. Ich bin eine Geisel der Unfähigkeit: Seit Monaten bin ich mit Herrn Krummwinkel eingesperrt in meinem eigenen Haus. Ich sehe ihn öfter als meine beste Freundin. Es nervt mich, dass er immer wieder kommen, dass ich mir andauernd freinehmen und ihm Kaffee kochen muss und er nicht den geringsten Sinn hat für die Ironie, mit der ich das Absurde unserer Schicksalsgemeinschaft zu meistern versuche. Ich bin dazu gezwungen, ihn trotzdem ein bisschen nett zu finden – nett genug jedenfalls, um ab und zu mit ihm eine zu rauchen und ein Schwätzchen zu halten. Sonst würde seine permanente Anwesenheit in meinem Leben mich in tiefste Verzweiflung stürzen.

»Na dann, bis zum nächsten Mal«, sage ich, als er mit dem Heizungsherstellermenschen das Haus verlässt.

»Bis zum nächsten Mal«, sagt Herr Krummwinkel. »Aber – wieso eigentlich?«

»Ach, ich bin sicher, wir finden noch etwas, weshalb Sie wiederkommen müssen«, sage ich. »Da mache ich mir gar keine Sorgen.«

Herr Krummwinkel lacht. Zwei Wochen später ist er wieder da. Die Heizkörper knattern, wenn man die Ventile aufdreht.

»Kann sein, da haben die Kollegen bei den Rohren was vertauscht, aber das kriege ich hin, da muss ich nur die Ventile von der einen auf die andere Seite setzen«, sagt Herr Krummwinkel.

»Sie haben wirklich den schlimmsten Job der Welt«, sage ich. »Haben Sie nicht allmählich die Nase voll davon, ausbaden zu müssen, was Ihre Kollegen vermasselt haben?«

»Och«, sagt Herr Krummwinkel, »nö. Ich mein, ist doch so: Wir machen alle mal einen Fehler, oder?«

Baunebenkosten inkl. MwSt.:	
Übertrag	72.906,72 €
Schornsteinfeger, Schlussabnahme Gasbrennwertheizung, Schornstein und Kamin	255,65 €
Zwischensumme	73.162,37 €

Hausalltag

An einem Dezembernachmittag, gut zwei Jahre nach dem Kauf des alten Hauses, schneit es erstmals in diesem Winter. Und ich zünde das allererste Mal ein Feuer in unserem Kamin an. Heute Morgen war der Schornsteinfeger da und hat nach der Heizung auch den Kamin abgenommen, den er beim letzten Mal nicht abnehmen konnte, weil der Schornstein nicht abgedichtet war und die Feuerschutzvorlage fehlte.

Die Feuerschutzvorlage fehlt immer noch. Mein Mann und ich haben noch keine Zeit gefunden, zusammen zum Schlosser zu fahren, um auszusuchen, aus welchem Material die Vorlage sein soll. Pulverbeschichteter Edelstahl oder Gusseisen? Die fehlende Vorlage ist im Abnahmeprotokoll des Schornsteinfegers als Mangel vermerkt. Wenn er in einem halben Jahr wiederkommt, um den Schornstein zu fegen, muss dieser Mangel behoben sein. Den Kamin benutzen dürfen wir trotzdem schon.

Wir haben jetzt auch einen Schuppen, in dem wir das Kaminholz trocken lagern können. Der Schuppenbauer hat Wochen gebraucht, um den Schuppen zu bauen. Nachdem er einmal wieder tagelang nicht weitergebaut hatte, habe ich ihn angerufen und ihm auf die Mobilbox gesprochen: »Ich hoffe, es gibt einen sehr guten Grund dafür, warum Sie diese Woche nicht gekommen sind.«

Am nächsten Tag hat der Schuppenbauer zurückgerufen und einen Grund genannt. Er hat gesagt, er habe einen Sportunfall gehabt und sei im Krankenhaus gewesen und habe vergessen, sein Handy dorthin mitzunehmen. Das letzte Mal war es sein Sohn, der krank gewesen war. Als der Fensterbauer irgendwann mal nicht kommen konnte, lag es daran, dass er vom Gerüst gestürzt war. Bei der neuen Reinemachefrau meiner großen Schwester war es der Ehemann, der morgens in der Badewanne ausgerutscht war, weshalb sie zum allerersten verabredeten Termin leider nicht erscheinen konnte. Der Vater jenes Fensterputzers, den wir noch in der alten Wohnung engagiert hatten und der sein Handy ausstellte und nicht kam, ohne vorher abzusagen oder sich nachher dafür zu entschuldigen, war sogar ganz gestorben.

Mir scheint, es steht nicht gut um die Gesundheit deutscher Handwerker und ihrer Angehörigen. Wenigstens steht es bestens um ihre Auftragslage, das hat jedenfalls der sehr pünktliche Schornsteinfeger gesagt: »Die Handwerker, die ich kenne, haben alle Hände voll zu tun – viel zu viel, um es deutlich zu sagen. In der Krise stecken die Leute ihr Geld lieber in ein Haus als in die Bank. Und wenn sie schon eins haben, dann modernisieren oder verschönern sie es, das dient ja auch der Wertsteigerung.«

Der Schuppenbauer ist ein netter, jungenhafter Typ, dem ich nicht richtig böse sein kann, obwohl er, wie Sarah sagt, »kein Anhänger der klassisch-nordeuropäischen Arbeitsmoral ist. Aber dafür baut er wunderschöne Sachen«.

Stimmt, der Schuppen ist sehr schön geworden. Schön wäre es außerdem, wenn der Schuppenbauer den Regenwasserablauf des Schuppendachs an das Regenwassersiel anschließen würde, damit es nicht immerzu in unseren Schuppen hineinregnet, sonst wird das Kaminholz irgendwann nass. Das sollte diese Woche geschehen. Leider ist der Schuppenbauer seit letztem Freitag krank. Und leider ist der Schuppenbauer auch der Gartentorbauer. Das Gartentor haben wir vor drei Monaten in Auftrag gegeben, vor drei Wochen sollte es endlich gebaut werden, das ging dann aber doch nicht, weil irgendwer in irgendeiner Werkstatt irgendwas falsch verschweißt hat.

»Papa«, sagt unser Sohn, »meinst du, das wird noch etwas mit dem Gartentor?«

»Aber klar, mein Sohn«, sagt mein Mann. »Auf den Torbauer ist Verlass. Wenn der verspricht, dass er einem in den nächsten zwanzig Jahren ein Tor baut, dann macht der das auch.«

Immerhin, der Landschaftsgärtner, der seit März wusste, dass wir eine Buchenhecke wollen, hat seine Männer nur fünf Wochen später als zunächst angekündigt zum Heckepflanzen geschickt – nämlich Anfang Dezember statt Ende Oktober.

Der Rückbau der Baustellenzufahrt findet nächsten Mittwoch statt, nachdem ich dem Wegewart den fünffach ausgefüllten grünen »Antrag auf Erlaubnis zum Überqueren des Gehweges mit Fahrzeugen und auf Herstellung von Gehwegüberfahrt/en« gegeben habe und wir der Zahlungsaufforderung nachgekommen sind, die er uns daraufhin geschickt hat. Der Rückbau einer Baustellenzufahrt ist doppelt so teuer wie der Bau einer Baustellenzufahrt.

Auch das traurigste Kundenzentrum der Welt hat eine Rechnung geschickt: Der Landesbetrieb Geoinformation und Vermessung hat unser Haus vermessen und im Maßstab 1:1000 in die Flurkarte eingetragen. Damit ist das alte Haus, das wir vor zwei Jahren kauften, nicht nur vom Erdboden, sondern auch aus dem aktuellen Liegenschaftskataster verschwunden.

Herr Krummwinkel muss noch einmal kommen. Der kommt seit dem Wasserschaden aber immer sehr, sehr schnell:

»Natürlich, wir kümmern uns sofort«, sagt die Dogge, wenn ich wegen eines Problems anrufe. »Wann passt es Ihnen? Morgen um sieben vielleicht? Oder lieber am Freitagvormittag, da sind Sie ja immer zu Hause, nicht wahr?«

Letzte Woche hat mein Sohn sein Aquarium gereinigt. Als er einen vollen Eimer mit schmutzigem Wasser ins Ausgussbecken im Wirtschaftsraum leerte, hat er entdeckt, dass der Überlauf undicht ist. Außerdem ist der Ablauf des Waschbeckens im Elternbad ständig verstopft, das sollte Herr Krummwinkel sich eigentlich schon letztes Mal anschauen. Vorletzte Woche habe ich die Kinder mit dem Auto von der Schule abgeholt, vor einem Haus haben wir einen Transporter mit der Aufschrift »Gebr. Nadler« stehen sehen.

»Mama, halt an!«, rief meine Tochter. »Wir müssen da rein, die Leute warnen!«

Neulich habe ich auf einer Party Jörn getroffen, der Ende letzten Jahres den Job gewechselt hatte und aus unserem gemeinsamen Büro ausgezogen war. Seitdem hatten wir uns nicht mehr gesehen.

»Und wie ist es bei euch noch so gelaufen?«, fragte Jörn.

»Na ja«, sagte ich. »Geht so.«

Ich erzählte ihm von den Wasserschäden. Diesmal war es Jörn, der aussah, als wolle er mich umarmen. Ich trat einen Schritt zurück.

»Aber bei dir ist wenigstens alles glattgelaufen?«, fragte ich. »Seid ihr pünktlich eingezogen?«

»Ja, sind wir«, sagte Jörn. »War aber echt stressig vorher, der Dachdecker hat bis zuletzt…« Er machte eine kleine Pause. »Weißt du was? Ehrlich gesagt: Ich will nicht darüber reden. Ich bin froh, dass das vorbei ist.«

Auch Paula und ihre Eltern wohnen inzwischen in ihrem neuen Haus. Das Haus ist sehr schön geworden. Die Balkonterrasse hinter dem Wohnzimmer fehlt aber noch. Ich habe vergessen, warum. Paulas Mutter und ich sind Frauen, wir hören nicht auf, übers Häuserbauen zu reden.

»Und weißt du, was wir jetzt entdeckt haben?«, sagte Paulas Mutter, als ich sie das letzte Mal sah, um meine Tochter abzuholen. »Der Elektriker muss die Stromkreise ganz komisch verlegt haben. Draußen hatten wir einen Kurzschluss an einer Außenleuchte, und da sind dann gleich alle Lichter im Erdgeschoss mit ausgegangen.«

Gestern habe ich zwei Ferienwohnungen in benachbarten Stadtteilen angeschaut. Wir werden für etwa vier Wochen eine Ersatzunterkunft in Schulnähe brauchen, wenn der Holzfußboden im Obergeschoss ausgetauscht wird.

Zunächst hieß es, dass nur das Linoleum im Erdgeschoss erneuert werden muss und der Holzfußboden im Obergeschoss bleiben kann. Dann kam ein Gutachter mit einer halben Brille, einem Fotoapparat und einem Notizblock und stellte fest, dass der komplette Holzfußboden durch den Wasserschaden im Kinderbad beschädigt worden war. Danach kam der Estrichexperte mit einem Messgerät und stellte fest, dass der Estrich im Obergeschoss immer noch zu feucht war.

In den Herbstferien kam der Trockentechniker und stellte seine Trockengeräte im Obergeschoss ein zweites Mal auf. Weil der Holzfußboden ohnehin nicht zu retten war, bohrte er überall und mitten in den Zimmern Löcher hinein, in die er seine Schläuche steckte. Mein Mann hat die Löcher gezählt.

»Vielleicht sollten wir doch mit Golf anfangen?«, hat mein Mann vorgeschlagen. »Wo wir jetzt Eigentümer eines Einundzwanzig-Loch-Indoorgolfplatzes sind.«

Während die Trockner in den Herbstferien das Obergeschoss nachtrockneten, wurde das vier Monate alte Linoleum im Erdgeschoss herausgerissen und neues verlegt. Währenddessen haben wir auf Kosten der Haftpflichtversicherung noch einmal zwei Wochen Urlaub gemacht – auf einem Bauernhof in Schleswig-Holstein für sechzig Euro pro Nacht. Wir haben viel geschlafen. Bevor das Linoleum ausgetauscht werden konnte, musste ein Umzugsunternehmen kommen und das Erdgeschoss räumen. Alle Möbel und Gegenstände, die auf dem Boden standen, wurden eingelagert. Bevor das Erdgeschoss geräumt werden konnte, musste der Tischler kommen und die Einbauschränke und die Fußblenden in der Küche ausbauen. Der Trockenbauer war auch da und hat den Trockenbauschacht in der Küche abgerissen und neu gebaut. Nachdem das Linoleum erneuert worden war, kamen die Maler und haben die Wände neu gestrichen, dann kam der Tischler und hat die Einbauschränke wieder eingebaut, danach kamen die Umzugsleute und haben unsere Sachen wieder ausgepackt.

Nach der zweiten Trocknung ist nun auch der Boden im Obergeschoss trocken. Das Kinderbad könnte jetzt neu gefliest werden, aber der Fliesenleger meldet sich nicht. Der Austausch der Holzdielen wird inklusive Ein- und Auszug mit allen Vor- und Nacharbeiten doppelt so lange dauern, wie der Austausch des Linoleums gedauert hat, also vier Wochen.

Mein Mann kann nicht mehr als vierzehn Tage Urlaub am Stück nehmen. Er ist dafür, dass wir im Februar in eine Hamburger Ferienwohnung ziehen, damit wir die Sache hinter uns haben. Ich würde auch bis zu den nächsten Sommerferien warten und zum Beispiel nach Südfrankreich ziehen: Es eilt ja nicht. Man kann sehr gut leben in einem Haus mit integriertem Golfplatz und fehlenden Fußleisten. Man merkt das nach einer Weile gar nicht mehr. Es gibt wirklich Schlimmeres.

Ich weiß das, denn ich habe in den letzten Monaten viele sehr schlimme Geschichten gehört. Die beliebteste Methode, einem verzweifelten Menschen Trost zu schenken, ist die, ihm klarzumachen, dass es noch viel schlimmer hätte kommen können. Mir haben in den letzten Monaten viele Leute Trost geschenkt, Freundinnen und Freunde, Verwandte, Nachbarn, Kollegen, Bekannte, Handwerker.

Ich habe die Geschichte gehört von den Bauherren eines Doppelhauses, deren eigene Hälfte nach ein paar Jahren zehn Zentimeter ins Erdreich abgesackt ist. Ich habe die Geschichte gehört von einer Familie, um deren Fenster herum bei Regen Feuchtigkeit eindrang. Als endlich die Ursache gefunden worden war, war es zu spät: Sämtliche Fensterstürze waren von Schimmel befallen, die befallenen Flächen mussten wie bei einem kariösen Zahn großräumig aus der Wand gebohrt und erneuert werden. Ich habe die Geschichte gehört von einer Familie mit vier Kindern, in deren Neubau wenige Tage nach dem Einzug ein Abwasserrohr platze. Weil die Gefahr bestand, dass das Abwasser das Frischwasser verunreinigen könnte, musste die Familie binnen vierundzwanzig Stunden evakuiert werden.

Eine Freundin erzählte mir die Geschichte eines Bauingenieurs, der sein eigenes Haus entworfen hatte. Er wollte ein ultramodernes Haus, gebaut aus Betonfertigwänden, die außen unverputzt bleiben sollten. Als das Haus fertig gebaut war, entdeckte jemand, dass sämtliche Wände verkehrt herum aufgestellt worden waren – mit den Innenseiten nach außen. Das Haus war sozusagen auf links gedreht worden. Seitdem geben sich Gutachter die Klinke in die Hand, um eine Lösung zu finden, um den Schaden zu bemessen, um den Schuldigen auszumachen.

Ich habe Geschichten gehört von Architekten und Handwerkern, die sich nach einem Schaden gegenseitig die Verantwortung in die Schuhe schoben, bis die Sache vor Gericht landete und die Bauherren fast pleite waren, weil keine Versicherung einspringt, solange unklar ist, wer einen Schaden verursacht hat.

Ich habe Geschichten gehört von Handwerkern, die großes Unheil anrichteten, ohne eine gültige Haftpflichtversicherung zu haben. Manche hatten gar keine abgeschlossen, andere hatten schon seit Monaten keine Beiträge mehr gezahlt, sodass der Versicherungsschutz erloschen war. Die Bauherren sahen niemals einen Cent Schadensersatz, denn die Handwerker hatten tatsächlich kein bisschen Geld oder meldeten den Konkurs ihrer Firma an, um einer Zahlung zu entgehen.

Und ich habe von Schwachköpfen gehört, die ihr Haus zum Teil von Schwarzarbeitern sanieren ließen. Statt das Haus zu sanieren, ruinierten die Schwarzarbeiter es: Weil Schwarzarbeit illegal ist, blieben die schwachköpfigen Bauherren auf dem kompletten Schaden sitzen. Gegenüber Handwerkern, die auf einer Baustelle offiziell gar nicht beschäftigt wurden, hat man keinerlei rechtliche Handhabe.

Im Vergleich zu diesen Geschichten sind zwei voll versicherte Wasserschäden der reinste Kinderkram.

Ich habe mich endgültig verabschiedet von der Vorstellung, es gäbe das makellose Haus. Die fehlende Fuge an der Türzarge im Gäste-WC: Ach ja, könnte besser aussehen, aber schließlich sieht man sie nur, wenn man auf dem Klo sitzt. Der graue Fleck, den die Maler beim Pinselauswaschen am weißen Außenputz hinter dem Außenwasserhahn hinterlassen haben: Wir hatten schon größere Sorgen. Die dicke Kerbe in der Innenseite der schwarzen Haustür, die plötzlich da war, nachdem zwei verschiedene Firmen im Haus gearbeitet hatten: Man wird niemals herausfinden, wer das war, wir werden den Schaden auf eigene Kosten beheben lassen müssen, irgendwann – wenn nicht mehr ständig Handwerker kommen und gehen, um irgendetwas zu reparieren oder zu verschönern und zum Ausgleich an anderer Stelle etwas kaputt oder dreckig zu machen.

Die Idee, im Bad eine nicht zu öffnende Lichtkuppel einzubauen, war keine von Sarahs brillantesten Ideen: Seit es draußen kalt ist und das Badezimmerfenster nicht mehr ständig auf Kipp steht, seit also beim Duschen der Wasserdampf nicht mehr sofort abzieht, sondern aufsteigt, seitdem hängen ständig Wassertropfen im Inneren der Kuppel. An der Seite der Kuppel rinnt das Kondenswasser den Deckenputz hinunter, der deswegen ständig feucht ist und erste Schimmelspuren zeigt. Ich bin nicht böse deshalb. Von Herrn Krummwinkel weiß ich: Jeder macht mal einen Fehler. Von Sarah weiß ich: Es wird sich eine Lösung finden.

Sarah hatte gesagt – als wir wieder einmal auf der Baustelle saßen und das unfertige Haus betrachteten –, das Schöne und das Schwierige an der Architektur sei, dass jedes neu entworfene Gebäude einmalig sei.

»Ich bin immer wieder total gespannt und aufgeregt. Jedes neue Haus ist für mich wie ein neues Kind«, hatte Sarah gesagt und einen Schluck Jägermeister genommen. »Und wie bei einem Kind muss man sich bei einem neuen Haus in den ersten Jahren auf ein paar Kinderkrankheiten gefasst machen. Prost.«

Ich werde sie trotz der Kinderkrankheiten unseres Hauses zu meinem nächsten Geburtstag einladen.

Manche Fehlplanung haben wir uns selbst zuzuschreiben. Dass die Küchentheke nicht nur der Lieblingsfrühstücksplatz der Kinder werden, sondern auch dazu führen würde, dass sie mich wie eine Bardame behandeln, hatte ich nicht bedacht. Ich stehe im Bademantel hinter der Theke und schmiere Schulbrote, die Arbeitsplatte schimmert matt silbern, am einen Ende steht eine Vase mit Blumen, am anderen Ende sitzen meine Kinder nebeneinander auf den beiden E-Bay-Barhockern: »Einen Nutella-Toast, bitte«, sagt meine Tochter.

»Und für mich noch einen Orangensaft«, sagt mein Sohn.

»Hier liegt ein Missverständnis vor«, sage ich. »Nur weil ich hinter einem Tresen stehe, bin ich nicht dazu da, euch zu bedienen.«

»Ach, bitte!«, sagen meine Kinder. »Das ist so gemütlich.«

Und wer zwei knallgelbe Pendelleuchten mit knallgelben Lampenkabeln kauft, um sie über den Esstisch zu hängen, der vor dem großen Schiebefenster zur Terrasse steht, der kommt nicht darauf, dass im Sommer die Fliegen in Scharen in die Küche fliegen, um sich auf den gelben Kabeln niederzulassen – und draufzuscheißen.

Im Bad wäre eine Steckdose mehr nicht schlecht gewesen.

Das allermeiste in unserem Haus gefällt mir ausnehmend gut. Viele Details begeistern mich täglich, weil sie ebenso praktisch wie schön sind: die Trennwand zwischen Flur und Arbeitsbereich, an deren einer Seite der Schreibtisch steht und deren andere, dem Flur zugewandte Seite mit einer riesigen Platte aus magnetischem Eisenstahl verkleidet ist, an die wir Klassenlisten, Elternabendeinladungen, Fotos und Postkarten pinnen können; die Deckenstrahler, die Sarah ausgesucht und platziert hat und die das Hausinnere, sobald es dunkel ist, anheimelnd beleuchten – es geht auch ohne Lichtplaner; die überdachte Terrasse; der Garderobenschrank im Flur mit dem Extrafach für die Hockeyschläger meines Mannes und meiner Tochter; der Seiteneingang in den Wirtschaftsraum, den wir ständig benutzen, seit es wieder dauernd regnet – fast so gut wie eine richtige Schmutzschleuse; das kuschelige, kleine Fernsehzimmer im Obergeschoss, in dem die Kinder auf dem Sofa sitzen und glotzen können, während wir mit Freunden in der Wohnküche sitzen; das Linoleum im Erdgeschoss, das so grün ist wie der Rasen draußen vor den Fensterfronten, sodass die Grenze zwischen innen und außen zu verschwimmen scheint.

Anfang November haben meine Tochter und ich Blumenzwiebeln gekauft. Wir haben es gemacht, wie der Pflanzenhändler es uns geraten hat: Wir haben immer eine Handvoll Zwiebeln genommen, sie nacheinander auf den Rasen geschmissen und die Zwiebeln da unter die Grassoden gepflanzt, wo sie zufällig hingefallen waren. Besonders viele Zwiebeln haben wir auf dem Rasenstreifen neben dem Flur verteilt, in dem man zwischen Bücherregal und bis zum Boden reichendem Fensterglas in die Wohnküche geht. Ich stelle mir vor, wenn die Märzenbecher, die Krokusse und die Schneeglöckchen dort blühen, wird es fast so aussehen, als stünden sie bei uns im Haus. Ich freue mich riesig auf den Frühling.

Zu Beginn seines Buches *Glück und Architektur* beschäftigt sich der französische Philosoph Alain de Botton mit der Frage, ob der zeitliche und finanzielle Aufwand, den Menschen wie wir in ein schönes Zuhause investieren, in irgendeinem Verhältnis steht zu dem Nutzen, den es besitzt: »Die Architektur irritiert auch deshalb, weil kein Verlass auf ihre Fähigkeit ist, jenes Glück zu schaffen, mit dem sie ihren Anspruch auf unser Interesse rechtfertigt. (…) Wir können uns bedrückt fühlen, obwohl die Fliesen, auf denen wir stehen, aus einem entlegenen Steinbruch stammen oder elegant geformte Fensterrahmen in besänftigendem Grau gestrichen sind.«

Ich weiß. Auch im neuen Haus gibt es diese Tage, an denen ich mich müde, fröstelnd und grundlos niedergeschlagen fühle. Auch im neuen Haus haben mein Mann und ich uns schon in die Haare bekommen. Auch im neuen Haus türmen sich Schuhe im Eingang, und ich ärgere mich darüber. Trotzdem ist etwas anders, besser. Ich habe das Gefühl, dass das eigene bedürftige Ich in einem liebevoll eingerichteten Zuhause leichter zu ertragen ist als in einer weniger achtsam gestalteten Umgebung.

»In einem hässlichen Raum wird jeder noch so leise Verdacht betreffs eines Mangels in unserem Leben Gestalt annehmen, während ein sonnenhelles Zimmer mit honigfarbenen Sandsteinfliesen alle hoffnungsfrohen Empfindungen in uns stärkt«, meint Alain de Botton. »Der Glaube an die Bedeutung der Architektur setzt nicht nur die Annahme voraus, dass wir – ob wir wollen oder nicht – an einem anderen Ort ein anderer Mensch sind, sondern auch die Überzeugung, dass es Aufgabe der Architektur ist, uns vor Augen zu halten, wer wir im Idealfall wären.«

Ich sitze unter einer Wolldecke auf dem Sofa vor dem Kamin, in dem das allererste Mal ein Feuer flackert, und schiebe mir den Unterleib eines Marzipanweihnachtsmanns in den Mund. Auf dem fünfzig Jahre alten Sofatisch aus Teak, den meine Eltern zu ihrer Hochzeit angeschafft und uns überlassen haben, brennen Kerzen. Hinter den Fenstern ist es dunkelgrau, kalt, nass und windig, der Schneeregen ist gerade dabei, den neuen Rasen in eine Matschwüste zu verwandeln.

Ich bin allein. Ich habe überlegt, ob ich mit der Einweihung des Kamins bis abends warten soll, wenn auch mein Mann und die Kinder dabei sein können. Ich habe mich dagegen entschieden. Es ist mein Kamin, mein Traum, der wahr geworden ist, mein Augenblick. Ich will ihn allein genießen. An einem unfreundlichen Winternachmittag vor dem freundlichen Schein eines Feuers zu sitzen ist genau so, wie ich es mir vorgestellt habe. Es ist großartig. Es ist mehr als großartig. Es ist: mein Zuhause. Ich denke: All die Mühe, sie hat sich gelohnt.

Ich starre wie hypnotisiert in das Feuer und spüre, wie seine Hitze sich allmählich in der Wohnküche ausbreitet. Das ist gut, denke ich. Seit es so kalt geworden ist, kommt es uns oft etwas kühl vor in unserem Haus. Die Fußbodenheizung ist auf eine maximale Zimmertemperatur von dreiundzwanzig Grad programmiert, in sämtlichen Räumen sind die Regler voll aufgedreht, aber ich bin sicher, dass diese Temperatur nirgendwo erreicht wird. Ausgerechnet im Bad ist es am kühlsten.

Ich denke: Morgen muss ich endlich mal ein Zimmerthermometer besorgen.

Baunebenkosten inkl. MwSt.:	
Übertrag	73.162,37 €
Rückbau Baustellenzufahrt inkl. 8%	
Auftragsgemeinkostenzuschlag	3.090,05 €
Einmessung Neubau, Eintrag in Flurkarte	810,00 €
Zimmerthermometer	2,45 €
Endsumme	**77.064,87 €**

Dank

Ein Haus zu bauen und ein Buch zu schreiben, das schafft man nicht ohne die Unterstützung vieler – erst recht nicht, wenn man beides gleichzeitig macht. Ich danke:

Folgenden Handwerkern und Handwerksbetrieben für besonders sorgfältige Arbeit, reibungslose Kommunikation, Zuverlässigkeit, Verantwortungsbewusstsein und überdurchschnittlich saubere Schuhe – in der Reihenfolge ihres Erscheinens: Thorsten Tietjen Elektrotechnik; Heinz Eickhof Bauausführungen GmbH; Holl Flachdachbau GmbH; Björn Heuer, Heuer Dienstleistungen, Trockenbau; Ralf Mengden, Wilhelm Hirdes GmbH, der Bodenlegerfachbetrieb; Holger Becker Bau GmbH, Kamine und Kachelöfen; Andreas Körber und allen Mitarbeiterinnen und Mitarbeitern der Möbeltischlerei Körber; Nicolas Kretschmann und Joachim Bölsche, lass-Tischler.com; Consult Landschaftsbau Jan Thun GmbH; Uwe Krolak, Winkler Trocknungstechnik GmbH; Krumsick Schlosserei & Metallbau GmbH.

Dipl.-Ing. Jan Kuhrau, Baugrunderkundung, für sein Mitgefühl. Dipl.-Bau-Ing. Sven Jürjens, den ich immer fragen konnte. Jan Herdemerten, Fachanwalt für Versicherungsrecht, für nicht nur juristischen Beistand. Rolf, Siggi und Herrn »Brötje« – weil sie uns ihre Zeit und ihren Sachverstand geschenkt haben. Unseren Nachbarn für Wasser, Würstchen und ein freundliches Wilkommen.

Dem ganzen Team von Laura Jahnke Architekten, insbesondere: Dipl.-Ing. Architektin Miriam Reuter, die uns den Einstieg erleichtert hat; unserer Bauleiterin, Dipl.-Ing. Architektin Julia Wendeler – deren Handynummer ich nicht haben wollte, weil ich wusste, dass ich sie sonst auch nachts anrufen würde – für ihre Geduld, Akribie und Hartnäckigkeit, für ihren gut sortierten Schreibtisch, ihre vielen Antworten und dafür, dass es mit ihr nicht nur einfach, sondern auch lustig war; Laura Jahnke, Architektin BDA, für ihre großartigen Ideen, ihre Leidenschaft und ihre mangelnde Bereitschaft, sich mit dem Zweitbesten zufriedenzugeben, für all die leeren Jägermeisterflaschen und dafür, dass sie uns keinen Grund gegeben hat, nicht mehr mit ihr zu reden.

Brigitte Huber, Chefredakteurin der *Brigitte*, die mich hat machen lassen; Stephan, der die Idee hatte; Corinna, Evelyn, Claudia, Sonja und Kai, Tanja und Hendrik, Andrea und Holger, die sich die Zeit nahmen, mich mit Bauanekdoten zu versorgen, als ich noch dachte, auf einer Baustelle allein würde nicht genug passieren; Miriam Jahn, Fachanwältin für Baurecht, für ihre Rechtsberatung; meiner Agentin Barbara Wenner, die sich immer zum genau richtigen Zeitpunkt bei mir meldet; Nicola Bartels, Verlagsleiterin Blanvalet, weil sie mich mehr wollte als alle anderen.

Christine, die sich nicht nur von Herzen mit mir mitfreut, sondern auch mitleidet; Conny und Nina, deretwegen aus einer Bürogemeinschaft das zweite Zuhause geworden ist, das ich dringend brauchte; Rita, ohne deren Unterstützung das Haus ein bisschen weniger schön geworden und Kalle kaum noch an die frische Luft gekommen wäre; meiner Familie, die immer bereit war, zuzuhören und zu helfen, auch wenn ich ihr zeitweise wenig mehr zu bieten hatte als Gejammer – insbesondere Inna, die immer meine große Schwester bleibt; Anton und Ernestine, die es ihren Eltern so leicht machen, wie es nur geht, und die immer noch lieber mit uns am Küchentisch sitzen als im Kindertrakt.

Christian, mit dem ich sogar in nicht ganz so guten Zeiten lachen kann. Falls wir irgendwann doch noch einmal bauen, dann bitte altersgerecht.

P.S. Selbst für Danksagungen gilt: Es dauert immer ein bisschen länger, als man denkt.

Literaturnachweis

Bauchmüller, Michael: »Teure Fluten«. Süddeutsche Zeitung (16.02.2011).

de Botton, Alain: Glück und Architektur. Von der Kunst, daheim zu Hause zu sein. Fischer, Frankfurt a. M. 2010.

Ehrenberg, Alain: Das erschöpfte Selbst. Depression und Gesellschaft in der Gegenwart. Suhrkamp, Berlin 2008.

Günther, Heinz G.: »Tipps, Tricks und Hintergrundinfos für Ihren Küchenkauf«. www.cleverkuechenkaufen.de (abgerufen am 1.10.2011).

Karnick, Julia: »Frischgebackene Immobilienbesitzer«. Brigitte, 26 (2006).

Kottjé, Johannes: Purissimo. Aktuelle Beispiele minimalistischer Wohnhäuser. DVA, München 2008.

Schneider, Karolin: »Schneit uns der härteste Winter seit 100 Jahren ins Land?« www.bild.de (24.10.2010).

Steinfeld, Thomas u. Jon: Skandinavische Architektur. Von der Einfachheit des Bauens. DVA, München 2008.

»Stockholm-Syndrom«. de.wikipedia.org (abgerufen am 24.1.2011).

Willi, Jürg: Was hält Paare zusammen? Der Prozess des Zusammenlebens aus psycho-ökologischer Sicht. Rowohlt, Reinbek bei Hamburg 2002.

Register

Abnahmeprotokoll, Abriss 116
Abriss *siehe* Häuserabreißen/-abriss
Abschlagsrechungen, Fachbetriebe 191
Altlasten 49
Änderungsantrag, Bauantrag 118
Antrag
– auf Erlaubnis zum Überqueren des Gehweges mit Fahrzeugen und auf Herstellung von Gehwegüberfahrt/en 93, 334
– auf Erteilung einer Erlaubnis zur Sondernutzung öffentlicher Wege 90
– auf Erteilung eines Aufgrabescheines 90
– auf Gefahrenerforschung und Luftbildauswertung 122f., 137
Anwalt *siehe* Rechtsbeistand
Architekt(en) 46, 190
Architekten-Bauherren-Beziehung 134
Architektenkriterien 66f.
Architektur 342f.
Architekturbildband 70
Armierung 237
Asbest 145
Aufgrabeschein 120
Ausgaben/Gegenwert 27

Bad, Lichtkuppel 340
Badausstellungen 209
Bauantrag 79, 84
– Genehmigung 117f.
Bauarbeiter, Begegnung 161f.
Baubesprechungsprotokoll 160
Bauendreinigung 277f.
Baugutachter 47
– Wertgutachten 63
Bauherren-Architekten-Beziehung 134
Bauherrenhaftpflichtversicherung 192
Bauherrenpaar-Kombination, ideale 80
Baukinder/-eltern 225–234
Baukonstruktion, Preise 133
Bauleiter/-leitung 172f.
Bauprüfer 117
Bauschutt, Entsorgung 101
Baustellenmüll 293
Baustellenschild 208
Baustellenzufahrt 90–94
– Rückbau 334
Baustromanschluss 100
Baustromzähler 167
Baustufenplan 117
Bausubstanz 39
Bautürschlösser 216
Bauverzögerung 127
Bauwasseranschluss/-zähler 100, 199, 220
BBodSchG 147 *siehe auch* Gesetz zum Schutz vor schädlichen Bodenveränderungen und zur Sanierung von Altlasten
Befestigungen 114f.
Belegreife, Estrich 278
Besichtigung(stermin), Immobilie 65f.
Betonfertigwände 338
Bewehrungseisen 162
Billigküchen 246
Bittbrief 124
Bodenbelag 136
Bodengutachten/-gutachter 94f., 106, 122, 127
Bodenprobe, Schadstoffanalyse 143
Bodenständigkeit (Architektenkriterium) 66
Bungalowtyp 72
Bussystem 171

Carport 136
Clever Küchen kaufen. (…) (H. G. Günther) 245
CM-Messung 278

Dach, Abdichtung 185
Dachdecker 188
Denkmalschutz 77
Diebstahl 213
Distanz, professionelle (Architektenkriterium) 66
Dreifachverglasung 170
Druckprobe 329

E-Bay 264
Eigenheimtyp(en) 20–25
Eigenkapital 28
Eigenwilligkeit (Architektenkriterium) 66
Einrichtung, Geschmack 269
Einzug/Umzug 289–296
– Termin 281
Elastomerbahnen 211
Elektriker 336
Elektroplan 203
Elternzeit 71
Emotionen 40
Empfehlung (Architektenkriterium) 66
Energieeinsparverordnung (EnEV) 170
EnEV *siehe* Energieeinsparverordnung
Entscheidung(en), langwierige 270
Erdaushub, Deponie 144
Erdwärmepumpe 169
Erfahrung (Architektenkriterium) 67
Erfahrungsschatz, Hausbauveteran 166
Erfolg (Architektenkriterium) 66
Ersatzunterkunft 313, 336
erschöpfte Selbst, Das (A. Ehrenberg) 204
Erziehung, materialistische/werteorientierte 230
Estrich, Belegreife 278
Existenzängste 132
Exposé *siehe* Maklerexposé
Exvermieter(in) 33f.

Fachbetriebe 190
Fehler 318, 331 *siehe auch* Mängelliste
– Rohbauphase 182
Fehlplanung 340
Feineinmessung 157
Fertighaus 130
Festpreis-Vertrag, Fachbetriebe 190
Feuerschutzvorlage 332
Feuerwehr, Abteilung Gefahrenerkundung Kampfmittelverdacht 121f., 137
Flachdach 73, 103
Fliesenmarkt 200
Flur-/Liegenschaftskarte 78
Flurstücknummer 78
Fußboden 278
Fußbodenheizung 103, 235, 294

Garage 74
Garten, Pflege 31f.
Gartentorbauer 333f.
Gas (Heiztherme) 169f.

Gasleitung, Leitungsrückbau 85
Geborgenheit, elterliche 230
Gebührenbescheide 82
Gefahrenerkundung, Pflicht zur 127
Genehmigung zur Errichtung
– einer Baustellenzufahrt 86
– eines Einfamilienhauses 78
Geräte, Küche 251
Gerüstbau(er) 239f., 253
Geschmack
– Einrichtung 269
– Stil (Architektenkriterium) 66
Gesellschaft bürgerlichen Rechts (GbR) 56
Gesetz zum Schutz vor schädlichen Bodenveränderungen und zur Sanierung von Altlasten (BBodSchG) 49
Gewährleistungsfrist 191
Gewerke 189
Girls' Day 257
Glück und Architektur (A. de Botton) 342f.
Golfstrom 201
»Grobeingang« *siehe* Schmutzschleuse
Grundbuch 57,
Grundrissskizze 75
Grundschuld 57
Grundschuldänderung 194
Grundwasserspiegel 95, 106
Gutachter 336, 338
siehe auch Schadensachverständiger

Haftpflichtversicherung 310, 337
Handwerker, unzuverlässige 319
Handwerkerprofil, Psychotest 317f.
Hausalltag 332–344
Hausbau 155–285
– Reaktionen im Umfeld 151
Hausbauanfänger/-veteran 165f.
Häuser (Architekturmagazin) 35
Häuserabreißen/-abriss/Abreißer 84f., 97, 99f., 102, 110–116, 122
Hausmodell 74
Hausplanung 59–153
Hauswasseranschluss 220ff.
Hauswunsch/-gier 43
Hauszuführung (Gas/Strom/Wasser) 237
Hecke 75f.
Heißwasserspeicher 255
Heiz(ungs)therme 111, 253f., 272

Ideenverwirklichungspotenzial 39–47
Immobilienmakler 41f., 46ff.
Immobilienobjekt, Beschreibung 41
  siehe auch Maklerexposé

Kabelfernsehen 266
Kabel-TV-Leitung, Leitungsrückbau 85
Kampfmittelbelastungskataster 120
Kampfmittelräumdienst 119
Kaufen/mieten 15–19
Kaufvertrag, Immobilie 48f.
Keller 45, 74, 105, 218
»Kellerersatzraum« 168
Kinder *siehe* Baukinder/-eltern
Kleiderschrank, begehbarer 136
Klimawandel 218
Konflikte, unterschwellige 271
Kontaktaufnahme/-pflege 42
Kostenberechnung/-besprechung 125, 128, 133ff.
Kostenplan 138f., 142, 245
Kreditvergabe, Bank 191f.
Krise(nzeiten) 333
Küche 241–252
  – Geräte 251
  – Passepartout 241
Küchenberater 199, 248f.
Küchenplanung 141f.
Kündigungsfrist, Wohnung 223

LAGA-Schadstoffklasse 144
LAGA *siehe* Länderarbeitsgemeinschaft Abfall
Länderarbeitsgemeinschaft Abfall (LAGA) 144, 148
Landesbetrieb Geoinformation und Vermessung (LGV) 78, 80, 334
Landschaftsgärtner 320, 334
Lebenskrisen 129
Leitungspläne 85, 100
Leitungsrückbau 85
LGV *siehe* Landesbetrieb Geoinformation und Vermessung
Lichtkuppel, Bad 340
Lichtplaner 171, 341
Liegenschaftskataster 78f.

Makler *siehe* Immobilienmakler
Maklerexposé
Mängelliste 327, 329
Marktwert, objektiver 40

Mauer(n) 114f.
Mehrkosten 149, 272
Mieten/kaufen 15–19
Mietkaution 33
Miettyp(en) 20–24
Mietvertrag 31–36

Nachbarn, Mitleidenschaft/Schäden 113
Nachfinanzierung 194
Netzbetreiber 237f.
Niedrigenergiehaus 170
Notablauf, zugeschäumter 292f.
Notar/-termin 48, 50ff., 56, 147

Ölkrise, Siebzigerjahre 24
Online-Dienstleistungsauktionshaus 89
Opferkonkurrenz 54

Paar-Beziehung 268
Passepartout, Küche 241
Perfektion (häusliche) 276f., 282, 284
»Planbarkeit« 20

Raumklima, Trockengeräte 306
Rechnungen 189f.
Rechnungsprüfung 190
Rechtsbeistand 310
Rechtsschutzversicherung 310
Resignation«, »reife 54
Richtfest 174–181
Richtkranz 174ff.
Richtspruch 174
Rohbau 164–173
Rohbaupreise 119
Rohinstallation 195

Sanierung 64
  – Wasserschäden 316
Sanitärinstallationen 196
Schadensachverständiger 300
Scheidungsrisiko 55
Schimmel 338
Schlussrechnung, Fachbetrieb 191
Schmutzlüftungsrohr 197
Schmutzschleuse 61–68
Schornsteinfeger 326, 332f.
Schuppenbauer 333
Schwarzarbeiter 339
Selbstverwirklichung, Freiheit zur 204
Sicherheits- und Gesundheitskoordinator (SiGeKo) 192f.

Sichtbetondecke 183
Sielkatasterplan 100
SiGeKo *siehe* Sicherheits- und Gesundheitskoordinator
Skandinavische Architektur. (...) 70
Skonto 191
Solaranlage/-kollektoren 169f., 326, 328
 – Ausrichtung 263
 – Förderung 263
Sparsamkeit 269
Spielkasionobesucher, Empfehlung 43
Staffelgeschoss 64
Stahlbeton 162
Stauraum 71
Stauraumsucht 105
Steckdosen 205ff.
Stockholm-Syndrom 323
Stromleitung, Leitungsrückbau 85
Sympathie (Architektenkriterium) 66

Teamgeist (Architektenkriterium) 66
Technikraum 168
Telefonleitung, Leitungsrückbau 85
Telefonnetz 266
Terminpläne/-planung 215
Tischler 337
Trockenbauer 337
Trockengeräte 307
 – Raumklima 306
Trockentechniker 302ff., 336

Übergabepunkt, Versorgungsleitungen 237
Umweltkatastrophen 201
Umzug 255, 262

Umzug/Einzug 289–296
 – Termin 281
Unabhängigkeit, finanzielle 29

Vandalismus 213
Verarmungsangst 21, 24, 34
Verhandlungsspielraum, Küchenberater 249
Vermieter 31ff., 35, 40
Vernachlässigung, Kinder 231
Verschalung 162f.
Verschwendungssucht 269
Versicherungsschutz 339
Versorgungsleitungen, Übergabepunkt 237
Verzicht üben 69
Villentyp 72
Vorsatzschale 266, 294, 298

Was hält Paare zusammen? (...) (J. Willi) 55
Wasserleitung, Leitungsrückbau 85
Wasserschäden 289–297, 303, 330, 334, 336
 – Sanierung 316
WC-Drücker/-Spülkasten 283
Weiße Wanne 108
Wertgutachten, Baugutachter 63
Wertsteigerung 333
Wetter(lage)/Witterung 185f., 188f., 236
Wirtschaftsraum 168
Wohnküche mit Kamin 131
Wohnlage 39
Wohntyp(en) 61
Wohnung, Renovierung 33
Wohnungsübergabe 33, 35, 302
Wohnzeitschriften 70